破解拥堵 车辆转租

杨梅 杨树森 ◎著

安徽师范大学出版社
·芜湖·

图书在版编目(CIP)数据

破解拥堵:车辆转租 / 杨梅,杨树森著. — 芜湖 : 安徽师范大学出版社, 2017.9
ISBN 978-7-5676-2907-3

Ⅰ.①破… Ⅱ.①杨… ②杨… Ⅲ.①城市交通 – 交通拥挤 – 交通运输管理 – 研究 Ⅳ.①U491.2

中国版本图书馆CIP数据核字(2017)第113968号

破解拥堵:车辆转租　　杨　梅　杨树森　著

责任编辑:吴　琼
装帧设计:张德宝
出版发行:安徽师范大学出版社
芜湖市九华南路189号安徽师范大学花津校区
网　　址:http://www.ahnupress.com/
发 行 部:0553-3883578　5910327　5910310(传真)
印　　刷:虎彩印艺股份有限公司
版　　次:2017年9月第1版
2017年9月第1次印刷
规　　格:700 mm × 1000 mm　1/16
印　　张:22
字　　数:270千字
书　　号:ISBN 978-7-5676-2907-3
定　　价:62.00元

向拥堵宣战——《破解拥堵：车辆转租》

我学生时代学的是外国语言文学，毕业后搞了将近二十年军事外交，而后转业进入交通运输部《交通世界》杂志社，直到十多年前退休。我担任副总编（编审）时编发多篇交通管理方面的文稿，并写有《美国交通目击》在《交通世界》上连载，百度网和谷歌网都称我为“交通专家”。当然，这是凑趣。我到苏联、东欧、美国、加拿大等多个国家去过多次。关心城市交通是我无法丢弃的职业习惯，每到一国都要认真观察这个国家的行车情况。非常遗憾，没有一个国家的城市道路是通畅的，拥堵，拥堵，拥堵！前些日子北大校庆，几个老同学聚会，我抱怨这个问题竟一呼百应，到德国去过的，到英国去过的，到日本去过的……无不感慨：拥堵是城市交通的癌症，哪个国家都感到“没法治”、“没药医”。

真是平地一声惊雷，杨梅、杨树森所著的《破解拥堵：车辆转租》吹响了破解拥堵难题的号角 。其实，号角并非今日吹响——本书的不少内容，作者杨树森早在我任《交通世界》副总编的时候就向我们杂志社投稿了。这些稿件，我和编辑们都认为很有见地，总是发排在重要位置。所以说我对《破解拥堵：车辆转租》的理解比别人要深刻得多，对它是有发言权的。

杨梅、杨树森研究了自行车、小轿车、公交车的管理和使用，别出心裁，深刻独到，为解决国内外城市日趋拥堵的难题提出了崭新的思路和详尽的实施方案。去年，国内掀起的共享自行车热潮势如破竹，短短几个月就覆盖了全国各大城市，还冲到了国外。它方便行人，解决了公交难以解决的“最后一公里”问题，赢得了四面八方的喝彩。然而，山外有山，原来共享自行车并非尽善尽美，还有比其更好的东西，这就是转租自行车。“转租”适应民情，管理科学，因此丢失的概率为0（十几天前，竟有两个共享公司“由于大量单车被盗”而相继倒闭）；蓄意破坏的概率为0（共享自行车被扔到沟渠里并不鲜见）；租金流失的概率为0（已出现专司共享非法开锁的专业户了）；乱停乱放的概率为0；非法集资的概率为0（共享自行车收取的押金动辄上亿，有非法集资之嫌）……

过去，有些人总觉得外国的月亮比中国圆。现在，随着祖国的发展日新月异，不少人倒了过来。你看，骑自行车到了火车站，在中国便可将车子转租给别人继续使用，自己空手上火车；而在美国、丹麦等国家，骑车人则须搬着自行车上去，因为他们没有“转租”这个绝招，却有自以为值得摆阔的自行车专用车厢。据调查，普通家庭住房的利用率为97%（空下的3%是因旅游或走亲访友），冰箱的利用率为100%，而小轿车的利用率仅为3.2%（平均每天只用1.5小时/24小时×50%空驶率）！面对小轿车如此低下的利用率，多数人似乎已司空见惯，不觉得不正常。可《破解拥堵：车辆转租》却敏锐地揭开了这一问题的严重性，并使“没法治”“没药医”变成了“有法治”“有药医”，那就是小轿车也像转租自行车这样，你用完了转租给他用，他用完了再转租给另一个他用，还行之有效的倡导“拼车”（合乘）和搭“顺风车”！如此，冤枉路没有了，空驶率近乎为零，也就是说路上的小轿车骤减大半，拥堵还能出现么？没有污染的空气和蓝天白云还能是城市居民的奢侈品么？

古希腊哲学家赫拉克利特断言：“世界上唯一不变的就是变化。”现代社会的变化又与以往不同，速度越来越快，我们的思维意识必须跟上其速度甚至超过其速度。三年前，愚人节开玩笑说车出停车场不需要停车，不需要掏现金，甚至也不需要掏手机就将停车费交了，如今竟成了现实。我们的管理节奏是否应该像自然科学这样迅猛发展，也使人感到震惊？毫无疑问，《破解拥堵：车辆转租》为我们树了个好榜样。在此，我愿意以最诚挚的心情，向各个国家的读者尤其是城市规划建设的决策者推荐这本书，以便我们把城市交通拥堵的“癌症”彻底治愈，让世界上的每一条马路都畅通无阻。

咸同庆
2017年6月

自　序

一

本书酝酿多年，前两篇的核心内容是自行车和小汽车随时随地可租、随时随地可还。2008—2009年《经理日报》（今名《企业家日报》）以《向各国元首和各市市长推荐：破解拥堵的密码——车辆转租》为题连载了四五个月，稍后又为《中国重要报纸全文数据库》所收录。令作者欣慰的是，一两年后，全国各地陆续兴起了公共自行车出租，连载中的“异地还车”成了现实。目前，“随时随地可租可还”又成了共享自行车的特色。有人或许疑惑：共享自行车金光闪闪，何必还要主张转租自行车？实事求是而不假谦虚：共享自行车虽然“金光闪闪”，但是，转租自行车是锎光闪闪啊！对“锎”，有人可能还不认识，其价格是每克1亿美元！恕作者直言：共享的所有优势，仅仅是转租冰山之一角；而共享的劣势，转租则毫不沾边。共享可能昙花一现（到目前为止，至少已有三家共享公司倒闭了），而转租必然万古长青，越办越兴旺。

本书第三篇和第四篇针对媒体披露出来的公共自行车和共享自行车的种种弊端，论证转租可以在顷刻之间使其荡然无存。这并非完全是形容和夸张，神奇的力量来自巧妙的管理设计。之所以采用媒体披露出来的资料，是因为这些资料具有普遍性。窃以为，滔滔的演说也好，泱泱的宏论也罢，但凡不能解决实际问题的便不能算是顶尖的东西。

作者虽然赞同媒体对公共自行车和共享自行车的评判，对其经营模式的创办人和投资人却钦佩之至。社会的进步光有理论不行，还得靠践行。践行不但可以检验理论，还可使不完善的理论得以完善。没有改天换地的伟大魄力，没有以天下为己任的英雄气概，是绝对当不了公共自行车和共享自行车的创办人和投资人的。在他们身上，体现了新时代最为可贵的敢立潮头的精神。两种自行车模式都有风险，弄不好，三五年、七八年的青春就荒芜了；身家性命都压上去的几个亿、十几个亿就打水漂了。而他们，心中只有社会，义无反顾，勇往直前！但愿本书对所钦佩的人有所裨益。

本书第五篇指出了世界各国政府在整治道路拥堵中的不作为或不知作为的七个问题，并提出了切实可行的对策。有些难题，其实并不难，就像哥伦布立鸡蛋那么简单，只是需要有人潜心研究并大胆提出解决方案。窃以为，科学技术要集思广益，群策群力，上下一心；企业管理，国家治理，难道不应也是这样？

二

交通拥堵是世界难题。这个难题历经两个世纪，求解多年而依然如故。《中国建设报》在十年前坦言：“到目前，还没有哪一个国家已经彻底地解决了这一问题。”城市愈大，拥堵愈烈，繁华的各国首都，无一例外地变成了“首堵”！

1966年，作者之一的杨树森将本书的雏形《奇妙的自行车转租站》寄达交通部，后又亲呈上海市委。这年8月8日，老杨又身至南京，上书江苏省人民政府。20世纪初，另一作者杨梅加入本书的研究，摸索出“小汽车也可同自行车一样转租”的思路，并提出“使车辆所有权和使用权分离”的重要观点，终于使破解拥堵问题又前进了一大步。

“车辆转租”的概念是什么？不妨用八九年前，即2008年《经理日报》连载中原原本本的话来回答：

“建立自行车转租站和小汽车转租站，让租车者自由转租所租之车。租车者到了目的地，可以把车子转租给别人；‘别人’到了要去的地方又可以转租给另一个‘别人’。这样，车辆的无效行驶率便可降到最低限度……”

车辆的无效行驶率降到最低限度，路上蠕动的车子便可骤然减少，停车难的问题也将烟消云散——车子可以随手转租给他人，用完哪有必要送到停车场去！

至此，我们都会进一步悟出车辆“所有权和使用权分离”的概念：用车人不一定对所用之车有所有权，所有权人不一定使用具有其所有权的车子。现在，西方有些国家为了方便乘客携带自行车，火车和地铁设有自行车专用车厢，等到转租站问世，全世界都会恍然大悟：这些国家的巨额投资原来都是多余的，使车辆的“所有权和使用权分离”实在是交通理论上的一个重大发现！

三

转租自行车的租用和归还方便至极，不管到转租站点始租还是从转租者手里承租，都无须办证，掏三四百元作押金则可。车子用完，支付租金，收回押金，酷似买东西付款、找零？无论你是本地人还是外地人，是首次入境的还是常住居民，想骑车立时就能骑车，想还车随即就能还车。举个例子：你从美国第一次来北京，出了机场，见到要转租的自行车，给转租者三四百元人民币，其使用权就属于你的了。不要出示证件，无须打条，像不像买东西？车子用完，就像你转租车子给你的人那样，随即转租给别人。共享则不然，要事先交钱办卡。办卡尽管可以手机操作，不十分复杂，但是怕麻烦是人的本性，许多应该租用自行车的人，尤其是中老年人就被“卡”住了。

小汽车租赁程序同自行车一样简便，只是多了个燃油结算和租车证办理。但是，机动车不同于非机动车，这两件事情在汽车身上不叫事情，是谁也不能辖免的“麻烦”——假如你驾驶的是自家汽车，也得到加油站加油，也得进行结算。办理租车证虽要费点工夫，然而一劳永逸，并非租用一次办理一次。

出处不如聚处。共享企业收取的押金动辄数千万、数个亿，老板万一破产“跑路”，成千上万租户的押金残局谁来收拾？转租可不是这回事。从刚才举例可以明白，转租与变相集资隔着道高墙：车子承租，付出押金；车子转租，押金回笼。转租站哪有押金滞留的余地？

转租站租车者可以自由转租所租车子，所以千千万万个租车者就是千千万万个移动的转租站。因此，转租站点可以设得最小最少，转租站的用工量也会微乎其微。法国巴黎如果引进中国转租，公交部门必定破涕为笑。因为他们的自行车租赁站多达1450个，“每隔200多米就是一个”，即使保留个零头也嫌臃肿。中国公共自行车出租要是转型为转租，马路边一片片寸土寸金的停车桩占地就可腾了出来，而原来嫌停车桩离家远的阵阵呼声也会无影无踪。因为要用车子可以随时随地从别人手里承租，用完了也可随时随地转租给别人，这停车桩已成聋子的耳朵——没作用了！

会不会出现只有转租自行车的而没有承租自行车的，或者倒了过来？不会。否则，对立统一规律就不能成立了。每天到故宫去的人数与每天离开故宫的人数总是对等的，骑车到故宫的人数去与骑车离开故宫的人数也是大体相当的。当然，有人乘车（公交或出租）到故宫，离开时骑车的情况不可避免。但是，这不影响骑车到故宫和骑车离开故宫人数的大体平衡。因为，也会有骑车到故宫而离开时乘车的，其与刚才相反的情况（乘车到故宫而离开时骑车）平衡了。

转租小汽车与转租自行车的道理一样，承租的与转租的也应该大体对等。当然，也可能出现车子用完没人承租和想用车没人转租的特殊情况。不过，也有救济方法——到转租站点去租车或还车。

转租车辆不但租赁手续简单，使用也方便。卒读拙作，必定会惊叹：自家的车子确实不如转租站的车子！因此，转租站的出租率必然飙升，车子受自然力侵蚀的成本也会相应降低（一辆车每年仅行驶二三十个小时与每年行驶两三千个小时的使用成本单价是大相径庭的）。转租站由于车子的出租率高，占用的停车位少，可使车子的无效行驶率降得最低；而“自由转租”又可以使转租站网点的设置和管理人员的聘用最少（转租和承租都“体外循环”，不必通过转租站），所以租金价格将远低于私家车的使用成本。这就是说，使用转租站的车子比使用自己的车子还要合算（小汽车地下停车位，北京售价已超过二十万元，光贷款利息每天便是十几元了）。转租站建立后，一个“比使用自己的车子还要方便”，一个“比使用自己的车子还要合算”，这两个积极因素必将引爆一场势不可挡的用车革命：大部分的短途汽车乘客必将变为骑车者，大部分小汽车购买者必将变为租车人！

转租站车辆型号特殊，零部件与卖品没有互换性，无法使人萌生邪念，所以车子不会失窃，零部件亦不会被盗换。转租站在不少环节实行具有“自律”和“他律”实效的抽签化管理，费用不可能虚报分文，租金也不可能短少丝毫，是廉洁、高效的样板。“密码”虽“密”，然而简单易行，仅仅移动社会大棋盘里的几个经济棋子，使车子的所有权与使用权分离而已。转租站以车治车，无须政府划拨大宗土地，无须政府投入巨额资金，无须财政补贴。转租站顺应各国政府现时的法律法规，而不是必须颁布新的法律法规进行特别的权力呵护。因此，无论是发达国家还是发展中国家，只会想不到，不会做不到！

四

共享的管理模式不是完全不好，只是过于超前。失去监督，天使也会变魔鬼。包括中国在内的各国政要，治理国家向来是恩、威并举，自律、他律齐上。共享只有“恩”而没有“威”，只有“自律”而没有“他律”，当然不会逃脱天使变魔鬼的厄运。不知你注意了没有，差不多每个地方都有天使变魔鬼的情形：自行车坐凳卸了，二维码涂了，车身的颜色变了……共享蜕变为“独享”啦。更有人恶作剧，将车子往河里扔！已经关门的几家共享企业，无一不是因为损失严重。其中的悟空公司在重庆投放的车子基本被偷光了，所剩只有10%！

摩拜公司有先见之明，为防止破坏和偷盗，不惜血本建立了专门的生产线，每辆自行车造价高达3000元。采用实心胎，不需要充气，避免了爆胎的风险；车身采用铝合金冲压，不会生锈；用轴传动代替链条，避免了传统的“掉链子”的问题。同时，摩拜还首创了GPS智能锁在共享单车平台的应用。所以，一般人认为摩拜可以长治久安。然而,中国电子商务研究中心爆料：《摩拜单车损毁成本已近3亿　高成本烧钱模式恐难为继》。摩拜官方也承认，在广州仅运营四个月，单车的损坏率高达10%，其重要的营销卖点“4年免维修”宣告失败。有人抱怨市民素质太差。其实，抱怨错了。中国人向以偷盗为首恶，作者故乡苏北，小孩子要是动手动脚，与别的孩子拉拉扯扯，家长轻描淡写说上几句也就拉倒；可是，如果毛手毛脚，私自拿人家的东西，非雷霆大发，拧耳朵揍屁股不可。那么，共享偷盗严重应抱怨谁呢？恕直言，应抱怨共享自己——就是前面说的太超前了。试想银行撤销金库，将钱钞转移到门外露天存放，被哄抢了，怨谁？当然，不是说不应追究哄抢者的刑事责任。

有人还是把共享自行车大量被盗归咎于公安：要是加强警力，抓住一个重罚一个，断不会有这样的结局。此论差矣。按照他们的说法，银行大可把门外当金库了。——每堆钞票派三个警察日夜站岗不就行了？但是，可能么？行政也应核算成本哪！有人可能要问：照你们这么说，转租难道能够解决被盗问题？我们可以胸有成竹的回答：能，而且是彻底能！商品经济一手交钱一手取货的规律是客观的，不随人的意志而转移。你不管怎么富有，在它面前都任性不得。可是，共享企业无论是投入多的还是投入少的都在任性：收取押金之后，便不想再抚摸一下自己的车子了（也抚摸不到）！而转租站之所以将立于不败之地，正是因为它严格遵循这条规律。转租站对自行车的管理是现实问题现实法，一环套一环，没有空白。租走车子则要留下押金，车子据为己有了，押金则无法退回；将车子转租给承租者，承租者方可代表转租站退给其押金；而承租者如果将车弄丢了，交出去的押金也无法收回。车子也不再可能任人宰割，谁损害谁赔偿，职责明确，哪个还会用尖刀戳轮胎？哪个还敢用铁锤砸钢圈？

一个新生事物的优势不仅要表现在当时，还要体现在以后，要可持续发展，经得住时间的考验。共享自行车投放市场以后，要想将其收回来保养和维修是不太可能的，还真是“覆水难收”。自行车裸露的链条过几个月就得加一次润滑油，不知共享怎么解决这个问题？每个住宅都有自来水，难道共享自行车还能发明“自来油”？现在，共享自行车血气方刚，不存在什么“健康”问题；再过一二年、二三年，到了“老病”发作期，动辄瘫痪几百辆、几千辆，共享公司如何应对？显然，不可能派出几千人的队伍去收容病车回去“住院治疗”。而转租自行车则是两样，可以设定回娘家保养的周期。在周期内回归，以礼相待；过了周期，对不起，按章办事，规定罚款则罚款。这样，谁还没事找事？这就是说，转租站的自行车永远是自己的自行车，投放简单，收回也容易。

征对小孩骑车频发交通事故，有关部门高调要求共享公司禁止租车给12岁以下儿童。其实，这是隔靴扰痒——哪个有孙悟空的火眼金睛，能够及时发现孩子盗开密码锁？共享又怎么能每个路段都派出监视人员，见一个骑车的孩子禁止一个？这个禁令对转租却是行得通的。哪个转租给孩子都记录在案，出了问题难逃其咎，哪个还明知故犯？

五

机动车怠速行驶造成的污染比常速行驶大得多，拥堵不但恶化交通，更毒害环境。有鉴于此，《北京市大气污染防治条例》2014年3月1日施行，将机动车“减少怠速和低速行驶污染”入了法。随后，各省市也出台了相似的法规。2016年1月1日，《中华人民共和国大气污染防治法》更隆重发布。万事可用托词“待明日”，唯独治污不可。

《防治法》第五十条庄严规定：“国家倡导低碳、环保出行，根据城市规划合理控制燃油机动车保有量，大力发展城市公共交通，提高公共交通出行比例。

“国家采取财政、税收、政府采购等措施……减少化石能源的消耗……

“城市人民政府应当加强并改善城市交通管理，优化道路设置，保障人行道和非机动车道的连续、畅通。”

看一个规定，不但要看说得怎样、写得怎样，更重的要看落实得怎样。只有可操作，能够做到才是最宝贵的。窃以为，建立转租站，是落实《中华人民共和国大气污染防治法》的好办法之一。原来的乘车人、开车人如钱江大潮涌向转租自行车，是不是“低碳”出行?“燃油机动车保有量”是不是无形中被你有效的“控制”了？由于租车人可以自由转租所租车辆，乘顺风车更成为时尚，使用小客车的便从原来的“专程”变成“顺道”了，一辆小客车可顶两辆、三两甚至四五辆，“化石能源的消耗”难道不是原来的1/2、1/3、1/4、1/5！行驶的小客车骤然消失了一半、大半、绝大多数，道路难道还不“畅通”！大气污染难道还不得到有效控制！共享小汽车不适应城市，转租小汽车在城市使用正是其强项！

《北京法制晚报》2008年9月22日报道：奥运会机车限行，“单双号”一解禁，次日（2008年9月21日）的空气污染指数便为88，较前一天增加了29个单位。环境无国界，污染的空气无孔不入，围墙再高，也无法使你的院子成为世外桃源。污染的空气如同喷过农药，您能拒绝呼吸吗？您能容许生命的万里疆域被无端吞噬吗？无论是“治人者”还是“治于人者”，也无论是有车者还是无车者，对于这个问题都应该担负起责任。习近平主席说过：“绿水青山就是金山银山。”这话鞭辟入里，入木三分！

转租站使小客车减少的另一功绩是拯救千千万万人的生命和健康。交通事故与行驶的机动车成正比，行驶的车辆少，事故也少；无车行驶，则事故为零，这浅显的道理谁都理解。交通事故还有个“公平”的特点，不管你是富裕还是贫困，不管你是官还是民，其发生的概率一样。当年蒋介石在台湾是至高无上的“总统”，交通事故照样降临其身；俄罗斯总统的宝马坐车无人不识，前不久也遭遇交通事故，驾驶员死亡，所幸普京不在车上。在保持现有运量的条件下，转租可使小客车减少到现在的1/2、1/3、1/4。那么，我们国家每年可以减少死亡、伤残多少人呢？我们以2000-2008年八年间死伤人数最少的2007年为基数进行了测算：转租站建立之后，全国每年至少可以减少交通事故死亡二万八千七百四十二人，至少可以减少伤残十七万一千一百九十九人！古语说“苛政猛于虎”，其实，当官的不作为也“猛于虎”！相信在交通事故中受过伤的人和死伤人的亲人，对这两个数字是别有一番滋味在心头。

转租还可以为国防作出巨大贡献，因为畅通的道路是千支万支看不见的劲旅。一处出事，十处救援，军车风驰电掣，立马赶到，犯境之敌哪里够歼？相反，道路拥堵，车子浩浩荡荡，首尾相接，左右严严实实，这可咋办？命令民用车辆停驶？停哪里？停车也得地方！危急之处的军民，只有祈祷援军车辆插上翅膀了！

前面，反复阐明使用转租站的自行车比自己的车子还要方便、还要合算，有人可能担心：大家一窝蜂都去租用转租自行车，会不会像现在的共享自行车乱停乱放，几十辆、几百辆挤在一起，公交站被堵了，公交车进不了站，已经进站的出不来；马路被占了，四车道变成了两车道，汽车被挤压得首尾相接，缓慢蠕动；人行道塞满了，行人被逼上了马路……

这种情况，转租自行车绝对不可能发生！因为转租自行车的押金是用车缴纳，还车即退；租车者只有还了车或者转租了车子才能收回押金，将车子随便扔，难道不想退押金了？再说承租车子的人。承租了不用而扔掉，岂不是透顶的傻瓜？

六

人类的智慧无坚不摧，造访火星指日可待。然而，对交通拥堵却束手无策，人们对车辆低下的使用率习以为常！究其原因，只是思维的深度和广度还未冲破前汽车时代的半径，没有彻底认清交通工具的使用权与所有权应该分离的本质属性。地下有金矿一座，但是不转让也不自己开采，这种所有权便没有任何意义。同样的道理，小汽车的使用权每天只行使一两个小时甚至不到一两个小时，其所有权的绝大部分也是没有意义的。所以，从这个角度说，所有权是虚幻的，使用权是实在的，前者仅仅是实现后者的条件而已。在正常情况下，飞机乘客维护的是飞机的使用权而无视其所有权，火车和邮轮的乘客也是如此。自古以来，还未有过除了政要和财主等特殊群体的普通人，为了到某地去专门购置飞机、火车和邮轮，专门开辟航线、修筑铁路和开挖河道。飞机、火车和邮轮的所有权与使用权如果像小汽车和自行车这样合一，天上的飞机将多得互撞，以致纷纷坠落；地上的铁路将满眼都是，庄稼再也没有了生长的地方；而通航的条条河流都要拓宽成长江那样横无际涯，车行道也必然支离破碎。客观规律是普遍的，不因事物的大小而变化。小汽车和自行车在飞机、火车和邮轮面前诚然是小不点，但是由于它们违背了所有权与使用权分离的客观规律，照样受到了拥堵、雾霾和酸雨等方面的严厉惩罚。亡羊补牢，为时未晚，实施交通工具的所有权与使用权分离的上策，不是建立转租站还能是什么呢？

转租规行矩步，没有融资之嫌，押金是“用车缴纳，还车即退”，不可能攫取几个亿或十余个亿，所以一般的企业不会产生浓厚的兴趣。但是，国有企业应该大喝一声：“上！”因为我们市场经济的全名是社会主义市场经济，可不要将至关重要的

"社会主义"忘了。一节电池售价三四块钱，可烂在地里能使1平方米的土壤永久失去利用价值；能使相当于一个人一生的饮水量受到污染而无法饮用，因而国家应该以近于三四块钱的高价收购废旧电池，使人觉得乱扔对个人利益也是很大的损失。当然，要严防有人渔利，专门"生产"废旧电池让国家收购。那种大利（经济效益）大干、小利小干、无利不干的做法是扭曲了的社会主义，是假冒的社会主义。转租治理交通拥堵，降低环境污染的社会效益是无可置疑的。从这个角度考虑，应该是国家的宠儿，呵护它、培育它，为它鼓与呼，理所当然，责无旁贷。自行车转租站万岁！小汽车转租站万岁！

七

科学的理论是从客观实际中抽象出来，又在客观实际中得到证明，正确地反映客观事物本质及其规律的东西。本书的阐述着眼于"转租"的原理。只要原理是科学的、精准的，将其应用于互联网技术研发智能自行车和小汽车、用户APP、运维APP及后台管理系统，用户下载手机APP，通过扫码的方式进行租车、还车，便是非常容易的了。

科学的、精准的"原理"是研发"智能"的基础。皮之不存毛将焉附？所以，作者对"原理"不厌其烦，相信各位尊敬的读者是会理解的。

本书写作分四个阶段，第一篇和第二篇写成于2008年前，第三篇写成于公共自行车诞生之后，第四篇写成于共享自行车诞生之后，第五篇写成于现在，有烦读者阅读时注意各阶段的时代背景。

"圣人不曾高，众人不曾低。"做任何事情，只有集思广益、博采众长，才能更快、更好。为了使我们的这个星球的道路畅通起来、天空蔚蓝起来、空气清洁起来，恳请全世界的各位行家和其他一切关心车辆交通的人对本书多提宝贵意见。这并不是客套，而是由衷之言。

目　录

第一篇　自行车转租密码 ……1

一、自行车转租问答 ……3

（一）转租站租出自行车，真的不要租车者的任何证件吗？ …3

（二）租车者真的可以自主向别人转租自行车吗？ ……3

（三）车子转租给别人，退押金和交租金真的不要到转租站去吗？ ……3

（四）我的一个亲戚侨居美国多年，要回国探亲，难道一出机场就能骑上自行车？ ……5

（五）向别人承租车子和转租车子给别人，怎样算账才便捷，即不糊涂？ ……5

（六）转租的租金价格为什么特别低？ ……5

（七）自行车要转租，怎么告诉别人？ ……6

（八）自行车是不是只能转租给熟人？ ……6

（九）“使用有缘，损坏无责”是什么意思？ ……6

（十）转租站的车子会不会像“共享”那样，受到严重的人为破坏和偷盗？ ……6

（十一）有人用旧车偷换新车怎么办？ ……7

（十二）盗换自行车零部件怎么办？ ……7

（十三）为什么有时不收租金？ ……7

（十四）看守自盗怎么办？ ……7

二、自行车转租站访问记 ……8

（一）租出自行车 ……8

（二）收进自行车 ……10

(三)租车者转租自行车 ……………………………10
(四)自行车转租租金结算 ……………………………12
(五)转租站自行车是安全自行车 ……………………………16
(六)损坏自行车处理 ……………………………19
(七)自行车的调度 ……………………………22
(八)当师傅 ……………………………24
三、自行车转租站将挡住"汽车社会"的陷阱 ……………………………31
(一)看不见的汽车消费成本 ……………………………31
1.尾气排放成本 ……………………………31
2.侵占净化空气的绿地成本 ……………………………32
3.占用道路成本 ……………………………32
4.妨碍自行车使用者和步行者步行的成本 ……………………………32
5.建设和保养道路和桥梁的成本 ……………………………32
(二)"轮子上的国家"不可效法 ……………………………33
(三)汽车尾气是生命的杀手 ……………………………34
(四)还是"自行车大国"好 ……………………………38
四、自行车转租将使人们一见钟情 ……………………………40
(一)使用转租站的自行车,比使用自己的自行车还要方便 40
(二)使用转租的自行车,比使用自己的自行车还要合算 …41
(三)自行车转租成本将低得惊人 ……………………………43
1.转租站车子的出租率最高,所以折旧率最低 ……………43
2.转租站点可以设得最少 ……………………………44
3.转租站点可以建得最小 ……………………………44
4.转租的用工最省 ……………………………45
5.转租流动资金利用率最高 ……………………………46
(四)转租自行车比汽车节省时间 ……………………………47

（五）自行车转租必将改变用车气候：单车热，汽车冷 ………48
五、自行车转租可告别道路拥堵 ………………………………49
（一）拥堵使人咬牙切齿 ……………………………………49
（二）自行车必须重振雄风 …………………………………51
（三）自行车转租是汽车快起来的动力 ……………………53
六、自行车转租可有效减少交通事故死伤人数 ………53
（一）中国交通事故触目惊心 ………………………………53
（二）骑自行车是安全交通 …………………………………54
（三）有效减少交通事故伤亡人数的缘由 …………………55
七、自行车转租每天可节约燃油数百万桶 ……………55
（一）我国仍是缺油国 ………………………………………55
（二）节约能源的标兵 ………………………………………56
（三）来个“敢为人先” ………………………………………58
八、自行车转租站可引发“全民自行车运动” …………58
九、自行车转租可腾出巨额消费基金 …………………59
十、自行车转租可节省大量社会劳动力 ………………61
（一）出租车司机是全盘浪费着的社会劳动力 ……………61
（二）自行车修理工是全盘浪费着的社会劳动力 …………61
（三）三轮车工人是全盘浪费着劳动力 ……………………62
（四）自行车停放处是多余的 ………………………………62
（五）政府应以消除社会劳动浪费为己任 …………………62
十一、自行车转租几近无本取利 ………………………62
（一）自行车转租防盗，不用“高科技”强于“高科技” ………63
（二）自行车转租机制可使巴黎租借站富余大半 …………64
（三）自行车转租投入“八分之一”，却可产出“八分之八” …65
（四）自行车转租站人工操作程序快过电脑 ………………66

十二、自行车转租活力无穷 ……67

（一）自行车转租站给每位租车者都配备了免费看车人 ……67

（二）自行车转租给每位租车者都无偿运车 ……68

（三）自行车转租给每位租车者都设了一个租车点和还车点 …69

（四）自行车转租廉租优势独占鳌头 ……71

1. 房屋和场地的费用 ……71

2. 管理人员工资等费用 ……72

3. 自行车折旧费用 ……72

4. 流动资金利息 ……72

（五）自行车转租使每个租车者都有一辆免费备用车 ……72

第二篇　小汽车转租密码 ……74

一、小汽车转租站经历记 ……75

（一）领取租车证 ……76

（二）到转租站租车 ……78

（三）租车者转租小汽车 ……81

（四）合租小汽车 ……83

（五）租金收免两制 ……84

（六）向转租站还车 ……87

（七）加油问题 ……89

（八）失踪小汽车的追查 ……94

（九）事故处理 ……99

（十）流动服务 ……101

二、小汽车转租站不可或缺 ……103

（一）城市交通拥堵是世界性难题 ……103

（二）小汽车生产性贡献极其低下 ……108

（三）小汽车所有权必须与使用权分离 ……………………111
（四）脱掉“交通事故多发国家”帽子的必由之路 …………114
1. 转租可使全国每年至少避免交通事故死伤20万人 ………115
2. 转租可以宏观调控，在交通事故多发时段减少上路车辆 …117
3. 转租可以控制交通事故几率大的深色车的比例 …………120
三、“共享”擂台，中国小汽车转租夺魁 ……………………122
（一）中国小汽车转租占地最省 ……………………………123
（二）中国小汽车转租用工最少 ……………………………127
（三）到中国小汽车转租租车和还车的路程最近 …………129
（四）中国小汽车转租车辆被窃可能最小 …………………130
（五）中国小汽车转租租金最低 ……………………………130
（六）中国小汽车转租随时供车的满意度最高 ……………131
（七）中国小汽车转租控制小汽车增幅的方法最巧 ………132
（八）中国小汽车转租节省燃油的潜力最大 ………………135
（九）中国小汽车转租使用环保车的可行性最大 …………136
（十）中国小汽车转租租户最多 ……………………………139
（十一）中国小汽车转租交通监控设施现代化程度最佳 …142
四、小汽车转租解决拥堵更优于“单双号”限行………………144
（一）转租可有效减少路面行车 ……………………………144
（二）转租使路上的车子减少得多，“单双号”减少得少……145
（三）转租站环境成本低，“单双号”环境成本高……………148
1.排放废气的代价 ……………………………………………148
2.有形损耗的代价 ……………………………………………148
3.无形损耗的代价 ……………………………………………149
（四）转租站使买车热冷却，“单双号”使买车热升温………151
（五）转租站使有车人高兴，“单双号”使有车人扫兴………152

（六）转租站行政成本低，“每周少开一天车”行政成本高 …156
1.“每周少开一天车”必须添置监控设备 ………………………156
2.“每周少开一天车”必须扩充警力 ……………………………157
3.“每周少开一天车”可能引发公车暗购潮 ……………………158
五、北京自行车租赁现状反衬转租身手不凡 …………………161
（一）使用转租站车子既方便又合算，不会“掉链子” ………161
1.家用的自行车使用费用高达1.30元/小时的细账 ……………162
2.转租站租金仅仅0.50元/小时的细账 …………………………163
3.转租站的租金价格可订为每小时0.50元的依据 ……………164
（二）转租站租赁网点星罗棋布，服务至极 ……………………167
（三）转租站车子骑行无忧，一般不会出故障 …………………171
（四）转租站押金无忧 ……………………………………………171

第三篇　公共自行车“有病”，转租自行车“健康” ………176
一、公共自行车死气沉沉　转租自行车生机勃勃 ……………178
二、公共自行车滥竽充数　转租自行车优势凸显 ……………180
三、公共自行车未来黯淡　转租自行车前景光明 ……………184
四、公共自行车遭遇发展困境　转租自行车幸逢用武良机 …190
五、公共自行车蹒跚行　转租自行车轻捷飞 …………………196
六、公共自行车三大问题先天就有　转租自行车三大优势与生俱来 ……………………………………………………………203
七、公共自行车时常“掉链子”　转租自行在永远连轴转 ……208
八、公共自行车进退两难　转租自行车左右逢源 ……………211
九、公共自行车网点捉襟见肘　转租自行车网点游刃有余 …213
十、北京最大自行车租赁公司倒闭　世界最牛自行车转租形式崛起 ………………………………………………………………222
十一、丹麦弹性停车法　中国过硬移车招 ……………………231

十二、他国小奖赏 中国大鼓励 ……………………………237
十三、公租自行车鲜人问津 转租自行车炙手可热……………245

第四篇 共享单车不符现实 转租车辆适应民情 ………250
一、回顾转租模式………………………………………………252
二、共享自行车丢失特容易 转租自行车被盗不可能………254
(一)共享自行车丢失特容易的实例 ……………………………254
(二)转租自行车不可能发生盗窃 ………………………………255
(三)全程考虑,转租自行车比共享自行车方便…………………255
三、共享自行车有锁似无锁 转租自行车无锁胜有锁………256
(一)共享自行车车锁形同虚设实例 ……………………………256
(二)共享自行车车锁升级也无济于事 …………………………257
(三)转租自行车无锁胜有锁 ……………………………………258
四、破坏共享自行车毫无阻碍 虐待转租自行车寸步难行…258
(一)共享自行车遭严重破坏的实例 ……………………………258
(二)转租自行车固若金汤,不可能遭到破坏……………………261
五、共享自行车任人宰割 转租自行车盗换无门……………261
(一)共享自行车横遭盗换的实例 ………………………………261
(二)转租自行车及其零部件不可能遭到盗换 …………………262
(三)不能挥霍司法资源 …………………………………………262
六、共享自行车停放杂乱 转租自行车停放井然……………264
(一)共享自行车胡乱停放的实例 ………………………………264
(二)共享自行车胡乱停放的本性难改 …………………………264
(三)转租自行车不可能胡乱停放 ………………………………266
七、共享自行车调运困难 转租自行车无须调运……………268
八、共享自行车离心力满身 转租自行车向心力十足………269

九、共享无视中小学生　转租关爱祖国未来 ……………… 270
十、共享租车拖沓　转租租车便利 ……………………… 271

第五篇　治堵七策 …………………………………………… 274
一、瞬时逆行化 ……………………………………………… 275
二、车站回迁化 ……………………………………………… 276
三、路口差别化 ……………………………………………… 280
四、到站广告化 ……………………………………………… 283
五、停靠间隔化 ……………………………………………… 284
六、到站准时化 ……………………………………………… 284
七、私营车合法化 …………………………………………… 285

Vehicle Sublease ………………………………………… 297

后　记 ……………………………………………………… 315

第一篇　自行车转租密码

篇首语

租车者所租的自行车，可以自主转租给别人，别人也可以再转租给别人；如想再用，则可从别人手里承租。始租、转租和承租，无须办理任何证件。车子随时随地可租，随时随地可还，胜过自家的，十分方便。由于“转租”可使出租站点大幅度减少而相应减少成本，租金十分低廉，一个方便之极，一个低廉之极，必然刮起骤生不息的自行车旋风，使潮水般的汽车人变为自行车人。汽车减少，拥堵减少，尾气减少，事故减少……能源节省了，离“绿色城市”近了（或者说宜居城市的成色提高了）。

一辆普通自行车的出厂价，充其量二三百元。世界各国的公共自行车出租无一不像价值十万的汽车出租那样搞起了押金卡，这是十足的因循守旧、墨守成规。办卡退卡，找地找人，小题大做，实在是不方便。其用车热情，多半被卡“卡”掉了。转租站因“事”制宜，无须办卡，拿几百元作押金便可直接租车。作者站在科学管理的制高点上奇招迭起，转租站不赖政府支撑，无须财政补贴，全靠自身活力发展壮大。车子环环相扣，永远不会丢失，永远不会遭到破坏。

一、自行车转租问答

(一)转租站租出自行车,真的不要租车者的任何证件吗?

答：转租站租出自行车，真的不要租车者的任何证件，即使对首次踏上中国大地的外国朋友也是如此。转租站并不是作秀的“无人售货商店”。它所要的，仅仅是四百元押金。只要交了押金，无论何人，都可以租到转租站的自行车。

(二)租车者真的可以自主向别人转租自行车吗?

答：是的，你租的车子不用了，就可以自主向别人转租。否则，转租站就“名不副实”了。承租你车子的人，也可以将所承租的车子转租给第三者，第三者又可以转租给第四者……循环往复，以至无穷。

(三)车子转租给别人,退押金和交租金真的不要到转租站去吗?

答：慎重地告诉你，退回押金和支付租金，都无须到转租站去。转租站的自行车上都有“身份证”（也可称为车卡）。车卡上明确记载始租者交了车子押金多少、车租押金多少、车子何时始租、租金价格等情况。转租车辆时，承租者只要看车卡，就会知道该车现在应交转租站的租金是多少。

还是举个例子吧。假定转租站自行车押金300元，租金押金100元，租金每小时1元。某日10：00，一位始租者向转租站交上押金400元（300元+100元），将一辆自行车骑走了。一小时后，始租者到了目的地，发出车子需要脱手的信号——举起车卡，将车子转租给承租者。两人怎么结算呢？承租者从随车的自行车身份证可知，始租者10：00租车，向转租站交了400元押金。现在是11：00，始租者用车一小时，应交租金1元。

始租者向承租者要399元（假设始租者现时到转租站还车，转租站也是退给他399元）。承租者想，这399元给了他，自己到转租站还车时完全可以退回来，所以答应了始租者的要求。

到了12：00，承租者将车子转租给了另一个承租者。另一个承租者从自行车身份证了解到，这车10：00起租，到现在经过了2小时，租金应为2元。假设现在还车给转租站，转租站会退押金398元（扣下租金2元），所以他给了转租车子的人398元……

这辆车到了第6个承租者手里时是17：00，他给了转租者押金393元。计算式为：

300元+100元-租金

=300元+100元-租金7元（注：租车时长为7个小时，单价为1元/小时，故租金共计7元）

=393元。

第6个承租者用完车已经是19：00，没人承租了，怎么办呢？送还附近的转租站，转租站退回押金391元：

300元+100元-租金

=300元+100元-9元(注：租车时长为9个小时，单价为1元/小时，故租金共计9元)

=391元。

第6个承租者不理解，认为转租站少退了钱："我向转租车子给我的人支付了393元，怎么蚀掉了2元！"转租站收车员解释道："你将自己的租金漏算了。你租用车两小时，租金是2元。这就是你所说的蚀掉了的钱！"

（四）我的一个亲戚侨居美国多年，要回国探亲，难道一出机场就能骑上自行车？

答：是啊。出了机场，他可以向要乘飞机的骑车者招手承租车子。看看转租站自行车身份证，如果租车已经四个小时了，他给转租者396元（400元-1元/小时×4小时）车子就到手了。假如他两小时后到了目的地，他则可以将车转租给别人，别人给他394元（400元-1元/小时×4小时-1元/小时×2小时）就两清了，他不欠别人的，别人也不欠他的。

（五）向别人承租车子和转租车子给别人，怎样算账才便捷，即不糊涂？

答：向别人承租车子时，把自己当成是转租站，收了人家的自行车就要将人家交的押金退还。假如他用了4个小时车子，就要将4个小时的租金4元扣下来，只能退给他396元。

转租车子给别人时，把“别人”当成是转租站。沿用上例，假如你承租的自行车用了2小时，转租给别人时，要叫“转租站”向你退回押金400元，而你则要将转租车子给你的人给的4小时租金和你用的2小时租金交给“转租站”，实际到你手的应是394元。

（六）转租的租金价格为什么特别低？

答：主要是因为有“转租”奇招。

转租站将绝大部分租出自行车和收进自行车的工作交由租车者去做了。这不但方便租车者，使租车者随时随地可以租到车子，随时随地可以还掉车子，犹如有个活动的转租站跟着，更重要的是为转租站节约成本。租车者向另一个租车者租出自行车（转租），就省得转租站的管理人员向这个租车者租出自行车；租车者向另一个租车者承租自行车，不但省得转租站的管理人员向这个租车者收进自行车，还节省转租站不可估量的场地和库房。毫不夸张地说，在“转租”机制里，一个转租者就是一个租车点，一个承租者就是一个收车点，而这些“租车点”和“收车点”是千千万万。因此相对地说，转租站的租车点可以设得最少，更可以设得最小。同样，其用工量、工资总额、办公费用以及场地和库房也最少、最小。

（七）自行车要转租，怎么告诉别人？

答：约定俗成，将自行车身份证（车卡）举起来。别人看到车卡，就知道你要转租车子。身份证可以设计得大一点，采用红色。这样醒目，可以提高租出去的几率。

（八）自行车是不是只能转租给熟人？

答：转租站是全市转租站。租了车，转租给谁都可以，当然包括素不相识的人。租给同胞可以，租给美国人、英国人、俄罗斯人也可以。

（九）“使用有缘，损坏无责”是什么意思？

答：这是指租车者所租自行车只要不是租车者故意损坏的，可以到转租站换辆好车继续赶路。修车费用多少？零配件到哪里去买？需修多长时间？这些问题都与租车者无关。转租站负担得起这个费用吗？负担得起。前面已经说得非常详尽，转租站营运成本是非常低廉的，一点修理费的支出不是大问题。

（十）转租站的车子会不会像“共享”那样，受到严重的人为破坏和偷盗？

答：这种担心是多余的。转租站以押金时时约束租车者的行为，一环套一环：你将自行车破坏了，怎么能转租给别人，又怎么能退回押金？车子是自然损坏还是蓄意破坏，是好甄别的。对于蓄意破坏的车子，转租站没有免费修理的义务。你想将车子攫为己有吗？那么押金也就甭想退了，而押金的价值是高于车子的。

共享自行车管理机制尚不完善。开锁为租车，关锁为还车，使租车者如入无人之境。爱护不爱护车子，破坏不破坏车子，想不想攫为己有，无人监督，全凭自律。

(十一)有人用旧车偷换新车怎么办?

答：这更是不可能的。前面已经说过，转租站的车子是特制的，属于非卖品，规格型号与市场上出售的车子完全不同。

(十二)盗换自行车零部件怎么办?

答：也不可能。因为转租站的车子是特制的，零部件与卖品没有互换性，“盗”得下来却“换”不上去，恶念无法滋生。

(十三)为什么有时不收租金?

答：转租站有时不收租金，主要是为了节省租车站点的场地和库房。比如，21：00—5：00，是多数人休息的时间段，一般人不用车。大雨、暴雪之时也无法用车。在这些时段，如果租金照收，那么租车者为了不花冤枉钱，都会把车子送到转租站去，转租站的场地和库房就会爆满，甚至无处存放；租金免收，租车者就有可能不将车子还给转租站而留在家里了。

不收租金还可以减少转租站用工，使租车点设得最小。因为收存的车子少，占用的场地也少，管理的工作量也少。

(十四)看守自盗怎么办?

答：转租站规定各租车点的库存车子数加押金数，必须与车子的投入数相等。库存车子数等于车子的投入数，即一辆车也未租出，没有押金；库存车子数少于车子的投入数，即所少的车子已经租出，必须用相应数目的押金相抵；库存车子数大于车子的投入数，即所多的车子是用垫付的押金“换”进来的，应予认可。

二、自行车转租站访问记

为了使读者了解转租站的运营方式，作者用一篇虚拟的“访问记”来为大家解答。

学校要求我们大一学生在暑假里写一篇社会调查报告。我表哥是北京大兴自行车转租站的管理员，所以我发挥这个优势，假期一开始就去了他那里调查自行车转租站。久别重逢，表哥见到我非常高兴，说：“转租站是个新生事物，非常需要人宣传。你要调查，是我们求之不得的好事。我正要到转租站上班，跟我走吧！”

(一)租出自行车

路上，我迫不及待地问：“车子怎么租法？要办租车证吗？”

“我们转租站非常特别。”表哥的语气里充满了自豪和自信，“古往今来，国内国外，从无先例。租车不需要办理任何证件，无论是本地人还是外地人，中国人还是外国人，手续都是最简便的！”

“这可是真的？”我以为听错了。

没想表哥一本正经的说：“是真的呀，我干嘛要注水呢？”

大兴自行车转租站在京开高速公路西侧，大兴长途汽车站附近，不一会就到了。表哥刚接班，就来了个租车的。我退到一旁，静静地观察。租车究竟要不要证件，马上就水落石出。

租车者问表哥：“有车吗？”

“有。”表哥问，“带押金了吗？”

“带了，400元够不够？”

“够了。车子押金300元，租金押金100元，正好400元。”表哥收下押金，指了指车库里的一排自行车，“依次推吧！”

车子推来了，表哥对租车者说：“检查一下，看有没有毛病。”

租车者将车把扭了扭，又悬起后轮，用脚蹬了下脚踏：“没有毛病。”

“好！”表哥打开电脑《出租发票》（见表1-1）填写了第①-⑤栏：

表1-1　大兴自行车转租站　　号自行车出租发票

租出时刻	租金单价（元/小时）	转租站收到车辆押（元）	转租站收到车租押金（元）	车辆押金和车租押金合计（元）③+④	租出车辆转租站盖章
①	②	③	④	⑤	⑥
2003年7月1日14:00	1	300	100	400	北京市大兴区自行车转租站

开票时间：2003年7月1日　　开票人签字：____租车者签字：____

说明：

（1）凭此票退押金。此票也可称作“押金发票”。

（2）如转租，此票应交承租人。承租人为转租站代退押金，代收租金。

（3）还车时扣减押金，每小时扣1元，每天最多扣18元。夜晚即22：00—4：00免收租金。

（4）自然损坏修理免费，人为损坏修理扣费。

（5）“租出时刻”等数据涂改无效。

表哥收了租车者400元押金，将出租发票递给了租车者：“有没有不明白的地方？”

“没有。”租车者跨上自行车，忙不迭地走了。

嗨，转租站真神奇，租车果然不要租车者的任何证件。

(二)收进自行车

来了个还车者。表哥接过他的出租发票，查看了车况，一切正常。开了一张收车发票。那发票是这样的：

表1-2　北京大兴自行车转租站　　号自行车收车发票

租车者姓名：____　住址：____　电话：____

转租站租出车辆时间	转租站收进车辆时间 ②-①	租用时间（小时）	租金单价（元/小时）	收到租金金额（元） ④×③	押金金额(元)
①	②	③	④	⑤	⑥
2003年7月1日12:00	2006年7月1日15:00	3	1	3	400
实退押金	叁佰玖拾柒元(397元)				

开票人签字：______　租车者签字：______

表哥指着发票对我说：“这票一式三份。第一份给还车者，作为其所租的车子和租金已经交给我们了的凭据；第二份上报转租总站；第三份我们留下作存根。”

又来了一位还车者，他的车子是在另一个转租站租的。

我惊奇万分，问表哥：“在别的转租站租的车子，也能到你这儿来还吗?”

“能。我们转租站的自行车在全市范围内通存通取。”表哥平静地说，“在我这儿租的车子，也可以到别的转租站去还。”

(三)租车者转租自行车

我的家乡是偏僻的农村，所以我对转租站提不起兴趣。我对表哥说：“我回家，是不能租你们的车子的。”

表哥莫名其妙：“怎么回事?”

我叹了口气："最近的转租站离我家也有十几公里，到那里去还车更是南辕北辙！"

表哥却不以为然："仍然可以租我们的车子。"

"难道不要我到转租站还车？"

"是的。"

我真不知表哥葫芦里卖的是什么药："车子还能'自动回家'？"

"哈哈！"表哥得意地笑了起来，"我们的车子就是能'自动回家'！"

"你这个人哪！"我被他一个又一个关子弄得极不耐烦，"为什么不要我到转租站还车？你就直说吧，可不要故意跟我卖关子！"

"可以将车子转租给别人嘛！"表哥终于道出了谜底，"我们'自行车转租站'为什么取名'转租站'？就是因为它的最大特点是车子可以让租车者转租。"

我还是高兴不起来："租车者虽然有转租之权，可我转租出去的可能性不大，我哪能凑巧遇到要往转租站去的人呐！"

表哥白了我一眼："怎么转租不出去呢？骑自行车不同于驾驶汽车，是尽人皆能。成人中，有步行者，就有需要骑自行车的人，就有希望承租车子的人。难道你还能遇不到步行者？转租站都设在人群易于集散的地方。这些地方有公交车站、邮局、商店、景点，所以要到那里乘车的人、寄东西的人、买东西的人、游览的人是很多的。同样，从那儿下车的人、寄过邮件的人、买完东西的人、游览结束的人也同样是很多的。"

"人家怎么能知道我的车子要转租呢？"

"每辆车上都有该车的身份证，上面记载着该车的车号、开始使用时间和修理记录。你到目的地要转租，把自行车身份证举起来就行了。这是大家约定的要转租的姿势。自行车身份证大红封面，引人注目。”

我又发难：“假如我要去的是个陌生的地方，没有熟人怎么办？”

“不一定要转租给熟人，对陌生人也可以转租。”

“要是陌生人不将车子还给你们，我到哪里去找他？”

“你又发傻了。”表哥讪笑起来，“不管是谁，租了转租站的自行车都会还给转租站，或者转租给别人。因为押金300元，可车子不值300元，新车才200多元！”

（四）自行车转租租金结算

转租站的车子转租来转租去，往往经过好几十个人的手，可是，押金收支平衡，而租金分文不会减少，对其原理我朦朦胧胧的。表哥看在眼里，下班时说：“走，我们到路上承租别人的车子回家，让你实践一下‘自行车转租租金结算’吧。”

我和表哥出了转租站，只步行几百米，迎面就来了个举着自行车身份证的骑车者，这表明他要转租自己租的车子，我赶忙向他招手。转租者到了我跟前，问：“要承租车子？”

“是啊。你的车是什么时候租的？”

“我租来还未到1个小时呢。”转租者指着自行车身份证。自行车身份证显示：租车时间2006年7月1日16：00。

我瞄了下自己的手表，才16：35，果然租车时间未到1小时。自行车身份证还显示：转租站收到他车子押金300元，租金押金100元。

我问他：“给你多少钱哪？”

转租者答道：“我用车不到1小时，车租就按1小时计算，是1元。”

究竟应给他多少钱，我没有十成的把握：“应给你多少钱，不要拐弯，直接说嘛!”

转租者觉察我是第一次租车，他将交租金的发票给了我，娓娓道来：“看吧，我向转租站交了车子押金300元，车租押金100元。我应该交租金1元，你代表转租站扣下来吧。现在，你给我399元就可以了。”

我干脆向他咨询：“你给我的租金，我怎么转交给转租站呢?”

转租者还是很耐心：“假如你现在就到转租站还车，转租站因为我使用他一小时车子，所以押金只会退给你399元，这不相当于你将我的车租转交给转租站了?”

我要拿399元出去，委实不放心，迟疑着。表哥这才开口：“钱给人家吧。人家押金发票给你了，车也给你了，你到转租站就可以凭票、凭车退款啦!”

我恍然大悟，就给了转租者399元。

终于亲手从转租者手里承租自行车，心里很是激动，对表哥说：“到转租站租车，不用办这个证那个证，真方便。”

“还有更方便的呢!”表哥接过我的话茬，“你车子用完，不必送到转租站去，也可以像刚才的转租者那样转租给别人。转租和承租不管多少次，租金计算的原理都是一样的，你可明白?”

我随口答道：“明白。”

“既然明白，那就帮我算笔账吧。”表哥说：“甲2003年7月9日8：00租了我们转租站一辆自行车，我们收了他车子押金300元，租金押金100元，共400元。到了10：00，甲将车子转租给乙，乙到了12：00将车子转租给丙，丙到15：00点将车子转租给丁，丁到18：00将车子还给转租站，转租站应收他多少租金？应退他多少押金?”

挺纷繁复杂的，我不能脱口而出，算了好半天，还未出结果。表哥提醒我："速算，一笔一笔的加太笨了。"

经他的点拨，我即刻转换了计算方法：

租金＝（丁的还车时间－甲开始租车时间）×租价

＝（18：00－8：00）×1元/小时

＝10元。

转租站应退押金＝收到的押金－租金

＝300＋100－10

＝390（元）。

我交出了答卷，表哥很满意。我是来调查转租站的，既然是调查，那就不能怕麻烦，于是对表哥说："我再分别为各个租车者算一算租金账，看与丁从转租站退回的押金有没有矛盾。"

"你算吧。"

我算开了。为了得到表哥的及时纠正，我口中念念有词："甲2003年7月9日8：00租了转租站一辆自行车，他交车子押金300元，租金押金100元，共400元。到了10：00，甲将车子转租给乙时，甲租车2小时，应交租金2元。

乙承租了甲的车子，收到甲提交的租车发票，并核对自行车身份证，认可甲向转租站交了押金400元（车子押金300元，租金押金100元），还认可甲租金用去了2元。于是乙代替转租站扣下甲的租金2元，给了甲398元。

至此，甲租车之事与各方的账目均已全部结清：2小时的租金2元交付了（被乙从400元押金中扣除了，只收到398元），转租站也不可能再向其索取；交给转租站的押金400元，从承租者手里收到了（虽然只收到398元，但算上他应交而未交的2元租金，所以说他实际收到的应该是400元）。总而言之，甲租用了两小时自行车，交了两元租金，他不欠别人的，别人也不欠他的。

乙到了12：00将车子转租给丙。乙将甲给他的押金发票给了丙，收了丙车子押金300元，租金押金96元（丙给了他100元，他同时退给丙代收的甲的租金2元，乙自己消费的租金2元）。

现在，乙租车之事与各方的账目也已全部结清：交给甲的车子押金300元收到了，交给甲的租金押金98元收回了其中的96元。为什么短少2元？原来是乙自己应交的租金。

丙到15：00点将车子转租给丁。丁收了丙的转租站的押金发票，给他的钱是：车子押金300元，租金押金93元（转租站收到的甲的租金押金100元－甲应交租金2元－乙应交租金2元－丙应交租金3元）。

到18：00，丁将车子还给转租站，同时交上了甲的押金发票。转租站退给他的押金是：车子押金300元；租金押金90元（转租站收到的甲的租金押金100元－甲应交租金2元－乙应交租金2元－丙应交租金4元－丁应交租金3元）。

至此，转租站的这辆自行车的一个租出、转租和承租周期结束，转租站收取的租金是：甲交的租金押金100元－退给丁的押金90元＝10元。

转租站车子的租出时间是：丁将车子还给转租站的时间18：00－甲租转租站车子的时间8：00＝10小时。

转租站收到的租金＝1元/小时×10小时＝10元。

查甲乙丙丁四人，合计租车时间为10小时，与转租站车子的租出时间一致。查他们的租金，合计花了10元，与转租站收取的租金相同。这充分说明，转租站让租车者转租自行车，并且让承租者代收租金的规则是科学的、切实可行的。

表哥又问我："假如王某晚上23：00租车，次日4：00向转租站还车，转租站应收他多少租金？”

我见他脸上有诡秘的神色，知道这个问题并不简单，正要启动思维的机器，被他拦住了：“得了，不要算了，我告诉你吧：租金为零。”

“为什么！”

“转租站有规定：22：00至次日4：00是免收租金的。”

“为什么？”

“因为这个时段一般人不用车；再者，也节省转租站的场地呀。”表哥说，“因为夜里不收租金，所以租车者所租车子便不一定非送转租站不可；要是转租站租金照收，租车者所租车子则一定要送转租站了。”

（五）转租站自行车是安全自行车

我问表哥：“租车者将自行车留在家里过夜，被偷了咋办？租车者能因为你夜里不收租金这点蝇头小利而承担车子被盗的风险吗？”

表哥不以为然：“小偷不会偷转租站的车子。”

“怎么可能呢？”我现身说法，“光我一家，去年就被偷了三辆自行车。有人将自行车架在楼下，到楼上喝杯茶的工夫就被偷了。”

“我们转租站的车子不会被窃是有客观原因的。”表哥娓娓道来，“一、转租站有规定，转租的自行车必须有其身份证才能转租，如同汽车行驶必须有行驶证那样。这已经深入人心，即使一般不太出门的老人也知道，没有身份证的转租自行车就是赃物自行车。租车者停车以后将其身份证取走，对这车就没有人对这车会生觊觎之心了。二、转租站退押金的条件不仅仅是还车，还须押金发票。租车者也不会将发票留在车子上，小偷偷车既不能骑（无自行车身份证），又无法退到押金，偷车对其来说就没有意义，也就不偷了。三、转租站自行车型号特殊，零配件与市场上出售的自行车没有互换性，想占小便宜的人也不会有邪念。”

“真好，真好！”我喜形于色，“以后，我放晚学租转租站的车子再来你家，将它放在楼下的车棚里过夜也不担心了。”

表哥指点我：“这不是上策，上策是设法转租给别人。”

我疑惑道：“夜里不是免收租金么？”

表哥严肃起来：“我们考虑问题不能光想到自己，还要想到社会。骑自行车的多一个人，坐汽车的就少一个人。汽车减少，自然环境不就好起来了吗？”

我醒悟过来：“自行车不用了，也有个原则对吗？这就叫做‘先转租，再存放’。”

“这就对了。”

我还是抓住自行车的安全问题不放，又问他：“坏人偷不了自行车，盗换零部件总是可以的吧？你们怎么防范呀？”

表哥笑了：“刚才不是说了，转租站的自行车零部件型号规格特殊，与市场上出售的没有互换性，他‘盗’得下来，却‘换’不上去。”

“哦，还真的不一样！”我仔细看了看，车轮直径比市场上出售的小，车架钢管也比市场上出售的细。而且，稍大的零部件上都打着转租站的钢印。

“假如有人干脆不将车子还给你们呢？”我又提出了新的问题。

表哥不屑一顾：“不还车给我们的都是傻子！”

我愣头愣脑的：“傻子？”

表哥点拨我：“前面我不是说了吗？租车者交给我们的车子押金是300元，可是租去的车子充其量才值200元。不退300元押金而私藏200元车子，得不偿失啊！”

“你们的自行车怎么这样便宜？”我的一个姑姑销售自行车，所以我知道行情，“你们的车子如果能出售，定价双倍也不算贵。”

“我们购买自行车全程贯穿了抽签的招标程序。因为抽签，假招标连个影儿也看不见。”表哥自豪地说，“我们的车价不是市场价，也不是批发价、而是最低的出厂价！”

“咳，真是奇招！”称赞之后，我又向表哥发难，“假如转租站管理员看守自盗，却说是租车者租去还到异地去了，怎么甄别？”

“转租站有防患于未然的措施，看守自盗是无从谈起的。”表哥向我解释，“比如我接班时，交班的人交给我的库存自行车是30辆。我交班时库存自行车要是为20辆，那就说明我的租出大于收进，差额是30辆−20辆=10辆。这就是说，我必须拿出4 000元押金交给接班的人。倘若我自盗一辆自行车，库存自行车便是20辆 − 1辆=19辆，我交给接班的人的押金则应是400元×（10 + 1）=4 400元了。”

“转租站的车子让租车者转租，同时让承租者代收租金。代收的租金会越来越多，到了二三百元甚至更多的时候，假如承租者贪心，不还车了怎么办？”

“不可能！”表哥胸有成竹：“大家都知道交给转租站的租金押金限额是100元，假如转租站出租价是1元/小时，转租站自行车租出的有效用车时间的限额便是100个小时。将到这个限额，租车者便会主动向转租站还车的。因为过期还车，转租站有加租条款。谁愿意租赁加租自行车？”

“转租站对租出的自行车，为什么不让转租者永远转租下去呢？”

“因为自行车用了一段时间就要保养一次，要将毛病消灭在萌芽状态。”

（六）损坏自行车处理

在表哥家住了一宿，第二天我继续跟表哥去转租站，一人承租了一辆转租自行车。我又给表哥出了个怪题：“假如我们的车在路上坏了，不能骑，怎么办？”

没想到我还是没有将他难住。他说：“把车送到附近的转租站去呀。转租站能修则修，不能修便会为你换车。至于修理费，凡是自然损坏的，全部减免。”

“‘自然损坏’是什么意思？”

“这么说吧，只要不是人为的损坏，都叫‘自然损坏’。”

我越发怀疑了：“修理费可不是小数目。谁为你们转租站买单呀？”

表哥却很淡定：“我们转租站自己消化。因为我们的车子出租率高，转租更使出租站点非常稀少，成本极低。有人经过全面测算，成本连公共自行车和共享自行车的一半也不到。”

真巧，我们刚到转租站便有一位租车者交还了一辆坏车。表哥让其填了《破损修复情况表》，并签字确认。

表1-3　北京大兴自行车转租站　　号自行车破损修复情况表

时间	故障部位	破损机件						修理人代号	还车者确认			修车转租站审核章	下一收车转租站复核章
		名称	件数	单价（元）	更新费⑤×④	修复费⑤×④	更新费修复费合计⑥+⑦		签名	身份证号码	电话号码		
①	②	③	④	⑤	⑥	⑦	⑧	⑨	⑩	⑪	⑫	⑬	⑭
	后胎漏气		1	2.00									
		辐条损坏	3	0.50	1.50	2.00	3.50						

看了上表，我想到一个问题，请教表哥：“转租站内部怎么核算呢？——假如我是修理工，想侵吞辐条，就说其用到车子上去了怎么办？”

表哥笑道：“你的阴谋是不可能得逞的。转租站零部件是以旧换新制。你说你给车子装上了一百根辐条，那么换下来的一百根废旧辐条呢？再说，这一百根辐条究竟需不需要换，也不是一个人说了算。”

“可是，这里只有你一个人哪！”

“等收到的坏车到了一定的数量，是会请审核小组来审核的。”

我又笑道：“假如审核小组包庇你呢？”

表哥的态度严肃起来：“为了防止腐败，转租站的内部管理有抽签方面的内容。哪个核查小组到那个转租站点去，由抽签决定，而不是哪个领导说了算。转租站的人事安排，更是抽签做主：比如要任命一个站长，得先考察出几个候选人，然后通过抽签，在这几个人中确定一人。”

“假如候选人行贿怎么办？”

“候选人都会老老实实的等候抽签，不会行贿。因为中签的几率只有几分之一，中不了签，花费不是都扔下水了？”

我又指着上表第⑦栏问：“这是计算修理工工资的依据吗？”

“是呀。”

“要是你想照顾修理工，夸大工作量怎么办？”

“你这个人哪！”表哥有点乏味了，“刚才不是对你说了，等收到的坏车到了一定的数量，是要请审核小组来审核的，而核查小组到哪个转租站点去，由抽签决定。他们不认可的东西，是不生效的。”

归还故障车的人，换了一辆好车，吹着口哨骑走了。我急忙提醒表哥："还没有给修理费呢！"

哪知表哥慢条斯理地说："刚才不是对你说了，免费，不收钱。"

"为什么呢？"

"方便租车人哪。"

我开起了玩笑："既然车子损坏了不要赔偿，那我将它租过来超载，'玩杂技'！"

表哥的态度严肃起来："你失算了。你所说的损坏叫故意损坏，必须你自费修理。"

"你的权还挺大的呢！"我非常担心转租站的管理会变成"大家拿"，"要是你照顾我，你的上级不就蒙在鼓里了？"

"刚才说的核查组是要核查的。核查组什么时候核查，是哪个核查组来核查，全凭抽签决定，想搞歪门邪道是防不胜防。劣行败露，如果够不上犯罪，由哪位负责人负责处理也得看抽签的结果。而我，在这里上班也不是固定的。明天到哪里去，现在还不知道：由上级抽签指派，下班前通知。所以，转租站是廉洁的转租站，在这里徇私舞弊难以萌芽，以身试法者也不会逍遥法外。"

又有一个送车的来了。他的自行车车把上的铃没有了，光秃秃的，看了挺别扭。要不要租车者赔偿呢？表哥摸了摸车把上装铃的位置，对送车者说："看到了吧，还有锯齿印呢。可以肯定，小偷是用钢锯将铃锯走的。我只能遗憾地告诉你，你保管不善，得赔偿10元。"

还车者没有异议，点点头："应该赔偿。不过，你们要请公安部门紧密配合，严厉打击偷盗行为。"

表哥安慰还车者："你放心吧，小偷出不了三天就会揪出来。"

还车者怀疑："你是讲故事吧？"

表哥认真地说："转租站有最强大的树正气举措，对举报盗窃转租站自行车及其零部件的，按赃物原价十倍奖励。"

（七）自行车的调度

"假如一个转租站的车子供不应求，而另一个转租站的情况恰恰相反，供过于求，怎么办呢？"

"转租站可通过增减租金的方式进行调节。比如通过手机信息：×时前，向××转租站还车，租金减半；×时前，向××转租站还车，租金加半。"

"转租站这样做，是不是损害租车者的利益？"

"转租站这样做，非但没有损害租车者的利益，从长远来看，还为租车者谋取利益。各个转租站的车子保持平衡，保持随时有车可租，即使现时多交了租金的一部分租车者也会得到好处。因为人是活动的，是走'四方'的。在车多的转租站附近居住的人，总有一天是会到车少的转租站那里去的。"

停了一会，表哥又说："在自行车的调度中，转租站并不获利。因为，它得到的增加租价的租金，被减低租价的租金抵消了。"

我总觉得不放心："假如我去的地方，比如早晨去登山，只有'去的'租车者，没有'来的'租车者，车子转租给谁？"

"实在没有人承租你的车子，可以花钱雇人送走呀。比如你遇到了个路人，可以问他：'给你50元，将我的车送到转租站去，愿意吗？'"

"送车者收了我给的钱，假如将车私吞了咋办？"

"不会的。"表哥笑了笑，"送车者便相当于承租者，他是代替转租站向你支付押金的。他私吞了，怎么到转租站退押金呢？"

"同送车者的账怎么算啊?"我越听越糊涂，不得要领。

表哥帮我算起来："因为送车者送到转租站可以退车子押金和剩余租金押金，所以你不必给他50元现金，而是他从应给你的押金中扣除。应这样计算：

"车子押金300元+租金押金100元–车子租金（租价×租车时间）–50元。"

表哥给这个计算方法，对我来说如同是天书，便对他说："我哪里理解得了，讲解讲解吧！"

表哥说："我们转租站正考虑利用互联网技术搞智能化，搞起来了，点点按钮算账的结果就出来了。不过，这是以后的事，现在还得给你讲解。送车者给你的'车子押金300元+租金押金100元'，是他为转租站垫付的。他拿了你的押金发票到转租站还车之后，转租站马上就会退给他400元押金。你懂没懂?"

我想，这400元押金，相当于我请他到转租站去退回。现在他给我，确实是"垫付"，所以我对表哥说："懂啦！"

表哥继续讲解，问我："你租用车子的租金要不要给转租站?"

"要！"

"所以，你不能将'车子押金300元+租金押金100元'全部收下，要将租金退出来给送车者，让他代交转租站，这就是'减去车子租金（租价×租车时间）'的意义。懂未懂?"

请人家代交租金，就得给人家钱。未给，人家从应给你的资金中扣除，天经地义，于是我也爽快地对表哥说："懂啦！"

表哥又说："50元送车费，你是答应给人家的。人家从应给你的钱中减去50元难道还有什么问题?"

"没有没有！"我不经对送车者有了恻隐之心："50元送车费是不是有点少呀!"

“你是菩萨心肠啊！”表哥笑了，“不少，他并不是非将车送到转租站不可。离开登山起点不远，就会有人承租的。”表哥接着说：“我们的租车点还实行军人优先的政策，如果当天租车者很多，就会向总部要求多申调一些车辆，保证租车点有富余车辆可以随时租给有需要的军人。”

（八）当师傅

表哥对我的细心讲解，使我对转租站的调查基本完成。为了防止回生，我决定当一回师傅。徒弟是我大学同学王新伦，他家住在表哥转租站附近，在大兴区XX里XX区XX号楼。昨天我打电话给他，他竟不知转租站为何物。我想坐公交车前往，表哥指点迷津：“短途出行，公交车哪赶得上我们的自行车！”

于是，我向他交了400元押金，租了一辆车。骑到大兴长途汽车站门口，我向一位等车的老大爷问路：“请问，新安里有多远？”

“三四里。”

“怎么走？”

老大爷臂膀向东北方向一挥：“跟着957公交车骑吧！”

我心里不停地琢磨：汽车速度极快，我怎么能“跟着957公交车骑”呢？直到“957”开动了，我的疑团才解开。起先，在京开辅路，“957”遥遥领先；可要拐上团河路西口之时，车水马龙，尽管不停地鸣着喇叭也只能缓缓蠕动。我便发挥自行车小巧灵活的优势，后来居上了。我到“957”新安里站的牌子跟前，“957”还离得好远，盯着我的屁股生闷气呢！

经打听，方知王新伦住的33号楼在“957”站牌北侧，新安里中部，还要骑行一二里呢。这个住宅小区真大呀！快到33号楼时，我举起了自行车身份证。一位步行的大妈见到，知道我要转租车子，赶紧向我招手：“车子转租给我吧。”

我停了车。大妈看了看自行车身份证，说："车子是14：00租的，现在是14：15，才用了15分钟啊！"

"是啊。"我从衣袋里掏出押金发票给了她，"我向转租站交了押金400元，请你将这个钱给我；我使用租金1元（转租站规定，租车时间不满1小时按1小时计算），你扣下吧，给我399元就行了。"

大妈却给了我400元，说："车子你只用十几分钟，哪能让你花1小时的钱？租金还是让我付吧。"

这大妈真是豁达大度。

见到王新伦，这家伙轻轻地打了我一拳，故意责怪道："我对转租站是门外汉，可你却是行家里手，连调查报告也快出来了吧？"

我笑道："你一定会后来居上啊！"

寒暄了一会，王新伦便要陪我去逛天安门。交通工具，当然是先转租自行车，再乘公交车了。刚出楼道大门，凑巧遇到了我在大兴长途车站问路的那位大爷。原来，这位大爷下了"957"刚步行到这儿。表哥说租用转租站的自行车，比乘短途公交车节省时间，果然不错！

由于来时我是骑自行车的，从"957"站牌到33号楼觉得是顷刻之间，现在返回却步行，要一步一步"量"过去，委实感到遥遥无期，着急得很。真是柳暗花明，还未走过第二栋楼，便见三四个举着自行车身份证的人骑车过来了。我已经向王新伦说过，这是要转租车子的姿势，所以他向两个骑车人叫道："张阿姨、王阿姨，车子转租给我们吧！"

原来，张阿姨和王阿姨也住33号楼，与王新伦是邻居。王新伦承租了张阿姨的车子，我则租了王阿姨的。

王新伦看了张阿姨车上的身份证，得知这车是今天7：00始租的，到现在12：00点正好是5小时。可能，这车是张阿姨承租自别人。张阿姨给王新伦5元租金，说："其中，4元是转租车子的人给我的租金，1元是我的租金。"果不其然，这车是她从别人手里转租来的。

王新伦到底是转租站的新客户，愣头愣脑的："要租车的是我，我应该拿钱出去交租金，怎能相反，收钱进腰包呢？"

我赶紧为他破解疑团，充当起表哥对我的角色来了："将张阿姨的5元收下来吧。这是你为转租站代收的，还车时要交给转租站。"

王新伦收了张阿姨的5元车租，张阿姨随即又递给他一张转租站开的押金发票："我给了人家（转租者）押金400元，你将这个钱给我吧。"

王新伦又晕了："我将400元给你，可谁给我哇？"

"按惯例，下一个承租你车子的人应该给你。"王阿姨笑起来，"你也可以直接到转租站去退呀。"

"人家凭什么退给我？"

"凭押金发票呀！刚才，我不是给你了？"

王新伦还是恍恍惚惚的，不肯掏钱。我开导他："王阿姨向我要的400元，我已经给她了，难道我傻吗？你将400元给张阿姨以后，可以到转租站退回来。转租站退押金，只认发票和自行车，有这两样东西，无论谁去都能退到……"

王新伦见我说得吐沫横飞，够辛苦的，不忍心让我再讲下去，说："我给400元王阿姨就是了！"

王阿姨还真有长者风度，接了王新伦的400元后还不放心，问他："为什么要给我钱，你真明白了吗？"

王新伦有点腼腆，诚实地摇了摇头。

王阿姨送钱进衣袋的手停在袋口："照这么一说，我还不能收这400元!”

“这怎么行?”我张开双手，把王阿姨向33号楼方向赶，“你先回家，如果王新伦押金退不回来，再向你要不迟。”

送走了王阿姨，我向王新伦进一步解释：“转租站的管理既有科学性又有可行性。在车库里，车子是一般等价物，少一辆车，押金余额就得增加400元；多了一辆车，押金余额就会减少400元。所以，租车者送一辆车给转租站，转租站就得给租车者400元。去转租站退租金，只要有租金发票和自行车，不管是谁都可以。你即使不去转租站也能退回租金。——像王阿姨这样，将自行车转租给别人，交出押金条，让别人将押金垫付给你。管理员收了你自行车，如果不给你400元，那就是贪污!”

王新伦终于恍然大悟，满意地点了点头：“懂啦，懂啦!”

我们到了957公交站，站牌旁边空空荡荡，一个等车的人也没有。估计前一班车过去不久，后一班要等好长时间呢。我们干脆将这个公交站抛了，骑车向团河路西口公交站进发。因为那个站是大站，车次多，随时可以上车。

将到团河路西口，我们都举起了自行车身份证。“937-1”到站了，车上的一个小伙子知道我们要转租车子，立即将头伸出车窗同王新伦“订合同”：“转租给我，成吗?”

我们正要乘这辆公交车，王新伦哪有“不成”的道理，所以爽快地答应了。

我见车外有个妇女向我走来，估计是要承租车子，便迎了过去。因为要照顾王新伦，所以我迅速与妇女办完了转租手续，回到了他身边。

要承租王新伦车子的小伙子飞快地下了公交车，接过王新伦的押金发票，又看了一下自行车身份证，说：“这车第一个租车者是10：00租的，现在的时间是15：40，租车时间算6个小时，租金6元。”说着，给了王新伦394元。

王新伦拿着钱，眼神里游移着疑惑。我对他解释：“小伙子应该给你400元押金（他凭押金条可到转租站退回），你应该给小伙子请其代交转租站的租金6元（其中4元是转租车子给张阿姨的人的租金，1元是张阿姨自己的租金，1元是你的租金），两者相抵，正好是人家给你的数字394元。”

谁知王新伦还是糊涂，捏着钱低声说：“账算错了吧？刚才，王阿姨给我5元，我给他400元，实际上我给她的是395元。可现在，这承租者只给了我394元，我不是凭空蚀掉了1元么?”

“你没有蚀钱!”我一眼就看出了端倪，对他说，“‘蚀掉了的’1元是你的车租。”

王新伦终于恍然大悟。“937-1”真快，未过一小时就到了西长安街的南礼士路站。王新伦向我建议：“我们乘地铁去天安门吧!”

一个路过的“老北京”听了，向他摇了摇手：“天安门没有地铁站。”

王新伦问他：“那么，有公交车站吗?”

“也没有。”

我正中下怀，说：“只有租自行车去了。”

几个骑转租站自行车的人要上“937-1”，听说我们要租车，立即围了过来：“承租我的车吧，承租我的车吧……”

我们一人承租了一辆，还富余三四辆。这三四个要转租车子的人正懊恼，937公交车到站了，五六个下车的乘客径直向他们走去，将他们的车子也租光了。

我和王新伦到了天安门广场，人们挤挤嚷嚷，摩肩接踵，带着自行车实在不方便。转租掉吧，没有承租的。怎么办呢?

王新伦双手握着车把犹豫着。我叫他："把车锁起来吧。"

他不同意："被盗咋办？"

我提醒他："把自行车身份证取下来不就得了。"

"这样就没人敢偷啦？"

"转租站有规定，骑行的转租自行车必须持有其身份证，否则视为偷车。你把自行车身份证取走了，哪个还敢动你这车子？"

买过东西，我们去取车，准备向下一个目的地王府井书店进发。自行车大概是因为在空地上被太阳暴晒的缘故，还未到太庙，王新伦车子的前胎瘪掉了。他很懊恼："这下，不是人骑自行车，而是自行车'骑'人了！"

我向博物馆指了下手："那里有转租站点，可以去换辆好车。"

到了博物馆转租站租车点，王新伦将瘪胎车送到了坏车停放处，管理员便给他换了一辆好车。还真是"使用有缘，损坏无责"，转租站没有向王新伦要一分钱。

到了王府井书店，我和王新伦将所租的车子转租给了别人。买了书，我们准备回大兴，最佳路线还是来时的路线，到南礼士路乘937-1公交车。可是，怎么到南礼士路呢？王新伦建议坐公交车，我只好由他。出了书店，我们便向南漫步。走了一二百米，到了东长安街，经询问，抵达公交站还要拐弯向东一二百米，直到北京饭店南门。我感到有点厌倦。举着自行车身份证的骑车者不时在我们身旁穿过，我动心了："还是租赁转租站的车子吧。"

王新伦同我不谋而合，应声道："行行行！"

上了车，屁股就像坐到了椅子上，真有莫名的舒服，两只脚随着脚踏转动，几乎不花力气。不一会，99路公交车从我们身旁超过。我不由使劲蹬了脚踏几下，自行车便紧紧“咬住”了它的尾巴。王新伦也不约而同地追了上来。由于99路停靠了五站，有五次停车、启动，所以直到抵达南礼士路站，也没有逃脱我们的视野。

我们要转租车子的信号早发出了，但是无人问津。王新伦慌了：“如果一直没人承租，我们怎么办？可不能将车子扔掉呀！”

我笑道：“办法是现成的，送到转租站去。租赁点离这里至多三四百米。”

真是天无绝人之路，我话音刚落，地铁里出来几个人，其中有一个要承租车子，我让王新伦将他的车子转租了出去。这时，937-1公交车远远地来了。由于是起始站，车上并无乘客，所以我的车子仍将窝在手中。我们如果不乘这班车，等下一班要浪费二十分钟。我的自行车怎么办呢？刚才骑车时我身上没有汗，现在却急出汗来了。

这时，一个农民工打扮的中年人向附近的转租站方向走去。我紧跨几步追上了他，恭恭敬敬地问：“大爷，我能打搅您一下吗？”

他也诚恳地说：“什么事？只要我能办到的。”

“我们要上937-1公交车，时间来不及了。”王新伦为我亮出了主题，“帮我们把自行车送还转租站吧。”

我生怕他说“不”，随即明码标价：“我们补贴你50元。”

哪知这人非常地道：“你们的意思是要我把车子承租过来，是吗？行！至于补贴，不要。”他拿出了400元塞到我手里，又看了下自行车身份证，说：“这车租出6个半小时了，你们给我7元吧。”

我给了他57元，可他不管怎样也不接受其中的50元，说：

"我即使不承租你们车子也要到转租站去，所以不能额外收钱。再说，我骑到哪儿，只需要几分钟，也不需要交租金，已经讨你们的便宜了。"

上了937-1公交车，我们的心情都特别舒畅。我问王新伦："我觉得，我们的调查报告都不能忽略一个重要内容，你知道是什么吗?"

"我当然知道。"王新伦为了表示慎重，站了起来，"这就是中国人民的厚道!"

三、自行车转租站将挡住"汽车社会"的陷阱

"汽车社会"(Auto Society)是对家庭拥有小汽车多的定义。时至今日，不少发展中国家仍然将小汽车推崇为小康的标志，而将自行车当成是贫困的象征，因此拼命发展汽车工业，日夜兼程迈向"汽车社会"。其实，到自行车转租站走一走就会发现，这是重蹈发达国家的覆辙，眼睁睁地往别人正在设法往外爬的拥堵陷阱里跳。中华民族是一个智慧的民族，无需照搬发达国家依靠大量消耗资源、实行能源高消费的传统发展模式，而要探索新的发展路子，"节能优先"。

(一)看不见的汽车消费成本

消费汽车不同于消费一般日常用品。人们在消费自行车、衣服、电视等一般的日常用品时不对别人产生影响，不损害别人的利益。可是，消费汽车则不完全这样。表面上看，消费汽车的成本只是汽车本身，是折旧费、燃油费、税费、养路费、保险费、过路费等费用。其实，还有更大的、看不见的成本。

1.尾气排放成本

汽车速度越慢，燃油越是不能充分燃烧，产生的废气也越

多、越浓。人在马路上呆的时间愈长，“享受”的废气也愈多。开车人不但损害自己，也损害别人。

2. 侵占净化空气的绿地成本

增加一辆汽车，就要增加相应面积的停车位置，这还不包括进出停车处的公共用地。这些地的增加必然要以绿化用地的减少为代价。

3. 占用道路成本

过多的汽车必然使道路拥挤，使自己车子和别人车子的行驶速度降低。2006年12月2日，建设部副部长仇保兴在全国优先发展城市公共交通工作会议上说，高峰期大城市的主要道路成了缓慢移动的停车场。有限的道路资源被无效的个体交通占用，交通拥堵急剧蔓延，这已成为中国大中城市的普遍灾害。仇保兴还说，城市公共交通服务水平下降明显，公交车速越来越低，现在平均车速只有每小时10公里，已低于自行车的每小时12公里……交通拥堵也造成了巨大的损失。仇保兴表示，可以预见，伴随着个体小汽车无节制的增长，城市道路阻塞现象将会日趋严重。“1998年至2013年，北京市机动车保有量增长了303%；2015年，个别路段严重拥堵的时候时速不足5公里……”

4. 妨碍自行车使用者和步行者步行的成本

在道路交通事故中，人身损害大的总是自行车使用人和步行者一方。因此，骑车人和步行者都把马路视为畏途，不敢骑车和步行。这就剥夺了他们原本享有的道路使用权。

5. 建设和保养道路和桥梁的成本

道路和桥梁的建设和保养成本也不可小觑。有些国家和地区限购小汽车的决心举棋不定，可笑的是因为当政者没有认真算账：他们因为卖车而得到的税收，远低于他们因此支付的交通建设资金。

在汽车消费中，看不见的成本远远大于看得见的成本。其中，因污染空气损害人的健康是最大的成本。有人说，健康是“1”，票子、车子、房子仅仅是“0”而已。只有拥有“1”，才会组成100万、1 000万……这是再恰当不过的了，财富是以生命为载体的。

（二）“轮子上的国家”不可效法

有些西方媒体认为“汽车已经成为中国社会的一个祸害”有一定道理，但是说“这种祸害并没有被中国民众充分认识到，各级政府官员也无法提出相应的公共政策”就有失偏颇了。如果中国政府没有“相应的公共政策”，那么“祸害”就会比现在不知要严重多少倍！

胡锦涛同志非常重视和倡导“科学发展”，多次告诫全国提防“汽车社会”问题。2007年6月25日，胡锦涛更在中央党校省部级干部进修班发表重要讲话时强调，“面对新形势新任务，我们要坚持以邓小平理论和‘三个代表’重要思想为指导，深入贯彻落实科学发展观，继续解放思想，坚持改革开放，推动科学发展，促进社会和谐，为夺取全面建设小康社会新胜利而奋斗……解放思想，是党的思想路线的本质要求，是我们应对前进道路上各种新情况新问题、不断开创事业新局面的一大法宝，必须坚定不移地加以坚持。改革开放，是解放和发展社会生产力、不断创新充满活力的体制机制的必然要求，是发展中国特色社会主义的强大动力，必须坚定不移地加以推进。科学发展，社会和谐，是发展中国特色社会主义的基本要求，是实现经济社会又好又快发展的内在需要，必须坚定不移地加以落实……在当前国际国内形势下，我国发展面临的机遇前所未有，面对的挑战也前所未有，既有许多有利条件，也有不少不利因素，关键看我们工作做得怎么样。我们要清醒认识当今世界和当代中国发展的大势，全面把握我国发展的新要求和人民群众的新期待，认真总结我们党治国理政的实践经验，科学制定适应时代要求和人民愿望的行动纲领和大政方针，从新的历史起点出发，带领人民继续全面建设小康社会、加快推进社会主义现代化，完成时代赋予的崇高使命。”胡锦涛的讲话振聋发聩，从搞计划经济到搞市场经济有个解放思想的问题，在搞市场经济的过程中仍然有个解放思想的问题。后一个问题就是不能跟着人家亦步亦趋，人家进入汽车社会了，就见异思迁，也要进入汽车社会；要创新，青出于蓝而胜于蓝，免遭覆辙，比别人搞得更快更好。我们必须坚持科学发展。

转租站的“特异功能”，是改变迈入“汽车社会”之车的方向，避开汽车社会这个陷阱，使目前马路上满眼的小汽车还原为“泼洒街的自行车”（美国前总统尼克松1973年访华语），使绝大多数短途汽车人（挤公交的、打出租的、驾私车的）变为自行车人。这样，污染的城市就变为绿色的城市了。

(三)汽车尾气是生命的杀手

为什么说汽车尾气是各国社会的一个祸害，是生命的杀手？为了使人们对其引起高度的注意，必须展开来说一说。

第一杀手是尾气中的一氧化碳。这个杀手不但狠毒而且狡诈，无色无味，让你不知不觉吸入体内。更可恨的是，它不易与其他物质发生反应，杀人的恶行竟能保持两三年。一氧化碳与血液中的血红蛋白结合的速度极快，是氧与其结合的速度的250倍。因此，一氧化碳总是先于氧与血液中的血红蛋白结合生成碳合血红蛋白，而抑制氧与血液中的血红蛋白结合生成氧合血红蛋白。氧合血红蛋白有输送氧的功能，如果不足便会导致各部分组织缺氧，尤其是脑组织和心脏缺氧。一旦缺氧，就会引起多种疾病，甚至窒息而死。

一氧化碳是汽油燃烧不充分生成的。因此，道路越拥堵，车速越缓慢，尾气中的一氧化碳排放就越多。

第二杀手是尾气中的碳氢化合物。它是化学烟雾形成的主犯，其中的苯并[a]芘是一种强致癌物质；其他碳氢化合物，如甲醛与丙烯醛味臭难闻，强烈刺激鼻眼和呼吸道黏膜，容易引起结膜炎、鼻炎、支气管炎。

第三杀手是尾气中的氮氧化物。其中，一氧化氮的毒性虽然不大，但是浓度一高，就会引起人的神经中枢障碍；二氧化氮被人体吸收后可与肺部的水分结合生成可溶性硝酸，引起肺气肿。大气中二氧化氮的浓度高于5克/立方米，哮喘病患者就会呼吸困难，若高于100—150克/立方米，连续呼吸30—60分钟，健康人也会陷入危险状态。

第四杀手是尾气中的微粒，它主要是汽油中的四乙（基）铅或四甲（基）铅经燃烧后生成的铅化物微粒和没有充分燃烧而生成的碳烟粒。尾气中的微粒扩散在大气中，人们吸入，主要侵入肝、肾、脾、胆和脑中。吸入几周后，铅便向骨骼转移，成为不溶性磷酸铅沉积下来。骨中的铅一般较稳定，但是，人体一旦缺钙，或有感染、外伤、饮酒、服用酸碱类药物而使酸碱平衡受到破坏时，铅便由骨骼转移到血液，轻者使人头晕、头痛、失眠、多梦、记忆力减退、乏力、食欲不振、上腹胀满、恶心、腹泻、便秘、贫血、周围神经炎等；重者呈现黄疸、肝脏肿大、肝功能异常，心脏和肺受到损害，智力下降，注意力不集中，甚至成为呆傻。法国有关专家经过8个月的调查发现，30岁以上的人群中有6%到11%的肺癌死亡病例是由排放到大气中的污染颗粒造成的，另外还有7%左右因心脏和呼吸系统疾病死亡的案例与城市污染直接相关。调查还发现，60到69岁人群最容易受污染影响。

空气中的氧化氮和铅一类的污染物质还是男性生殖的敌人。意大利科学家的研究结果表明：出租车司机、职业车手、货车司机的生殖能力下降最明显，连续驾车超过2小时就足以损害男性精子质量。男性应该开车1小时，就出车活动10分钟。意大利科学家还发现，每天在高速公路附近工作或生活6个小时以上的男性精子质量，明显比同样年龄的其他男性差。

汽车尾气除上述四种杀手，还有SO_2、游离碳（黑烟）、臭味等杀手，它们对人体呼吸系统、循环系统、神经系统也非常有害，这就不详述了。

汽车尾气的最大受害者是最受疼爱的人，即各家各户的孩子，因为尾气多排放在1.5米以下。有人做过调查研究，儿童吸收的汽车尾气为成人的两倍。长期吸入尾气的孩子，不仅智商低下，还不守纪律、行为怪异。

汽车尾气的受害者不仅是人类，动物也未能幸免。动物园里的动物为什么生育率奇低？汽车尾气不能不算是其中的一个重要原因。

汽车尾气还是植物的杀手。一个五年级的小学生曾经做过实验：两朵粉红色的玫瑰花分别插入相同的两个花瓶，一个花瓶置于汽车站门房窗口，一个置于远离马路的住宅小区门房窗口。先看汽车站门房窗口玫瑰花的变化：第三天，变成了淡红色；第四天，花瓣开始脱落；第五天，几乎只剩下花蕊。再看住宅小区门房窗口的玫瑰花：经过五个昼夜，花瓣没有脱落，只是颜色没有原先那么鲜艳而已。为什么是截然不同的两个结果？原来，汽车尾气中的二次污染物臭氧、过氧乙酯基硝酸酯等有害物质可使植物叶片出现病斑和枯斑，乙烯抑制植物的开花结果。汽车尾气中的二氧化硫和氮氧化物还是造成酸雨的元凶。降水酸度<4.9时，对森林、农作物和材料会产生明显损害。因此，城市绿化中的树木花草“萎靡不振”，不要一股脑地责怪园丁，也应该从汽车尾气上找原因。

无生命的建筑物也是汽车尾气的受害者。经酸雨长期侵蚀，即使是大理石也会如酥土般瓦解。世界闻名的卢沟桥石碑，游客往往都要驻足阅读。可是，如今再也没有多大的魅力留住行人了。其原因便是腐蚀厉害，字迹已经不清楚了。这些字迹，不是破坏分子用铁凿铲的，也不是用钢刀刮的，而是酸雨浇的。

汽车尾气对环境的污染更不可掉以轻心，温室效应有它的份，破坏臭氧层有它的份！

从对在用车的检测结果来看，发展中国家城市尾气排放不合格车辆占被检测车的50%—60%，使得尾气的排放情况格外严重。某国某市拥有机动车辆14万辆，并以每年15%的速度增加。机动车年排放一氧化碳4.4万吨，相当于该市工业企业一氧化碳排放量的4.6倍。市区主要交通道路中心点一氧化碳超标2倍以上的达65%，在车流量高峰之际，有的监测点一氧化碳浓度高达每立方米70mg，超标6倍。在车流量比较集中的火车站，氮氧化合物测点平均值为每立方米0.059mg，超标准0.18倍。

汽车尾气总是从排气管向周围逐步扩散的，越是靠近马路，越是靠近市中心，其浓度越大。因此，马路两侧的住户和市中心的居民受害最大，反对汽车尾气的呼声应该最强烈。不在马路两侧的住户和远离市中心心的居民也不要掉以轻心，作壁上观。尾气无国界，它随风飘散，无孔不入，无缝不钻，围墙再高，门禁再严，都挡不住它的身影。富丽堂皇的宾馆，闲人莫入的办公区，甚至自以为非常舒适的别墅，汽车尾气无处不在。所以，减少汽车尾气排放是全世界的事，是全人类的事。

对限制汽车废气问题，不少国家提出了“零排放”的设想。但是，这只能是一个空想。世界卫生组织欧洲中心环境与健康专家指出：我们对汽车的负面效应知之甚少，但这些效应肯定是很多的。除了交通事故与空气污染，还应算上噪音以及以车代步、以汽车代替自行车所带来的影响，因为步行和骑自行车能减少50%患心血管病与糖尿病的可能性。由于行驶速度慢、排放标准低，中国城市中的汽车尾气排放量十分大。1997年世界银行指出，尽管北京的汽车数量只有洛杉矶的十分之一，但其汽车排污量却几乎相同。

1995年，上海在儿童的血液里发现了铅〔《中国环境年鉴（1997）〕。尽管中国在20世纪90年代末期，通过禁止生产和使用含铅汽油，消除了铅污染现象，但汽车仍然排放着其他污染物。近年来北京、上海、广州等大城市的市区，机动车排放已经成为一氧化碳、氮氢化物、碳氢化合物等污染物的第一大污染源。因此，用自行车替代汽车，对中国来说更具有非常重要的意义。

（四）还是“自行车大国”好

茅青先生有篇著名的《中国人，想不想拾回咱“自行车大国”的称号?》，它对向往“汽车社会”陷阱的人有很大的劝阻作用，摘要如下：“出国多年，我对自行车始终很有感情。出国前，在北京生活，没有自行车就像没有脚似的，寸步难行。当时，几乎人手一辆自行车，长安街上红灯一亮，一大排自行车在灯前等候，颇为壮观，中国也因此被称为‘自行车大国’。从1999年起，我每年回国探亲，都发现北京的私家车越来越多，越来越豪华，越来越大；自行车越来越少，尤其是写字楼林立的地方，自行车已没了立足之地。每次回国都听说某人拿到了驾照，某人换了‘坐骑’。同时，我也发现，北京的马路越来越堵，尽管道路不断拓宽，仍赶不上汽车增加的速度。

“在中国人对汽车的热恋持续升温之际，欧洲人却爱上了自行车。最早提倡骑车的是北欧国家。10多年前我去荷兰阿姆斯特丹旅游时，就看见骑车的人特别多。后来到丹麦哥本哈根也发现了同样的情况，骑车已经成了一种时尚。据最近的一项统计，哥本哈根有540万人口，市内上牌照的自行车有420万辆，专设的自行车道有一万公里；阿姆斯特丹有78万人口，自行车有63万辆，男女老少出门皆靠自行车……中国人，想不想拾回咱‘自行车大国’的称号？”

深圳有位网友和茅青先生遥相呼应：想拾回咱“自行车大国”的称号！另一位网友问这位网友：“昨天下午3：30，从龙岗回罗湖布心又用了两个半小时！再这样下去，人都要垮了。政府能不能管一管啊！”还说，深惠路横岗大厦到六约路口天天堵车，一堵往往就是半个小时，车辆沿路排成数里的长龙，司机和行人叫苦连天！这位网友回答说：“主意只有一个，也是唯一个，就是建自行车道。让愿意骑车的人去骑车，从而减少使用汽车。”

茅青先生说“欧洲人却爱上了自行车”，此话一点不虚。据北方网2008年6月5日报道，“俄罗斯圣彼得堡市的发展定位于具有欧洲生活水准的欧洲城市，但是这一目标的实现暂时遇到许多因素的阻碍，其中包括对自行车族的轻视，而在欧洲他们几乎成了道路的主人。市长马特维延科6月3日召开专题会议，决定大力建设自行车道，建议市政官员身先士卒改骑自行车上下班。”

四、自行车转租将使人们一见钟情

汽车拥堵和尾气污染已到了忍无可忍的地步。汽车越多，污染越重，反之亦然。转租站的功能是引导人们摒弃汽车而钟情自行车，遏制汽车的增长势头，让宛如田野里、森林中的新鲜空气重现城市。

(一)使用转租站的自行车，比使用自己的自行车还要方便

如果你家住楼上，要用的自行车假如是自己的，必须搬下楼。楼道窄而车子长，磕磕碰碰，多麻烦！要用的自行车假如是转租站的，则可空手下楼，随便向哪位转租者承租。从《自行车转租站访问记》中我们已经知道，转租者不向你要任何证件，仅收400元押金而已。

自行车出了故障，如果是自家的，必须中止行程，定下心来“欣赏”修理工修车，工人修理一个小时就得“欣赏”一个小时。倘若是转租站的，则可换辆好的继续赶路。因为转租站实行的是修理费保险制，租车者对自行车是“使用有缘、损坏无责”。

自行车出故障的时候，假如附近没有修车铺，怎么办？车子如果是自家的，就成了累赘，不是它为你服务而是你为它服务，或推或扛，直到找到修车铺为止。车子如果是转租站的，一个电话就能解除你的搬运之苦。转租站有常态的流动服务，可以“上门”为你修车或换车。这就是说，转租站的自行车是永不出故障的自行车。

经过摩肩接踵的闹市，自行车如是自家的，就得下车吆喝推行，落在徒步者后边是必然的，有车不如无车；车子要是转租站的，在进入闹市之前则可脱手——转租给承租者，这样你

便可健步如飞了。

到了目的地，所骑的自行车如果是自家的，则要找停放处。附近要是没有停放处，那就得骑上一段冤枉路；如果是转租站的，则可随手转租给别人，非常简便。

返家时，要用的自行车如是自家的，必须到停放处去取；要是转租站的，只需挥下手就有人送来了——到了目的地的租车者，巴不得你承租他的车呢。

出远门时，只需向别人承租，就能简便地使用自行车。

（二）使用转租的自行车，比使用自己的自行车还要合算

城里人骑自行车，每天平均12公里，大约1小时。现在比较一下使用一小时自家的车子和转租站的车子的花费：

我们先来论述每使用1小时自家的自行车的花费（准确的说法应该是“花费平均到使用时间上”）：

（1） 车辆折旧费：0.164元/小时。

这是调查的结果。一辆新车售价300元，按每天平均使用1小时（行驶12公里）计算，可使用5年。残值顶修理费。300元/（1小时×365×5）≈0.164元/小时。

（2） 临时寄存费：0.5元/小时。

寄存一次，一般城市0.5元/小时，深圳等地为1元/小时。当然，近几年需要寄存的不成气候，寄存处快消失了。但是，找免费寄存的地方还是需要花费的，算来算去，比寄存费还多。比方为了“攻关”，向素不相识的摊贩递上一瓶矿泉水或一支冰棒，说：“请帮我照应一下车子。”无论是前者还是后者，代价都超过0.5元。

（3）到停放处取车和送车的时间损失：忽略不计。

（4）回家后住宅小区保安收取的长期保管费：0.5元/天（15元/月）。

因为每天平均只使用1小时，所以也可以说使用时的保管费0.5元/小时。有人舍不得这每月15元，将车放在家里，自己保管。其实，账算错了。北京即使郊区住宅的租价月平均也得2 000元左右，平均每平方米20元左右。一辆自行车占地至少一平方米，也就是说自己保管自行车每月要多花5元：2 000元/100（住宅面积平方米数）－15元=5元。

城市居民多半住在楼上。自行车上楼和下楼，每趟至少要耽误10分钟。误工损失是多少？即使按月工资3 000元计算，也是两元多！其计算式如下：

3 000元/21.75（每月上班天数）/8（每天上班小时数）/60（每小时分钟数）×10（耽误的分钟数）≈2.87元。

这与0.5元/天的存车费相比，差异很大。

（5）被盗损失：0.134元/天。

据北京市大兴区某些住宅小区调查，居民手里的自行车，50%的安全寿命不到3年，即用不到3年就会不翼而飞。作者家住大兴时，2005年一年竟被盗自行车两辆。

上述0.134元/天的由来：

300元（被盗自行车价值）/（365天×3×50%）≈0.134元/天

以上每使用1小时自家的自行车的花费合计：

折旧费+临时寄存费+长期保管费+被盗损失

≈0.164元/小时+0.50元/小时+0.50元/小时+0.134元/小时

≈1.30元/小时

而每使用一小时转租站的自行车的花费：

（1）租金：0.5元/小时（转租站车租如此之低，待后还将论证。前面论述转租自行车租金为每小时1元，是为论述的方便而如此的）。

（2）停放费：0元（到了目的地可以转租给别人，无须停放，一个个承租人就是一个个停放处）。

（3）到停放处取车车费和时间损失：0元（不可能发生。不想用了可以转租给别人了，没有寄存之说）。

（4）回家后住宅小区车棚收的存车费：0元（将要到家时，将车子转租给别人，或者还给转租站）。

（5）被盗风险：0元（车子转租给别人或者还给转租站了，是否被盗与你无关。即使不转租，暂时不还给转租站，由于其规格型号特殊，卖不掉，小偷也不会打它的主意）。

总结一下比较的结果：使用自家自行车的花费为1.3元/小时；使用转租站自行车的花费只有0.5元/小时，后者比前者节省0.8元。

（三）自行车转租成本将低得惊人

转租站的租金价格订为每小时0.5元，这是极有可能实现的。

1.转租站车子的出租率最高，所以折旧率最低

由于自然力的影响，工具的使用率越高，使用寿命越长（注意，不是自然寿命），折旧率越低；反之亦然。同样的一杆拖把，在招待所里使用，使用寿命可达2 000个小时；在家庭里使用，使用寿命恐怕连200个小时也达不到。——一个星期仅仅用一两次，一次仅仅用一二十分钟，哪能“用”四五年！湖北省财政厅对小客车核算的结果也证明了交通工具的使用率与折旧率之间的反比例关系：“公务用车每公里成本是出租车的3倍。”这个结果的重要成因，除了腐败，当然就数使用率低了。

自行车多露天存放，要受雨水的浇淋，要受霜雪的冷冻，要受烈日的暴晒，所以使用率与折旧率之间的反比例比值相当大。有人说公共自行车不是用坏的，而是“放”坏的，这话既

真实又形象。使用率一提高，折旧率就降下来了。因为人骑车之时，同时也保护着自行车。比如遭雨了，骑车者必然会躲一会，所骑自行车当然也跟着沾光。

四五十年前，邮递员很辛苦，骑自行车投递。作者做过调查，他们的自行车是配发的，统一绿色车身，颜色虽然与市售的不同，但质量没有两样，最常见的牌子是永久、凤凰，都是28寸的载重型或普通型自行车。邮递员的自行车折旧费只是一般家用自行车的40%。悬殊这么大的原因，便是两者的使用率悬殊较大：邮递员的自行车每天使用的里程都是家用自行车的三四倍。

刚才已经分析，家用的自行车（即自己的自行车）的折旧费按使用时间算是0.164元/小时。转租站的车子由于可以转租，你用完了让另一个人接着再用，可想而知，其使用率肯定比邮递员的车子高得多；相应的，折旧率也会低得多。所以，转租站完全可以比照邮递员计算自己车子的折旧费：

0.164元/小时（家用自行车使用时的花费）×40%≈0.07元/小时。

2. 转租站点可以设得最少

租车者到了目的地，可以将租去的车子转租给别人，不必还到转租站；要用车子的人，也不是非到转租站办理租车手续不可，可向用完车子的人承租。这就是说，租车和还车业务多是体外循环，即不在转租站进行，所以一个租赁站点就可当几十个甚至是几百个租赁站点使用。

3. 转租站点可以建得最小

由于租车者对转租站车子有自由转租之权，行使这种权利即转租和承租的地点不在转租站而在路上，所以不必有偌大的车库，即“建得最少”的租车点，又“可以建得最小”。

对节省场地，转租站还有“昼夜有别，租金收、免两制”的绝招：23：00到4:00免收租金，所以这时的租车者极有可能将车子放在家里而不还给转租站。这就是说，本来挤满转租站仓库的存车就变为分散在千万租车者廊檐下的存车了。城市土地“寸土寸金”，市中心拆迁补偿费每平方米在向六位数飙升，同目前的自行车出租企业相比，转租站将节省大笔资金。

下图是其他形式的自行车出租站点图，非常壮观。但是，从占地等方面考虑一点也不壮观。

图1-1　位于北京地铁出口的自行车租赁网点

4.转租的用工最省

转租站让车子在租车者之间自由转租承租，是“借鸡生蛋”的高招。本来是管理员干的事，请租车者代劳了。一辆车子在转租站租出以后，可以在租车者之间转租、承租十天。如果每天转租、承租十次，十天就是一百次，而转租站管理员付出的劳动只有一次，所以说转租站的管理员可以“以一当百”。这也就是说，转租站的用工非常少。

5. 转租流动资金利用率最高

这是可以转租的结果。你租的车用完了转租给他用，他用完了再转租个另一个他用，车子24小时没有停息的时候，投入五万辆的车子就可以当十五万辆甚至五十万辆使用。这就是说，转租站的流动资金利用率最高。流动资金利用率高，就能够节省一大笔购车流动资金的利息，这也给降低租金价格留下了极大的空间。

经过以上对转租站的分析——即折旧率可以降得最低（0.164元/小时（家用自行车使用时的花费）×40%≈0.07元/小时），租赁站点可以设得最少（车子“体外循环”，在租车者之间转租、承租），租赁站点可以建得最小（进出库的车子很少），用工最省（转租站之外转租、承租无须管理人员参与），流动资金利用率最高（一辆车当数辆甚至数十辆使用，节省购车贷款）。因此，我们就可估算转租站的租金价格每小时0.5元还是留有余地的。

前几年，自行车出租企业的租金价格动辄是家用自行车折旧率的数倍。说是暴利，确实冤枉了人，因为他们并未赚到多少钱。那么钱被谁赚去了？被出租一小时、风吹雨打日晒一星期的自然力作用“赚”去了，被一个又一个利用率极低的租车点“赚”去了，被臃肿的机构及其成群结队的管理人员“赚”去了。

（四）转租自行车比汽车节省时间

上面说过了租用转租站的自行车短途出行比使用汽车方便的问题，现在再说说租用转租站的自行车短途出行比使用汽车节省时间的问题。

汽车在闹市区是“英雄无用武之地”，速度受限制，小巷容不了，停车不自如，到目的地花半小时，找车位耗一刻钟是正常现象。公交车更不能让所有乘客在离其目的地最近处下车，也不能根据每一个乘客就近上车的需要设立千千万万个站点，这就注定了汽车族仍需步行，甚至“南辕北辙”步行。所以，对短途出行的人来说，从出发地到目的地，使用汽车的速度看似很快，其实很慢。可使用自行车呢？完全是另一种情形。请看《新京报》中题为《300骑手单车行二环》的报道：“……有一位年逾七旬的潘姓老者，一再表示，骑二环一圈才20多公里，太短，不过瘾。”假如使用汽车是什么结果呢？沿线的居民谁都领教过，在上下班时段无论是公交车还是私家车和出租车，如果同这老汉比赛，都会落在后面。成为第二、第三……

下面的两则报道，也说明短途出行使用汽车不比使用自行车节省时间：“今年四月的北京国际车展设在北京城郊的六环以外，笔者所住宿的宾馆离展馆最多五公里路程，如果正常行车，只需十五分钟，而笔者在北京的二天时间，每天早晨去展馆花费约3小时左右，下午从展馆回宾馆得花3个半小时，在路上花的时间比看车展的时间还长……高峰时期穿过小半北京城，需要花费五六个小时，这可不是笑话，谁不信随时都可以去北京体验一把。2004年的一个深更半夜，笔者打车从石景山的苹果园到北京站，因深夜也塞车整整走了近三个小时才到北京站。幸亏早有朋友提醒，北京深更半夜也常堵车的预期，因此，笔者作了提前了一个多小时去火车站的准备。”不言而喻，这“住宿的宾馆离展馆最多五公里”的路程，骑自行车至多二三十分钟。

在北京市区，“越来越多的人都开始转向选择自行车出行。孟小姐就是其中一位。她住在夕照寺附近，以前每天上班都要先乘12路公交车到崇文门，再转坐116路公交车到单位。高峰时经常要在路上耗费一个多小时，从地铁5号线落户磁器口后，她便放弃了传统的出行方式，开始尝试骑自行车到地铁站，再乘地铁上班。地铁5号线离孟小姐家近，骑车不到10分钟，她每天骑车到地铁，再乘地铁到单位，全程半小时。如今像孟小姐这样‘1+5’（单车加地铁5号线）的上班族越来越多……另一上班人称早上在国贸桥堵上半个小时，不如骑自行车锻炼身体！

（五）自行车转租必将改变用车气候：单车热，汽车冷

据北京市交委组织的调查，截至2005年底，北京每天有2 920万人次奔走在市区各个地方。市民平均每次出行距离由2000年的8.0公里增加到9.3公里。这个距离，正是自行车在时间上同汽车分庭抗礼的优势距离。现时，不少人不骑自行车而“打出租”“坐公交”，不是不想骑车，而是无车可骑。由于转租站车子的使用率特别高，一辆车能发挥多辆车的作用，所以届时的局面必然是你想骑车就有车。这也就是说，转租站建立后，现在使用私家车、乘坐公交车和出租车的人都极有可能成为它的租车人。其中，使用私家车和乘坐出租车的人的可能性更大，因为自行车成本只是汽车成本的几分之一到几十分之一。

马路上没有什么汽车，空气质量必将迅猛提高。新浪网新闻频道2005年刊文《他们这样过“无车日”》中说道：“2004年‘无车日’这天，公交车的乘客数量比平时增加了20%，出租汽车的业务量增加了3倍。与平日相比，在‘无车日’，波哥大市的交通事故减少了一半。据环保部门监测，‘无车日’空气中的二氧化碳、二氧化氮和悬浮物分别比平时降低了78%、36.5%和20%。波哥大市市长莫库斯称，‘无车日’当日共有600万波哥大居民乘坐公交车上班或上学，约有30万居民选择骑自行车出行。”

自行车不烧一滴汽油，也就没有一缕废气，所以说转租站

对联合国气候变化框架公约《京都议定书》也是一个巨大的贡献。

五、自行车转租可告别道路拥堵

深圳新闻网题为《城市出行理想模式：拥有小汽车 使用公交车》一文中说："相关数据分析显示，在五种日常交通方式中，单就运行效率而言，小汽车最低，甚至不如步行效率。譬如在3.7米宽的车道上，小汽车每小时最多能运载3 600人通行；公共汽车在半饱和状态下，每小时可运载6万人，是小汽车的17倍；而半饱和的火车每小时可运载4.2万人，是小汽车的12倍。一条公路快车道可以轻松地容纳两条自行车道，每小时可通行1.06万辆自行车，是小汽车的3倍；即便是步行，一个快车道宽的道路上，每小时也可通过6 300个步行者，是小汽车的1.7倍。不仅如此，小汽车运送每位乘客所需的交通面积是自行车的4倍，是有轨电车的20倍，是地铁的6倍至12倍，是步行的40倍。"

这段长长的引文说明一个道理：自行车替代的小汽车越多，道路则越宽畅。

(一)拥堵使人咬牙切齿

北京市堵车是常事。记者孙承斌的报道《行车18公里折腾两个多小时，交通状况令人烦恼》说得十分具体："如果说两年前的一场中雪，导致北京地面交通大面积瘫痪只是个别事件，两年后的今天，在北京行车动不动被堵上一两个小时已不再是什么新闻。17日清晨的一场秋雨就让记者再次领略了北京的行路之苦：从家里到单位上班，大约18公里的路程，竟然折腾了两个多小时……驶上干道，已是7点多。一看情形不对，记者决定选择临近的一条高速公路进城。7时30分左右，离三环路尚有几百米远，记者的车不得不停了下来。眺望进城方向，但见车辆相连，不见尽头，还剩下的几百米高速公路已成了一个巨大的停车场。走走停停，停停走走，一些人占道抢行，一些人不停地摁喇叭，紧急停车带上也被各类车辆堵得水泄不通。打开收音机，交通台的播音员正幽默地告诉你：别着急，堵车的不只是你一个。京顺路、东二环、三环路、洋桥路口……都是'车辆行驶缓慢'。从菜户营到记者工作单位，不足10公里的路程，走了近一个半小时。

同事相见，一问都是一番苦旅：为了一个左转弯，挪腾了半个多小时；平时半小时的路程，走了差不多一个小时。乘公交车上班的更苦不堪言：堵车不说，光是那一行一停的晃晃悠悠，就让人难受得直犯恶心。一位小学教师5点40分从家里出发，9点多了还在公交车上晃着，急得她直叹气：连第二节课也赶不上了……

"一位姓刘的出租车司机对记者说，北京的路一天比一天难走这是事实。作为政府，不能光说这是哪原因、那是哪原因，你得想法子去解决。"

有位在司法部工作的同志家住大兴区新安里，有私车，每次上班都早到四五十分钟。这个同志为什么不推迟四五十分钟从家里出发？如果推迟四五十分钟，拥堵高峰就出现了，那就要迟到一个多小时！

再看看杭州的情况，记者王定昶题为《除了收"交通拥堵费"还有更好的办法吗?》的报道这样说："小李是杭州一家外资公司的部门经理。一天早晨，他七点半从城西家中驾车前往中心区上班，在潮水般的车海中，小李花了半小时才上了横贯杭州南北的中河高架路，但10多分钟过去了，车队还是纹丝不动。离小李上班主持会议的时间仅有15分钟了，小李开始烦躁不安，他难以想象如果迟到会场是什么后果。‘我当时恨不得丢下车，向公司狂奔。这讨厌的堵车，我已经受够了。’事后受到公司老总严厉批评的小李对杭州高峰期的堵车恨得咬牙切齿。”

（二）自行车必须重振雄风

建设部副部长仇保兴在首届中国城市交通国际年会上的一句话发人深省：“大城市中心区高峰时段平均车速仅仅为每小时5公里，相当于步行的速度。”

笔者长期与交通管理部门打交道，从领导到普通交警的共识是：如果没有特别的措施，城市交通拥堵的形势将越来越严重，因为机动车正以“几何级数”上升，而道路只以微弱的算术级数上升，或者不升。”北京市1949年仅有机动车2300多辆，可现在呢？对比起来是天文数字。北京交通委副主任刘小明在2006年12月27日举行的新闻发布会上表示，“截至2006年11月底，北京市机动车总数为285万辆，目前正在以每天1 000辆的速度增长，到2008年将达到325万辆左右，到2010年将达到380万辆以上……北京市在交通方面的努力被不断上涨的机动车数量所掩盖。”

据杭州交警支队的统计，杭州的机动车保有量已经突破100万辆，其中主城区接近30万辆，而且每年还以5万辆的速度增加。预计明年杭州主城区的机动车将突破40万辆。2004年，杭州车均道路面积87.9292平方米；根据预测，2007年的车均道路面积将下降为66.1194平方米。杭州交警支队队长郑贤胜说：“现在杭州交通高峰时期城区主要道路的车流量已经饱和，如果再不采取措施，两年后进入杭州主城区的车将有开不动的危险……”车辆行驶时所占的路面，不是车辆本身的占地面积，而应包括他人为其让出的安全区域。使用自行车的人平均占路1.2

平方米，而乘坐汽车的（包括乘坐公交车的），平均每人占路5平方米以上，前者是后者的四分之一。而行车速度，两者不相上下（可不要大惊小怪，这里说的是城市而不是乡村），所以说汽车人变为自行车人之后，就可以节约四分之三的马路路面。

根据对北京的调查和预测，转租站建立以后，市区里使用汽车的人钟情于自行车的将占四分之三。路上的车子少掉了大半，拥堵的状况当然会得到彻底改观。

世界银行的研究成果表明，国民收入每增加1%，机动车拥有量就增加1.02%—1.95%，人均国民收入达到1 000—2 000美元时，小汽车拥有量增长进入高峰期。目前，我国的人均GDP已超过1 000美元，正在向中等收入国家过渡，一部分城市如北京等正在迈向“汽车社会”。可以预计，未来5—10年时间内，我国将有更多的城市进入“汽车社会”。这并不是好事，著名生态学家、巴西环保运动的奠基人何赛·卢岑贝格一针见血指出：“在中国，人们已经在许多街道上限制自行车通行，因为自行车被视为落后的标志。如果我们听任这种状态在全球继续蔓延，那么我们将来所拥有的将不仅仅是5亿辆汽车，而是30亿辆。大气将因此遭到严重破坏，我们的文明——这也是我们生活中最为重要的一部分，也将遭到毁灭。因此可以说，我们一直朝着一个错误的目标前进！”①

（三）自行车转租是汽车快起来的动力

据不完全统计，北京市出租车白天的空驶率在37%左右，夜间则上升到40%—50%，平均每天行驶300.9公里，是其他小汽车的6.8倍，并且四环内出租车出行占全市出租车出行总量的93%。从行驶量上说，这些出租车相当于45万辆“其他小汽

① 何玉宏：《私家车热潮带来的社会问题及其对策》，《综合运输》2006年第11期，第25页。

车”（6.7万辆×6.8）。前面说过，现时不少人不骑自行车而“打出租”，不是不想骑车，而是无车可骑。因此，这么多出租车必将随着转租站的建立而逐步减少（因为使用转租站的自行车非常方便又非常省钱，所以其多半乘客必将为转租站所吸引）。

纽约等国外大城市以收费限制汽车进城解决拥堵问题，相比建立转租站，似乎不是上策。因为不进城的汽车里面的人，还得坐其他汽车（比如公交车）进城，对治理拥堵来说只是“量”的好转；而建立转租站则是“质”的变化：这些人改用自行车了。

解决拥堵问题不能单靠修更宽的路，造更多的桥。国外一些城市马路不比北京宽，桥梁不比北京多，更鲜有北京的“立交”特色，但是交通顺畅，这是每一个出境的人的深切感受。

六、自行车转租可有效减少交通事故死伤人数

如果没有行驶的汽车，就不会有汽车道路交通事故，也就不会有人死伤。车况和驾驶技术相同，行驶的汽车多，事故也多；行驶的汽车少，事故也少。这就是说，道路交通事故与行驶的汽车成正比。转租站使行驶的汽车大幅度减少，道路交通事故当然也会大幅度的减少。

（一）中国交通事故触目惊心

《对中国式伪汽车文明的再批判》一文说“随着中国汽车保有量的高速增长，每年都因道路交通事故不断上升的车祸死亡人数和死亡率居世界第一，平均是美国道路交通事故死亡人数的近4倍、日本道路交通事故死亡人数的13倍、欧盟国家道路交通事故死亡人数的3倍。”记者王芳在题为《2007年全国共发生道路交通事故32.7万起，同比下降13.6%》的报道中说：

“2007年全国共发生道路交通事故327 209起，造成81 649人死亡、380 442人受伤，直接财产损失12亿元。与2006年相比，事故起数减少51 572起，下降13.6%；死亡人数减少7 806人，下降8.7%；受伤人数减少50 697人，下降11.8%；直接财产损失减少3亿元，下降19.5%。”有网站刊文称“根据国家统计局统计，中国大陆总人口达到13亿（不包括香港、澳门特别行政区和台湾省）。因此这一天被定为‘中国13亿人口日’。2005年1月6日零点2分，中国第13亿个公民在北京妇产医院出生，这一天也成为‘中国13亿人口日’。”2008年道路交通事故死伤的人数比2007年少，即使以2008年的数字计算，全国人口每人每年遭遇交通事故或死或伤的几率也高达万分之三点六。下面说一下“三点五人”是怎么计算出来的：

81 649人（死亡）＋380 442人（受伤）=462 091人。

462 091人/13亿人=3.555/10 000

3.555/10 000≈3.6/10 000

（二）骑自行车是安全交通

自行车的宽度只是汽车的四分之一，速度只是汽车的三分之一，遇有紧急情况容易避让；自行车自重仅是汽车的百分之一甚至千分之一，冲击力（当量）相对于汽车来说微不足道，万一撞人，不会有什么严重后果。所以说我们将骑自行车誉为“安全交通”是恰如其名的。

（三）有效减少交通事故伤亡人数的缘由

由于转租站可以将乘坐汽车的人分流为自行车承租人，所以转租站建立后，“中国是交通事故多发国家”这顶让人胆寒的帽子就有条件摘掉了。行驶的汽车减少，交通事故也会成比例地减少。转租站可使我们国家死伤于交通事故的人数大致减少多少呢？

伦敦“在过去五年中，骑自行车的人数翻了一番，而在交通事故中被撞死或严重受伤的比例却下降了40%”。[1]转租站建立后，由于使用它的自行车比使用归自己所有的自行车还要方便、还要合算，所以“骑自行车的人数”何止是“翻了一番”？退一步，即使按“翻了一番”计算，转租站也可使我们国家死伤于交通事故的人数减少十八万人。计算过程为：

2007年全国道路交通事故死亡人数＋受伤人数

81 649人＋380 442人

＝462 091人

转租站建立后可以减少死伤的人数

462 091人×40%≈184 836人

七、自行车转租每天可节约燃油数百万桶

石油危机的迷雾开始笼罩全球。新的《节约能源法》对“节约能源，提高能源利用效率”提出了更高的要求。吞噬燃油的大户是汽车，转租站使自行车替代的汽车越多，节约的燃油则越多。

（一）我国仍是缺油国

最近半个多世纪，我们大打石油翻身仗，取得了令人瞩目的成就。但是，产量增加很多，消费增加更多，我国仍是缺油国。《国际石油价格持续上扬的原因分析与对策》一文说道：“据路透社3月6日报道，从1993年起，中国开始成为石油净进口国，随后中国原油进口总量呈逐年增长趋势，尤其是近几年这种趋势更是快速增长。有关数据显示，2003年中国每天的原

① 刘静：《欧洲的自行车热》，《观察与思考》2007年第17期，第41页。

油消费量，增长到44万桶，占全球原油需求增长的35%，2004年这个比例只会增加不减少……在短期内中国石油的进口增长不仅会持续下去，而且供求缺口还可能会进一步扩大。特别是随着国内经济发展带动的交通运输、铁路、民航、石化工业等的发展和中国汽车时代的到来，中国对石油的需求将有增无减。在2010年和2020年，中国石油缺口将分别为1.55—1.57亿吨和2.4—2.95亿吨，中国石油对海外资源的依存度分别为46.3%—52.3%和55.8%—62.1%……”

吞噬汽油的大户是谁？是川流不息的汽车。自行车行驶靠的是人力，而不是靠燃烧汽油而运转的机器，所以说它取代的汽车越多，节约的汽油也就越多。

国际轻质原油期货价格2008年第一个交易日每桶（约等于159升）首次突破100美元大关，石油危机的迷雾开始笼罩全球。油价飙升，最大的受害者是发展中国家。因为高能耗制造业是这些国家最重要的支柱产业，而其能耗效能还不及发达国家的一半。每天需要进口的几百万桶石油，即使有外国白送，仅仅是运输问题也不太好解决。石油短缺，受害的不仅仅是汽车用户和汽车制造厂，钢铁、有色金属、煤炭、电力、化工、水泥、建材、造纸等产业也将面临萎缩的结局。

(二)节约能源的标兵

1997年11月1日第八届全国人民代表大会常务委员会第二十八次会议通过的《中华人民共和国节约能源法》，2007年10月28日第十届全国人民代表大会常务委员会第三十次会议作了修订，该法第一条开宗明义，“为了推动全社会节约能源，提高能源利用效率，保护和改善环境，促进经济社会全面协调可持续发展，制定本法。”第四条把节约资源提升到一个更高的战略位置：“节约资源是我国的基本国策。国家实施节约与开发并举、把节约放在首位的能源发展战略。”第六条、第四十三条规定更从发挥政府服务功能上作了严厉的规定：“国家实行节能目标责任制和节能考核评价制度，将节能目标完成情况作为对地方人民政府及其负责人考核评价的内容。各省、自治区、直辖市人民政府每年向国务院报告节能目标责任的履行情况。”“县级以上地方各级人民政府应当优先发展公共交通，加大对公共交通的投入，完善公共交通服务体系，鼓励利用公共交通工具出行；鼓励使用非机动交通工具出行。”

毫不夸张地说，提高对“节约资源是我国的基本国策”，“国家实施节约与开发并举、把节约放在首位的能源发展战略”的认识，将“优先发展公共交通，加大对公共交通的投入，完善公共交通服务体系，鼓励利用公共交通工具出行；鼓励使用非机动交通工具出行”落实到实处，当机立断建立自行车转租站，大胆地对自行车转租站进行足额投入，是落实《节约能源法》最有力的措施之一。

《中华人民共和国节约能源法》第五条规定：“国务院和县级以上地方各级人民政府应当将节能工作纳入国民经济和社会发展规划、年度计划，并组织编制和实施节能中长期专项规划、年度节能计划。”第四十三条规定：“县级以上地方各级人民政府应当优先发展公共交通，加大对公共交通的投入，完善公共交通服务体系，鼓励利用公共交通工具出行；鼓励使用非机动交通工具出行。”根据这两条规定，县和县级市也可以建立自行车转租站。

《中华人民共和国节约能源法》第八条规定：“国家鼓励、支持节能科学技术的研究、开发、示范和推广，促进节能技术创新与进步。”这里所说的“科学技术”，应该包含管理技术。

（三）来个“敢为人先”

榜样的力量是无穷的。如果市委书记骑自行车出席转租站成立大会，如果市长租用自行车检查转租站运行情况，如果宣传部部长和环保局局长蹬自行车宣传骑自行车的好处，如果离单位不远的公务员都能用自行车上下班，那么以用自行车为荣就会蔚然成风，转租站就会发芽生根开花结果 。

在不少发展中国家，人们拥有小汽车在很大程度上说并非是为了使用，而是为了炫耀地位和财富，为了显示能力和实力。后现代社会学家布希亚认为，消费是“一种操纵符号的系统性行为”。通过消费，人人可以觉得自己比他人更有“品味”①。

对此，国家应加强精神文明建设，形成正确的社会舆论和社会风尚，引导人们正确消费，为了使用而不是为了虚荣。

八、自行车转租站可引发“全民自行车运动”

目前，我国约有4.5亿个家庭拥有自行车，是世界第一。可是，一个自行车大国，真正的自行车运动员却不到1 000人，这是值得国人思考的问题。

由于转租站的诸多优势可以使无数汽车人变为自行车人，也就是说马路上的汽车将大幅度减少，这样使用自行车的适宜环境就自然出现了。骑自行车的人没有被汽车撞击的后顾之忧，车速便会自然提高，久而久之，自行车就会由交通工具升华为健身器材，使自行车大国名副其实起来。

其实人们大多都愿意参与“全民赛车运动”。因为这种“运动”不必专门安排时间（只是将乘汽车时间变为骑自行车时

① 黄正荣：《建筑：一种符号系统的哲学辨析》，《山东科技大学学报》（社会科学版）2016年第6期，第8页。

间），还可节省时间（短途出行骑自行车比乘汽车快）。著名男高音歌剧演员，国家一级演员李光羲，高龄八十，但是他所说，“平时出门习惯骑自行车”。一次，他到新京报报社接受采访时说：“（骑自行车）是一种全身运动，今天我就是骑自行车来的，既凉快，又锻炼身体。”

榜样的力量是无穷的。如果领导人不以使用小汽车尤其是高档小汽车为荣，而将自行车当成既健身又代步的首选交通工具，那么使用自行车的人就会越来越多。

一般地说，一个国家的体育运动水平，与参与体育运动的人数成正比，参与的人数越多越能出好成绩。可以预料，转租站建立以后，要不了几年，中国必将是奥运赛场的“自行车强国”。

九、自行车转租可腾出巨额消费基金

不论是谁，只要不以使用自行车为职业，在买了自行车以后总不能靠坐在上面度过自己活动的一生，因为他要工作，要学习，而工作、学习的时间又占整个活动时间的绝大部分，因而相应的，能够使用自行车的时间只能占很小的部分。所以说一人或一户占有一辆自行车，无论对社会消费基金还是对个人消费基金来说都是积压。当然，这种积压金额很小，但是性质严重。

转租站建立后，“积压”势头就会戛然而止。因为使用它的自行车比使用自己的车子还要方便和合算，所以相当一大部分人将不买车而租车。由于转租站车子的使用率高，一辆可顶数辆甚至数十辆使用，因而转租站建立后，只需目前几分之一甚至十几分之一的车子就能维持现在的使用量。

劳动力资金有机构成（人均占有生产劳动的工具价值之

比）越高，工作效率就越高。用扁担运土和用胶轮车运土不可同日而语，与用推土机运土的差别更是天文数字，这是人所共知的常识。偌大中国，贫困的农村人口仍然不在少数。可以想象，这些地区的农民兄弟将原本买自行车的钱改为买胶轮车，或集资购买推土机，收成肯定会好得多，社会上的农产品也肯定会多得多。

一辆汽车的价值动辄几万、几十万，一辆自行车才几百元；使用汽车者，人均占用社会消费基金数万元，是自行车驾驶人的几十倍甚至百余倍，所以说转租站为我们腾出的社会消费基金将是无可估量的。

转租站建立后，我们还可节约大笔进口石油的资金。以2006年的进口量和100美元/桶的油价计算，每年我们得付出外汇1 252亿美元（343万桶/天×365天×100美元）。2006年我国GDP折合现价美元约为28 300亿美元，上述购油款竟占4.4%。

自行车当道，使用汽车的人锐减，石油进口也就有了锐减的可能。

毫无疑问，建立转租站以后，汽车销售将大打折扣，这对汽车行业的发展将是个致命的打击。这是好事而不是坏事。一个理性的社会促进生产和消费的目的，不是要人们将产品往仓库里堆，或往垃圾堆上扔，而是物尽其用，提高国民的生活水平，离开这个目的奢谈扩大再生产和消费就是瞎胡闹。

十、自行车转租可节省大量社会劳动力

我们对劳动的支出，与对物品（如商品）的支出不同，今天或本月不支出，可以并到明天或下月去一起支出。譬如你每天用电脑可打2万字，十天便可打20万字；假使前九天无电脑可用而导致没有完成既定工作量，那么你在第十天一天之内是

无论如何也不可能将20万字打起来的。所以说，窝工就是浪费劳动。

(一)出租车司机是全盘浪费着的社会劳动力

从上述观点来看，转租站建立以后，大量的出租车司机就是浪费着的社会劳动力。空车游荡，扒活儿，固然是浪费着的社会劳动力；有客人坐车，也是让费着的社会劳动力。因为客人几乎都能开车。之所以不开车，只是无车可开罢了。而转租站建立后，谁还会坐出租车呢？

目前，绝大部分出租车乘客也能骑自行车。他们之所以成为乘客，除了因为没有自行车，还因为不识路，目的地难找。转租站建立后，这个问题就会烟消云散。因为到了那时候，骑自行车的人不像现在这样寥若晨星，而是多如潮水，很容易找到去同一个目的地的旅伴。

(二)自行车修理工是全盘浪费着的社会劳动力

转租站建立后，自行车修理工就是全盘浪费着的社会劳动力。因为要修的车子少，他们有大部分的工作时间是无事可做的，亦即窝工；而他们有事可作的工作时间，却是顾客窝工的时间。自行车的故障都是出现在使用过程中，自行车修理工修理的时间，也是，顾客也在旁边等候的时间。

转租站建立了，由于它有备租自行车，所以上述因窝工而浪费劳动力的事就不再有了。你的车子坏了，那你就去转租站换辆好的继续赶路吧，并不需要在旁边看着修理工修车。

(三)三轮车工人是全盘浪费着劳动力

转租站成立后，三轮车工人也是全盘浪费着劳动力。他们窝工的时间是浪费，工作的时间也是浪费，因为乘三轮车的人基本上都是能骑自行车的。

（四）自行车停放处是多余的

自行车转租站建立了，自行车停放处就是多余的了。你到了目的地，不用找停放处，转租给别人得了。

（五）政府应以消除社会劳动浪费为己任

世界上的事情都要人去做，十个人干了十份活，劳动没有浪费，经济才能发展。如果十个人只有五个人干活，另外五个人虽然没有闲着，但干的活与正经活没有丝毫关系，甚至危害正经活，经济就会停滞，就会倒退。非洲有个国家水源丰富，可是老百姓生活用水不能自由汲取，必须到规定的部门去“买”。这成什么事！银行两三个人上班，几十个客户排队恭候；小学放学，一个学生一个家长迎接……这些，是不是社会劳动的浪费？本节以上所举（一）（二）（三）（四），其本质与这些例子没有丝毫不同。转租站毕恭毕敬，正等着有作为的人向它招手呢！

十一、自行车转租几近无本取利

如果所有的“自行车出租”组织——收费的、免费的，国内的、国外的——进行节约增效“马拉松”，那么我们的自行车转租站起码领先1 000米。花钱多还是花钱少，应该比较；花钱还是未花钱，更值得比较。扭扭捏捏，“能”偏说“不能”，浪费读者的宝贵时间，是头等罪过。所以我们实话实说，转租站投入微乎其微，产出却是“惊天动地”。这结论，正是通过比较得到的。下面就开始比较。标题是比较后得出的结论，引文是媒体的公开报道。

(一)自行车转租防盗，不用“高科技”强于“高科技”

一篇题为《2万辆免费自行车进入高校，可异地还》的新浪博文称：“（上海“龙骑天际”）运营方负责人告诉记者，这种免费租赁自行车的模式借鉴了法国巴黎公共单车的模式，每辆车都安装了GPS全球定位系统，车上任何一个零部件被拆卸后，单车就无法行驶；车辆如果被借走不还或者失窃，管理部门也可以凭借GPS很快找到车的下落……如何才能租到一辆免费自行车？据了解，上海8所高校将利用校园原有的停车棚，改建、新建一批太阳能自行车棚。大学生可凭学生证和手机号注册办理一张‘ibike’信息卡，只需在太阳能车棚的门禁系统刷一下，就可将自行车骑走。”

搜狐财经网2007年刊文称：“（北京）个人使用自行车目前面临的最大问题是可能被盗。在网点有限的情况下，自行车常常不方便停入网点，遗失的可能性依然很大……”2007年1月20日，北京市公安局在全市各区县设立35处被盗自行车发还点，发还给失主的被盗自行车竟多达7 500辆。

转租站不安装“GPS全球定位系统”，不设置“太阳能车棚的门禁系统”，当然也不要租车者“注册办理‘ibike’信息卡”，但是租出去的自行车永远也不会“失窃”，“零部件被拆卸”之事更不会发生。其法宝是自行车型号规格特殊，与市场上出售的车子完全不一样。关于这个问题，我们在本篇《自行车转租问答》一文里已经说了，这里不妨再啰唆一下。由于转租站的自行车与市场上出售的车子完全不一样，所以谁据为己有，谁就会遭到众人的举报：“这车子是非卖品呀（仅为转租站所独有），哪来的呢？还不是偷的！”

想盗窃的人如果不甘心，躲到家里盗换转租站车子零部件，其阴谋也是不可能得逞的——转租站车子零部件与市场上出售的车子没有丝毫的互换性，盗得下来却换不上去。

（二）自行车转租机制可使巴黎租借站富余大半

对租车者来说，租赁点越多越方便。比如巴黎市区的马路上每隔200米设一个租赁点，北京全市拢共只有200个租赁点。显而易见，租赁点的密度北京同巴黎不可同日而语。但是，巴黎切不可自以为得意，因为租赁点虽多，还是离租车者的要求甚远。比如住址远离马路，出门租车并不方便，再如骑到郊区，车子无处归还。

转租站却很神奇，这些问题都不是问题：你无论在什么地方，远离马路或是远离市区，只要不是孤岛沙漠，想租车子就能使你租到车子；想还车子就能使你还掉车子 。这就相当转租站在每户的门口都建起了一个租赁点，点与点之间的距离不是巴黎的二百米，而是二十米、二米。奥妙是什么？是“转租”机制。你不是要租车出门上街买东西吗？那就承租从街上买好东西回来的人的车子吧；你到郊区不是不再需要用自行车了吗？那就转租给要到市区去的人吧。人的行踪，有来的就必然有去的，有去的就必然有来的，其数量总体上说大致对等。比如天安门，每天去的是80万人次，返回的人数不会与此相差，必定也是80万人次。这就是对立统一规律。根据这个规律，有出去卖东西的，就必然会有买东西回来的；有从市区到郊区去的，也必然有从郊区到市区去的；有早出去的，也必然会有早回来的；有要承租车子的，也必然会有要转租车子的。所以，你不必担忧承租不到车子。当然，美中不足的是可能不及时。但是，这不是转租站转租机制的缺点。因为即使每人家门口真的设立一个租赁点，也有可能遇到租赁点无车可租的时候。

那么，转租站可使租车点少到什么程度呢？因为租车点的主要职能是向最后一个承租人收取总租金，车子的租赁业务基本上都在租车者和承租者之间进行，所以不必设得很多。以北京为例，现在的200个租赁点不是“少了点”，而是“多了点”，而巴黎1 450个自行车租赁点，即使砍去大半组车站也不会感到不方便。

（三）自行车转租投入“八分之一”，却可产出“八分之八”

《中国青年报》2007年刊文《发达国家争当自行车大国》写道：“最早提倡骑车的是北欧国家。10多年前我去荷兰阿姆斯特丹旅游时，就看见骑车的人特别多。后来到丹麦哥本哈根也发现了同样的情况，骑车已经成了一种时尚。据最近的一项统计，哥本哈根有540万人口，市内上牌照的自行车有420万辆，专设的自行车道有一万公里”。

为了使男女老少多骑自行车，如果生搬硬套荷兰和丹麦人均拥有一辆自行车的模式，那么我国就得新增自行车十几亿辆。但是并没有这个必要，因为一个人，只要不是以使用自行车为职业，每天除了上班的八小时，除了睡眠的七八小时，除了吃饭、社交的几小时，能用自行车的时间就非常有限了。这个限度是多少呢？租车的最长时间，上海规定为4小时，巴黎规定为2小时。他们做这样的规定是有一定的科学道理的。对一般人来说，上了一个班，已经工作了8个小时，再工作3小时左右就疲倦了。如果还要继续工作，那就会出废品和安全事故。这里的“再工作3小时左右”，我们看作是下班以后可骑自行车的时间。为了便于下面的计算，将其粗略计算为3小时。也就是说，上班族（包括“学习族”学生）每天能用自行车的时间限度是3小时。所以，一人占有一辆自行车实在是社会财富的浪费（占用资金的浪费、自然力作用形成的折旧的浪费）。剩下的21小时，自行车就处于闲置状态。

自行车转租站完全可以避免这种浪费，因为她赋予了租车者自行转租的权利。关于转租站可以大幅度提高自行车使用率，亦即以较少的自行车满足较大的社会需要的问题，前面已经说过了，为了使有关方面有足够的认识，不妨再讲一讲。租车者a到了目的地，比如是国家大剧院，不必将所租的车子锁起来，等看完演出再骑这辆车回家，可以转租给看完上一场演出的人使用。租车者a看完演出要用车时，则可从来看下一场演出的人手里承租。这样，租车者a看演出时车子本来的闲置时间就变为使用时间了。这就是说，转租站可以将每天24小时中的3小时以外的时间，即本来是自行车闲置的21小时也变为使用时间。

对于社会来说，自行车的使用率与需求量成反比，使用率越高，需求量越少。转租站使本来每天只使用3小时的自行车变为使用24小时的自行车，这就意味着她只要投入八分之一（3÷24）的自行车，就可以满足人手一辆自行车的社会（八分之八）的需要。

（四）自行车转租站人工操作程序快过电脑

《新民晚报》有一篇题为《巴黎自行车租赁遇难题：骑车的烦心 开车的小心》的文章，文章中说："法国巴黎为打造绿色环保的'自行车城市'，最近推出了'自行车自由行'的交通系统……从2007年7月15日起，这项'自行车自由行'服务就全面到位，巴黎大街小巷将安装好750个自行车自助存放点，投放近1.6万辆自行车。市民从即日起可以在市内400多家面包店、报刊亭和各地铁站、邮局领取'自行车出租'预订单或登录相关网站注册成为该服务的客户。成为签约客户后，就可以凭预付费卡或信用卡在任何'电子出租机'随时刷卡从存车架上取车、还车。"

自行车充其量几百元，百元钞票薄薄的三四张，而不是厚厚的几大叠，从高效、简便的角度考虑值得拿它去置换等值纸张的租车证吗？不值。看看自行车转租站的做法！你从巴黎抵达北京，一出机场，只需向要转租车子的人招下手，给他几百元押金就可用上自行车了。一两分钟的事，多痛快！可是，中国人到了巴黎，要想骑自行车，那就得先到银行办妥预付费卡或信用卡，再到面包店、报刊亭、地铁站或邮局领取“自行车出租”预订单，或登录相关网站注册成为“自行车自由行”的客户。成为签约客户后，才可以在“电子出租机”刷卡，从存车架上取车、还车。如果到巴黎只是借道，车子只需骑一两次，那么这自行车肯定是用不成了。办租车手续便相当于用一两次自行车了，这是得不偿失。

十二、自行车转租活力无穷

一个企业是否有自身活力，既要看社会效益，也要看经济效益。现实中的一些“自行车出租”这样那样的问题屡见报端。下面就对照它们对转租站进行检查，看转租站身上有没有这些问题，将来会不会发生这些问题。

（一）自行车转租站给每位租车者都配备了免费看车人

题为《巴黎自行车租赁遇难题：骑车的烦心，开车的小心》的文章说：“（巴黎）市政府今夏推出一项为市民提供自行车租赁的服务，鼓励市民以自行车作为交通工具。尽管取得了一定成效，但随着时间的推移，这场‘绿色革命’中的许多问题也不断暴露出来……另外，偷盗自行车的问题也出现了。国际户外广告巨头法国德高集团全球董事会主席10日表示，这项服务启动不到2个月，已有250辆至300辆自行车不翼而飞。租借者还车时没有把车锁好的情况也频频发生。另外，自行车车主也经常因为自行车的盛行而体验到被盗滋味，电脑工程师萨米亚的自行车一夜之间就变成了没有轮子和刹车的‘残疾’自行车。萨米亚说，她的邻居索菲已经买了第四辆自行车。”

我国上海等地的免费“自行车出租”的管理系统据说自巴黎引进，不可能不带有巴黎的“遗传病菌”。现在没有发现生身之母身上的病症，只是因为遗传病菌还未到发作的时候而已。

转租站并不存在这些问题，因为转租站为自己的每辆车子都配备了三个“看车人”。第一个“看车人”是车子型号规格特殊。由于转租站的车子只有转租站有，市场上从未卖过，所以梁上君子偷车和盗换零部件的邪恶之念就不会产生。

第二个“看车人”是预收车子押金。押金高于车价，想租车不还的人，只有去租其他租车机构的车子才有利可图。

第三个“看车人”是“自行车必须挂卡，卡不离车，车不离卡”的规定。如果凑巧车子无人承租，租车者只要把车卡带走车子便可就地存放，盗贼盗得了车子却盗不了车卡。

（二）自行车转租给每位租车者都无偿运车

“瑞士境内目前共有9条自行车公路，……自行车公路与公共交通设施相接，如果游客不想爬坡或累了的话，可带着自行车搭乘一段火车……租用的自用车可以在火车、登山缆车、游船上免费托运。”

腾讯网《丹麦自行车出租业很发达》一文中也说：“在哥本哈根，也有免费的市区‘自行车出租’……自行车可以被带上轮渡、火车和长途客车，但都需另外付费。”

看材料，不会看的看热闹，会看的看门道。这两段新闻暴露了一个大问题：瑞士和丹麦的自行车租借点的密度并不尽如人意，与租车人的实际需要相差甚远。否则，租车者就会把所租的车子就近送到租借点去了。这样，自行车乘火车、登山缆车和游船期间的车租就节省下来了（在哥本哈根，还节省车票和船票钱）。这些因素，都抑制了人们的租车兴趣，亦即影响出租率。

在转租站，自行车乘“火车、登山缆车和游船”的情况是不可能发生的。什么原因？它的转租机制使租车者能够随时随地租到车子，随时随地还掉车子，这便相当于每个租车者都有一个每时每刻为其服务的转租站紧紧地跟着。租车者不是不再想骑自行车而要乘火车、登山缆车和游船吗？那就把手里的自行车转租给下火车、下登山缆车和下游船的人吧，何必花钱买货票呢？在这种情况下，转租站等于给每位租车者的托运费都买了单。

再强调一下，即使下火车、下登山缆车和下游船的人很少或者没有，对转租自行车也不是难事。因为骑自行车不同于驾驶汽车，人尽皆能。有步行者，就有骑自行车的需求，就有希望承租到车子的人。

（三）自行车转租给每位租车者都设了一个租车点和还车点

“今年的‘世界无车日’，上海几家企业共同推出了沪上首个以‘公共’理念打造的自行车租赁系统并在杨浦区投入使用。如今两个月过去了，自行车租赁系统起步是否顺利，能否获得进一步发展呢？记者调查发现，4个自行车租赁网点中有3个处于歇业状态。据《新闻午报》报道，即使是‘生意’最好的杨浦商务楼租赁点，周日的自行车租借量也不到10人次……主办者也不是没想过增加网点，但由于涉及许多公共资源的使用，仅仅依靠企业来维持租赁网络显得力不从心。自行车租赁系统企业负责人也表示，停车资源不是个人或者一个企业能说了算，而是涉及很多方面。”

《北京青年报》刊载题为《公共自行车进社区 为何叫好不叫

座》的报道称："今年上半年，（北京）宣武区部分社区陆续出现自行车租赁业务……记者日前了解到……居民的租车热情不太高。记者在租车的登记簿上看到，从5月2日至8月21日，共有28人租用了平原里小区'公共自行车'……即使在机动车按单双号行驶期间，小区租自行车出门的每天平均仅一人。耿先生建议，小区在居民经常出入的大门口附近租车，或者有关部门能在地铁口附近出租自行车，对出行的人来说会方便很多……平时开私家车上班的耿先生……认为去居委会取车、还车，加上300元押金和租车手续有点麻烦，不如乘公交车方便。"

北京和上海两地的调查表明，收租金的"自行车出租"都不景气。其根本原因，一是租赁点稀少，而且无望解决（"停车资源不是个人或者一个企业能说了算，而是涉及很多方面"），二是布局不合理（到指定地点"取车、还车，加上300元押金和租车手续有点麻烦，不如乘公交车方便"）。

这些"处于歇业状态"的"自行车租赁网点"，如果投入自行车转租站的怀抱就会立即起死回生、生机勃勃。先说解决租赁点稀少的问题。这个问题在转租站不可能发生，就像汽车生产线生产不出蘑菇一样。因为转租站的自行车租车者可以自行转租，一个转租者就是一个"租车点"，一个承租者就是一个"收车点"，而这种"租车点"和"收车点"，在"居民经常出入的小区大门口"会有，在"居委会"附近会有，在公寓楼的旁边更会有。

再说解决"租车点"和"收车点"稀少的问题。这两个问题与转租站也是风马牛不相及，因为转租者和承租者是千千万万，"租车点"和"收车点"也是千千万万、随处可见。这就是说转租站给每位租车者都设了一个租车点和收车点。

关于交租车押金"手续有点麻烦"问题。我们认为这"麻烦”不能取消，因为收押金是所有“自行车出租”可持续发展的需要，完全的“又要马儿好又要马儿不吃草”的目标是不能实现的。“自行车出租”不收押金，仅将租车者的“诚信”作为车子安全的唯一保障，这并不可靠。

（四）自行车转租廉租优势独占鳌头

杭州折叠迷你小“自行车出租”也不十分理想，其原因恐怕是租车者的负担较重。请看一家“自行车出租”做的价格广告：“【租赁价格】单日租价为28元；【提货方式】杭州市内可以上门自提，如果送车上门服务运费另加10—15元（根据距离定）。”

转租站有着租金低廉的优势。

自行车租金主要是如下四方面构成的：a、管理人员工资；b、房屋和场地的费用；c、自行车折旧费用；d、流动资金利息。现在就从这几方面对转租站租金进行解剖：

1.房屋和场地的费用

转租站的这些费用，仅仅是其他“自行车出租”的十分之一。因为转租站赋予了租车者可以自行转租车子的权力，一个转租者就是一个租车点，一个承租者就是一个收车点，而这些“租车点”和“收车点”是千千万万。现有的“自行车出租”，哪个引进转租站机制，哪个的租车点就可以大量减少。

2.管理人员工资等费用

转租站的租车点仅有其他“自行车出租”的十分之一就够用了（以巴黎为例，如果引进转租站机制，可使租车点富余出大半）。租车点少，管理人员也就少，负担的工资等费用也就少。

3. 自行车折旧费用

由于转租站拥有独一无二的让租车者自行转租车子的绝招，奇高的出租率和奇低的折旧费也将是独一无二的。出租率高，使用周期就短（注意，不是使用寿命），遭遇风霜雨雪的摧残就少，因而自然力所引起的折旧费用也少。

4. 流动资金利息

前面已经说过，转租站投入其他“自行车出租”八分之一数量的自行车，便可满足“八分之八”的社会需要。投入的车子少，占用的流动资金也少，支出的利息必然也少。

值得一提的是，转租站特别低的租金还包括送车的费用。转租者到了你面前，你将其车子承租过来，这便相当于转租站免费将自行车送到了你的身边。你要向甲地去，必定会有要从甲地回到你这里的人；你要承租车子，也必定有要转租车子的人。

你所租的车子用完了，可以就地向承租者转租，这也相当于承租者免费为你将车送还了转租站。

（五）自行车转租使每个租车者都有一辆免费备用车

“前不久，北京航空航天大学在校内设立了自行车租赁点，拿出了100多辆新车供师生员工在校内免费使用，到现在只剩下了50多辆，自行车租赁点也在学生放暑假这段时间内取消。学校一位自行车管理员告诉记者，目前很多新车已损坏严重。”《东莞时报》中题为《新车难挡缺货潮》的报道中如是说道。

使用转租站的自行车，绝无坏车的后顾之忧。因为转租站实行修理保险制，租车人是“使用有缘，损坏无责”——车坏了，可以到任何一个租车点换辆好的继续赶路。修理工即使修理一天也与你没有任何关系，这便相当于转租站为各个租车者都配了一辆备用车。强调一下，自行车转租站的自身活力并不限于以上所述之点点滴滴。这些点点滴滴，只是能别人所不能而已。而这“别人所不能”，并不是其全部，仅仅是媒体暴露出来的罢了。

第二篇　小汽车转租密码

篇首语

世界各国，小汽车无效运行触目惊心，这是城市拥堵和污染也触目惊心的重要原因。一篇题为《80万人次参观第12届北京车展 人数创历届新高》的报道上说："美国典型的小汽车出行（平均）每车乘客为1.2人……生产性贡献从使用时间上说只有3.26%，从客位小时上说仅仅是0.78%"，中国"北京平均每车乘客也只有1.26人"。转租站赋予租车者自行转租权，可使车子的无效运行降至最低限度。比如你要到火车站去，不必着家人专送，可自己开车；到了目的地，将车转租给别人就是了。马路上行驶的小汽车减少了，拥堵和污染问题也就会有所减轻。达到这个效果，不但不会损害用车人的丝毫利益，还会为他们谋取最大的福祉。——租用转租站的小汽车比使用自己的小汽车还要方便、还要合算。因此，转租站的小汽车必然会热起来，私人的小汽车肯定会冷下去。"方便"和"合算"的缘由，仅仅是移动社会大棋盘里的几个经济棋子，使车子的所有权与使用权分离而已。转租站启动以后，完全可以凭借自身的活力发展壮大，无需政府的财政补贴和权力呵护。

一、小汽车转租站经历记

小汽车转租站确实好，但是，能变为现实吗？能。下面说说它是怎么运转的。因为“直白”使人乏味，因此像介绍自行车转租站那样，也采用虚拟的游记的写法。小汽车转租站的管理是智能化的，为了使普通读者迅速了解它的管理原理，《小汽车转租站经历记》中的转租环节纯粹人工操作，即不涉及智能化。请读者千万不要误解小汽车转租站的管理很复杂，也不要误解租用转租站的小汽车很麻烦。

我在国外拼搏七八年，还算事业有成，取得了博士后学位，买了别墅和汽车。但是，烦恼随之而至。父母都七十开外，思乡情切，竟至茶饭不思，执意要回祖国。我是独子，没有兄弟姐妹，这可咋办？

好在我同某国驻中国大使馆的外交人员杰克先生还有点交情。1964年，杰克从中学毕业后考入某国名校大学，我在第二年也考入这所大学，成了校友。一次文艺演出，我还是他的搭档。杰克就职大使前是著名律师。他的工作主要是为前往中国大陆投资的企业提供法律服务，也协助大陆的公司在纽约华尔街上市股票，我陆陆续续地为他介绍了好几个大客户。我想在该国大使馆谋取一份差事，便打了个电话给杰克。杰克非常热情，帮助我获得了该国驻中国大使馆一等秘书的聘书，成了他们的“中国通”。

回到祖国，安顿好了老小便要买车。可是朋友们都劝阻我：“如果你实在要买车，那么就买我们的吧。”他们也不是做汽车生意的，怎么回事呢？原来，北京建立了小汽车转租站。他们介绍说，转租站堪称是小汽车使用史上的一次伟大的革命，连欧美的小汽车“共享”也自愧不如：只要领了转租站的租车证，随便在什么地方——西城、东城，南苑、北海；随便在什么时候——白昼、黑夜，晴日、雨天，都可以租到它的小汽车，都可以还掉它的小汽车。因为，转租站有个管理特色：租车者可以自行转租车子，即甲用完了可以直接租给乙，乙用完了可以直接租给丙……

这不是陶渊明笔下的桃花源吗！我迫不及待，当天就领略到了转租站的一番神韵。

（一）领取租车证

领证处贴着“领取转租站租车证必备条件”：（1）驾驶证；（2）身份证；（3）抵押机动车（或现金和相当价值的物品也可）；（4）无犯罪记录证明（由公安部门出具）；（5）一寸白底彩色近照。

这“必备条件”不算苛刻，人们到领证处只是短短的几分钟就可拿到租车证了。我问一位领证者：“抵押的机动车放哪里?”他笑了，说明对这条“必备条件”并不介意：“仍旧放在自己家里。抵押的含义是：如果要出售，必须先向转租站退回租车证。”

轮到我办租车证了，我交上了驾驶证。办证员一看就摇手：“对不起，境外人士在中国境内道路驾驶机动车辆，必须持有中国政府颁发的有效机动车驾驶证，否则即视为无证驾驶。也就是说。美国驾照在中国没用，得重新考试领取。”

“你能告诉我有哪些程序吗?”

“可以。”接待员娓娓道来，“外国人士换领中国驾驶证件到北京市车辆管理所办理。需要提供的资料是：（1）护照中有相片的那页的复印件；（2）外国驾驶证正反面复印件；（3）到中国最新一次签证复印件；（4）入境的时间和地点的证件复印件；（5）一寸白底彩照相片6张。交齐上述资料，一周后考试。申请人考试合格后，车辆管理所或分所在五个工作日内核发机动车驾驶证。如果还有不明白的，请打我们的官方电话咨询，也可登录北京市公安局交通管理局网站。”

这要等到什么时候！我的额头不由急出了汗珠！真是柳暗花明又一村，领证处的一位负责人来了。他看到我的大使馆工作证，赶忙向我道歉：“对不起，我们现在就为您办理。”

原来，外国驻华使馆、领馆人员及国际组织驻华代表机构人员申请机动车驾驶证，中国政府应直接核发。

我没有机动车作抵押，只好交款10万元人民币。我问办证员：“如果用低价的机动车作抵押，不是讨便宜了么?”

“讨不到便宜。”办证员停下了手里的活计，十分耐心。看得出，她是在用这种方式向我赔礼——刚才关于我如何领证的问题，她解释错了。“抵押的车子如果是旧的，得经过物价部门评估。如果少于10万元，所少的部分必须用现金补起来。比如车子现值8万元，那就要另交2万元现金作押金。”

发给我的租车证是555555号，封面上印着转租站的名称、租车证号码和使用说明。使用说明是：

（1）租车时，揭下一张不干胶租车票给转租站或转租者（一车一张），作为收到车子的收条。

（2）向转租站交还车或向承租者转租车子时，必须向转租站或承租者索取不干胶租车票，将其贴于内页空白处（即租车时揭下给转租站或转租者的租车票原来的位置）。

（3）请认真检查不干胶租车票是否足额。此票一张一车，租车证内页有空白（即缺少不干胶租车票），说明有车未还；没有空白，说明所租的车子已经归还或者未租过车子。

（4）此证须妥善保管。

打开租车证，内页是几十张厚塑料纸，粘在其上的租车票满满的。租车票有名片一半大，编有号码，好几百张。它采用先进的防伪技术印刷，图案的线条细如麻丝，若隐若现，即使有人想仿制也比登天还难。租车票上部印着：

“北京市小汽车转租站租车票555555-1……n号

租车者驾驶证号码（填写实际租车者）：

租车者身份证号码（填写实际租车者）：”

下部印着温馨提示：

“一票一车，如有丢失，照价赔偿。”

我问办证员：“‘填写实际租车者’，是什么意思？”

办证员反问我：“你不想让你家里人用我们的车了？”

我喜出望外：“难道租车证可以给我媳妇用？”

“是呀。不仅如此，还能借给朋友使用。否则，使用转租站的车子比使用自家的车子还要方便就成空话了。”

转租站真好！

（二）到转租站租车

我向转租站租车员递上了租车证，他把我领到停车场上。用于出租的小汽车很奇怪，车顶后部都竖着一根一米多高的铁管。租车员介绍：“这是排气管，我们叫做‘环保管’。因为汽车尾气中最主要的污染一氧化碳的比重比空气小，总是从下往上散发；将排气口向下改为向上，并且提高到人体的身高以上，在地面上的人受到的危害就减轻了。其中，儿童受益最大。根据检测，非‘环保管’排出的汽车尾气，80厘米左右的高度浓度最大，而这个高度正是儿童的呼吸带。”

“真有创见，应该申请专利！”我不由竖起了大拇指。

“发明人早申请了。”租车员接着说，“‘环保管’还有个作用，是转租站所有权的标志。‘环保管’上印着醒目的‘转租站’几个大字，人们见到它，就知道其所在的车是转租站的车子了。”

因为红色代表吉祥如意、兴旺红火，所以我选了辆红色外壳的车子。它的号牌是“京ZZZ7890”。租车员从我的租车证上揭下了555555-1号租车票，粘在他的租车证内页上。我觉得蹊跷：“这有什么作用?”

“你是首次租车吧?”租车员抬头看了我一眼，“这叫‘租车票据填补法’，是为查找丢失的车子服务的。”

“啊，有这么大的作用！能具体说说吗?”

“以后你是会知道的。”租车员还有其他事情等着去做，笑了一下以表歉意，随即将“京ZZZ7890”车的钥匙给了我，“看下油费表吧！”

这油费表顾名思义，不但显示存油数，还显示存油的价款。租车员见我发愣，催促我：“说，存油多少钱哪?”

“300元。”

“再检查一下，看车子有没有毛病?”

我发动车子，兜了一圈，灯光系统、制动系统都正常。租车员从副驾驶座位拿起《出租卡》，到刷卡机上刷下第①-④栏(见表2-1)，又在第⑤栏盖上转租站的公章。

表2-1 北京海东城小汽车转租站京ZZZ7890号车出租卡

转租站租出车辆时刻	租金(含事故处理保险金)单价:元/小时	转租站收到代购油款(元)	转租站收到车租租金(含事故处理保险押金)(元)	租出车辆转租站盖章	转租站收进车辆时刻	免收租金时间	计费租金时间⑥-①-⑦	转租站收到租金(含事故处理保险金)②×⑧(元)	退给租车者押金④-⑨(元)	退给租车者油款(油箱存油钱数)(元)	收进车辆转租站盖章	租车者签字及其租车证号码
①	②	③	④	⑤	⑥	⑦	⑧	⑨	⑩	⑪	⑫	⑬
2008年6月21日13:00	5	300	1000	北京东城小汽车转租站								

我看了上表第②栏（租金栏），问：“‘含事故处理保险金’是什么意思?”

“在一般情况下出了交通事故，人身损害和财产损失就不用租车人支付了。”租车员反问：“你说好不好呢?”

“当然好。”我又问第③栏（转租站收到代购油款），“这是什么意思?”

“这是说油箱有多少钱油。这油交给你使用了，你当然要给转租站钞票啊。”

“有300元油呢，我哪能用这么多油?”

“未用完的油钱，你可以向承租你车子的人要啊。”租车员生怕我未明白，又说，“这300元汽油，就是转租站卖给你的。未用完的汽油，你转租车子给哪个，就卖给那个，向他要油钱。”

我问：“假如车子不转租给别人，还给转租站呢?”

“未用完的汽油款则向转租站要。《出租卡》第⑪栏，就是为它服务的。”

我又问《出租卡》第④栏（转租站收到车租租金押金）：“你们要我交1 000元押金，用不完怎么退给我呢?”

租车员笑了起来：“也可以不到转租站来退。哪个承租你车子，就由那个代表转租站退给你。它的性质同转租自行车押金是一样的，最后的承租者可以与转租站算总账。”

我最感兴趣的是《出租卡》第⑦栏（免收租金时间）：“难道租车还能不给租金?”

“是啊！从当天22：00至次日4：00，我们是不收租金的。”

“为什么?”

“因为这个时段是休息的黄金时段，一般人不开车。由于不收租金，在这一时段租车人也不一定将车送还转租站，我们可以节约停车场地。”

（三）租车者转租小汽车

我开车一小时，12：00到达向往已久的八达岭，准备登长城。租来的车子可不能开上长城，送到停车场去，既要花停车费，又要白花租金，怎么办呢？我猛然想起了“转租”，赶紧将插在前挡风玻璃上的出租卡翻了过来，使其封底朝外。——这是转租站为想转租车子的人和要承租车子的人约定的联系方式。车卡封底是引人注目的红色，有黄色的“转租”两字。真灵，车卡封底一朝外，便有几个游完了长城的人向我走来。我同一个拎“北大”纸袋的女孩搭讪上了：“要转租车子，是吗？”

“是呀。”女孩看了油费表，说，“存油250元，这么多哇！”

“是呀。租车未到一小时，按规定以一小时算账。看看车卡吧。”

“果然未到一小时。”女孩看了车卡，掏出计算器，嘴里念念有词算起来：“租金押金1 000元，加存油款250元，减租金5元，等于1 245元。我给你这个数，即1 245元，对吗？”

我朦朦胧胧的，实话实说：“还真像考试的数学题，怪深的，我还真不知你应给我多少钱。”

“你可能是转租站的新用户。”这女孩很有耐心，“你只要把我当成是转租站的收车员，怎么算就摸准了。”

估计这女孩学的是教育专业，她这话真是言简意赅，一下使我走出迷茫，搞懂了该怎么算。我说：“我交给转租站的油钱是300元，被我用掉了50元，你应该给我250元对不对？”

女孩很满意：“对，一点也不错！”

我又说：“租金押金我向转租站交了1 000元。我用了一个小时，应该给转租站5元，转租站即你应该退给我995元，对吗？”

女孩点了点头：“我一共要给你多少钱呢？”

我算开了：“油钱退款250元，租金押金退款995元，两者相加，是1 245元。”

女孩笑了起来：“刚才，我也是说要给你1 245元呀！这说明两种计算方法都是对的。”

我又想了一下，我共交给转租站1 300元，花去租金5元，耗掉汽油50元，即使到转租站去还车，他们也应该找给我1 245元，便欣然接过了女孩递过来的钞票。

女孩说：“钞票给你了，你得把《出租卡》给我呀。”

我从提包里拿出了出租卡：“这有什么作用呢？”在她面前，我成了好问的小学生了。

“转租车子的时候必不可少。比如，我不看《出租卡》第①栏，怎么知道转租站租出车子时刻？又怎么能同你结算租金？再者，我转租车子时也用得着……”

告辞以后，没想到女孩以我的租车证号码指代我，大声叫道：“555555，等一下！”

我一脸的狐疑：“什么事？难道是账算错了！”

女孩笑嘻嘻的，指了指她到手的车子：“你将它白白送给我了呀？”

我迷茫了，一时语塞。女孩又提醒我：“你应该向我要租车票哇。你租车证上缺了的租车票（给转租站的那张），不用我的租车票填补起来，就说明你永远欠转租站一辆车！”

我恍然大悟。这真是个好人，她的租车证是京665590号，我永远不会忘记这个号码。因为租车票背面涂有不干胶，所以女孩的租车票往我的租车证上贴无须浆糊，非常方便。我调侃道：“这下，你租车证上少掉了一张租车票，不是欠转租站一辆车了么？”

女孩以为我还没有清醒过来，拍了一下车子："别人承租它，也会给我一张租车票的。我将它也像你这样贴到租车证上，就不欠转租站的车子了。"

我想，这就是租车员对我说的"租车票据填补法"了。

(四)合租小汽车

女孩和我办完转租、承租手续以后，另外的三四个人也上了车。我问女孩："你同他们是朋友吗?"

女孩向我摇摇头："不但不是朋友，连熟人也不是。"

"到底是怎么回事?"

"你到底是刚刚与转租站打交道的!"一个小伙子向我指点迷津，"我们乘车的几个人也都有租车证。根据转租站的规定，我们有'乘顺风车'（搭便车）的权利，即租到车的人不得拒载。"

这倒像美国的金门大桥了，该桥对坐满人过桥的小汽车开绿灯，而对只有一人乘坐的小车则要收费，只有交费才能放行。所以我由衷地夸奖道："真有意思!"

那个小伙子又向我补充："让人乘顺风车的规定也有例外。比如公务在身的公安人员、外交人员，可以不让人乘顺风车。"

另一位大爷接着说："为了防止有人借此搞非法营运，乘车费的价格定得很低，每人每坐1小时才2元。"

坐在大爷旁边的大妈插嘴："2元起乘，乘不了1小时也得支付2元。"

我说："尽管这样，价格还是很低的。"

女孩调头看了一下后面的乘客，笑道："不低了，他们共计要给我8元，而我租车至多一小时，租金不过5元，还赚3元呢!"

我问女孩："假如有人与你不同道怎么办?"

“不同道就别乘呗。”小伙子抢着回答，“转租站有规定：承租车子的人有路线的选择权和决定权，乘顺风车人不得干预。否则，就不叫顺风车了。”

北京市交通委员会的一位副主任说过，“发展公共交通，不但方便群众，而且能很好地解决城市交通拥堵矛盾。在经济发达国家城市中，公共交通承担着市民出行量的60%至80%，而北京的现状只占到25%左右。”我想，“顺风车”的做法，其实是小汽车公共化，这对提高公共交通的出行比例还是有一定作用的。

我登上了长城，转租站的一个问题却萦绕在我的脑际：让素不相识的人乘顺风车，会不会出刑事案件？一问另一个游长城的方知，我是杞人忧天。原来，转租站在每辆车上都安装了GPS全球定位系统，而“乘顺风车”的关卡——租车证上也有“ibike”信息。如有不轨行为，转租站了如指掌，都记录在案，破案是轻而易举的。这样，本来不规矩的人也就规矩了。

(五)租金收免两制

游了长城，回到我转租小汽车给女孩的地方。想到租用转租站的车子会有人乘顺风车，所以打算打的回大使馆。谁知大使先生先生重视起中国的转租站来，要我考察它。大使先生在电话里说：“转租站可以卓有成效地解决堵车和污染问题，而这两个问题使美国头疼了几十年……将转租站介绍给美国方面，我们肯定要受到嘉奖。”

还能叫出租车吗？不能了。现在，我的身份与来时的转租者颠倒了过来，轮到我向别人承租车子了。大使馆在建国门外大街秀水北街3号，而东城小汽车转租站就在与其比邻的永安里旁边，所以我打算承租车子以后，将其开到转租站去还车。

正巧，转租站的一辆小汽车在我身边停下了。这车号牌是

“京ZZZ6730”，插在前挡风玻璃上的出租卡封底朝外，正要转租。这时，我又想起北大承租我车子的女生。要不是她心细，将出租卡要了去，她转租车子就麻烦了。眼前要转租车子的是位赤道几内亚的外国友人。“京ZZZ6730”出租卡第1栏记载，转租站的租出时间是6月11日14：00，而现在是6月21日13：00。我不由用英语惊讶了一声：“好家伙，整整租用了十天！”

转租人英语不错，讲得非常流利：“我不是始租者，车子到手才几十分钟。”他收下我的租车票，贴到自己的租车证内页上，指着油费表说：“看看吧，存油10元。先将这个钱给我吧。”

我瞥了一下油费表，果然存油10元。

还未等我掏钱，他又把“京ZZZ6730”出租卡递给我：“算算吧，该退我多少押金？”

我没有午休，上山下山未曾停步，很累，所以反应迟钝，懵了：“退押金？我也不是转租站，怎么轮到我退押金！”转租人见我说的是“外行话”，断定我是转租站的新客户，耐心地解释道：“出租卡上明明白白，转租站收了我们1000元租金押金。如果我将车还给转租站，未用完的押金人家是会退给我的。你承租我车子，将转租站应该退的租金退给我，只不过是为转租站垫付而已——你还车时，转租站是会将你支付给我的押金还给你的。”

经他这么一说，我开窍了——刚来长城的时候，我转租车子给北大的那位姑娘，不是也要人家向自己支付应是转租站退还的押金么？我面红耳赤，问转租人：“应退给你多少押金呢？”

外国友人拿出了《出租卡》，脱口而出：“给我110元吧！”

表 2-2　北京市东城小汽车转租站京FZZ6730出租卡

转租站租出车辆时刻	租金（含事故处理保险金）单价：元/小时	转租站收到代购油款（元）	转租站收到车租租金（含事故处理保险金）押金（元）	租出车辆转租站盖章	转租站收进车子时刻	免收租金时间22:00–4:00（小时）	计费租金时间⑥－①－⑦（小时）	转租站收到租金（含事故处理保险金）②×⑧（元）	退给租车者押金④－⑨（元）	退给租车者油款（油箱存油钱数）（元）	收进车辆转租站盖章	租车者签字及其租车证号码
①	②	③	④	⑤	⑥	⑦	⑧	⑨	⑩	⑪	⑫	⑬
2008年6月11日14:00	5	401	1000	北京东城小汽车转租站	2008年6月21日15:00	60	181	905	95	162		

我看了出租卡，心里不由“咯噔”一下：从第一栏可知，这车是10天前租的。车租每小时5元，每天120元，10天应是1 200元，租金押金才1 000元！我当仁不让，用高高的语调提醒转租人：“租金已经透支200元啦！”

谁知他讪笑起来：“你把我当什么人了？我可不是骗子！”

一场舌战必不可免。还好，来了位想乘顺风车的老师。为了尽快息事宁人，她站到了我与转租人之间，对我说：“你误解了，转租站的租金有的时段是免收的，车租是收免两制。”

“免收，为什么？”

“因为夜里人们多不用车，所以是免收租金的。这样，租车者就不一定将车连夜送还转租站，转租站的场地也就不会爆棚了。实际上，转租站每天收取租金的时间只有18个小时。”

我猛然想起了租车员对我说的话，转租站“从当天22：00至次日4：00”是不收租金的，所以赶忙向转租人道歉。

转租人心平气和，毫不介意，算起账来：“转租站每天收取租金的时间是18小时，这就是说10天的应收租金是：5元/小时×18小时×10=900元。这个账可对？”

“对。”我答道，“你交给转租站的租金押金是1 000元，租金已经用去900元，转租站只能退100元；油箱里只有10元汽油，所以转租站也只能退10元。两者相加，是110元。对吗？”

转租人露出了白瓷似的牙齿：“对呀。刚才，我向你要的就是110元哪！”

他接过钱，把出租卡给了我，意味深长地说：“我们终于把账目结清了！”

（六）向转租站还车

我承租了FZZ6730小客车，开到附近加油站。因为仅凭车上油箱里的10元钱汽油，是开不到大使馆的。

油费表还真灵。加了200元的油，却显示209元。原来，先前存油10元它没有忘记，加进来了。开车到加油站耗去1元，它也扣减了。

乘顺风车的老师又成了我的“领航员”，每到十字路口都要向我指引前进的方向，所以我就不看导航仪了。到东城转租站还车时，车上的存油竟是162元。这就是说，才耗用47元油料。

租车员接过车卡，分别在⑥、⑦、⑧、⑨、⑩和⑪栏里填上文字。

表2-3　北京市东城小汽车转租站京FFF6730出租卡

转租站租出车辆时刻	租金（含事故处理保险金）单价：元/小时	转租站收到代购油款（元）	转租站收到车租租金（含事故处理保险金）押金（元）	租出车辆转租站盖章	转租站收进车辆时刻	免收租金时间（小时）	计费租金时间⑥－①－⑦（小时）	转租站收到租金（含事故处理保险金）②×⑧（元）	退给租车者押金④－⑨（元）	退给租车者油款（油箱存油钱数）（元）	收进车辆转租站盖章	租车者签字及其租车证号码
①	②	③	④	⑤	⑥	⑦	⑧	⑨	⑩	⑪	⑫	⑬
2008年6月11日14:00	5.00	401	1000	北京东城小汽车转租站								

然后，租车员又给我开了一张发票。那发票是这样的：

表2-4 北京东城小汽车转租站FFF6730号车租金发票

交费人姓名：________　住址：________　电话：________

转租站租出车辆时刻	转租站收进车辆时刻	免收租金时间（小时）	计费租金时间②－①－③（小时）	租金（含事故处理保险金）单价（元/小时）	租金（含事故处理保险金）金额⑤×④（元）	退给还车者租金押金1000元－⑥（元）	退给还车者油款（元）	支付给还车者现金⑦＋⑧（元）	备注
①	②	③	④	⑤	⑥	⑦	⑧	⑨	⑩
2008年6月11日14:00	2008年6月21日15:00	60	181	5	905	95	162	247	
支付给还车者现金（大写）	× 万 ×零 ×仟 贰 佰 伍 拾 柒 元 × 角 ×分（257元）								

收费人签字：____________

租车员指着发票对我说：“它一式三份。第一份给还车者，作为其所租的车子与转租站账目已经结清的证据；第二份报转租站总站，作为我们分站收入费用和支出费用的报告；第三份开票人留下做存根。”

（七）加油问题

伪劣汽油不仅破坏环境，而且对汽车发电机造成危害。想到这个问题，为转租站的一份担心便袭上心头。我问租车员：“假如有人心术不正，给车子加进掺杂、掺水或者低标号的汽油怎么办？”

“劣质油是进不了我们汽车油箱的。”租车员指了指车子加油嘴下鼓起来的东西：“它叫劣油闭合器，属于高科技产品，是根据各种物质的密度不同、比重不同和气味不同等特点研制的。合格的汽油一路畅通，不合格的汽油寸步难行。当然，劣油闭合器还在试用阶段，并不十分成熟。”

“照你这么说，万一劣油闭合器失灵了怎么办？”

租车员的脸上充满了自豪与自信：“我们转租站早有预案，在源头上杜绝了劣质油：严格规定必须在我们定点的加油站加油。”

我不以为然：“人心叵测，不少人金钱至上。你能保证你们的定点加油站都是正人君子？”

“你说得对。权力失去监督，天使也会变魔鬼。转租站对定点加油站并不是只有信赖没有制约，你仔细看看油箱上的说明就会明白的。”

油箱底部有一节与油箱连体的透明玻璃管，箱内汽油质量情况一览无余。玻璃管上方写着：“加油必须在转租站定点的加油站进行。承租者（再说明一下，指在转租活动中接收车子的人）须十分注意：（1）合格的无铅汽油外观应为淡黄色或偏浅红色，如发现颜色为深红色且混浊，则可能是劣质汽油。（2）

正品的轻柴油颜色应为透明琥珀色，如果颜色发深，则油质可能有问题。(3) 如果车辆发动机不好启动，则应怀疑油料质量不合格（杂质多、油品不纯，掺假等）。(4) 车子启动后，如发现气门响、动力不足，应首先考虑燃油标号是否过低。遇有以上情况，请向转租站申请鉴别，以认定责任。(5) 租车者加油，应向加油站要发票（应注明加油机号、操作者姓名）。”

我又问：“假如我发现别人转租给我的车子油箱里的汽油有问题，可转租者却说没问题，怎么办呢？”

“向转租站申请鉴别，转租站会派人到现场处理的。”

“可是，我哪等得起呀？”

“你可以承租其他人的车呀！”租车员提醒我，“大家都不承租油料有疑问的车子，就使租车者加油时更加留心油料的质量了。”

“你刚才说，燃油如果质量有问题，转租站可以鉴别。可是，怎么落实责任呢。比如，某人用了30升汽油，用30升自来水填进去。后来，车子经过好几个租者才被发现，怎么追查？”

租车员胸有成竹：“这事乍看是个无头案，但是，只要查一下转租情况表，一般情况下便能水落石出。”

我还是感到很玄：“能举个例子吗？”

正巧，956666号车承租者打来投诉电话：他承租的车子刚行驶几分钟就熄火了。经初步检查，油箱里都是水。

转租站安排接待我的租车员受理。于是，我跟着他到了油箱里有水的956666号车前。

投诉人是租车证是4号，他将956666号车《转租情况表》递给了租车员。

表2-5　北京东城小汽车转租站956666号车转租情况表

承租时			转租时			行驶里程（公里）⑤-②	耗油（元）③-⑥	转租人收到承租人油钱（元）同⑥	转租人收到承租人租金押金（元）	转租人			承租人		
时间	里程表字码（公里）	油费表钱数（元）	时间	里程表字码（公里）	油费表钱数（元）					租车证号	电话	签名	租车证号	电话	签名
①	②	③	④	⑤	⑥	⑦	⑧	⑨	⑩	⑪	⑫	⑬	⑭	⑮	⑯
2008年06月21日08:00	30000	350	2008年06月21日10:00	3100	250	100	100	250	990	1			2		
2008年06月21日10:00	3100	250	2008年06月21日14:00	3300	250	200	200	260	970	2			3		
2008年06月21日14:00	3300	260	2008年06月21日15:00	3350	200	50	50	210	965	3			4		
2008年06月21日15:00	3350	210		1						4					

说明：

（1）请选择转租站定点的加油站加油，保管好发票备查。

（2）承租者对转租者加油情况有审核义务。

（3）发现油箱里有劣质汽油，随时向转租者投诉；

（4）字迹须工整清楚，涂改无效。

（5）⑩栏说明。转租者与承租者不通过转租站怎么结算押金？在上述“（三）转租者转租小汽车”中已经说得不少，现再啰嗦一下。这栏也可以叫作“转租者可到转租站退回的押金”，即转租者车子不转租，直接交还转租站可退回的押金。下面说说具体几个数据的由来：990（元）=1000元（转租者1交给转租站的押金）－使用的租金（2小时（④－①）×租价（5元/小时）；970（元）=990元（转租者2交给转租者1的押金）－使用的租金（4小时（④－①）×租价（5元/小时）；965（元）=970元（转租者3交给转租者2的押金）－使用的租金（1小时（④－①）×租价（5元/小时）。

我瞟了一下情况表（表2-5），问租车员："第⑨栏'承租人'是什么意思？"

租车员解释："表中下一人相对于上一人是承租人。如，租车证号码2的租车者，是租车证号码1的承租人；租车证号码3的租车者，是租车证号码2承租人。租车证号码1收到的油钱250元，是租车证号码2所给；租车证号码2收到的油钱260元，是租车证号码3所给；租车证号码3收到的油钱210元，是租车证号码4所给。"

租车员说的意思是：油箱里的存油的所有权是先一个租车者的。现在，他要将车子转租给后一个租车者，后一个租车者当然要向他支付存油款。这样一想，我就明白了。我向租车员喋喋不休的问话，耽误了投诉人处理投诉的时间，我有点不好意思，便向投诉者致歉："对不起呀！"

投诉者并不介意："没关系。转租站来人了，比什么都好。"

租车员对我说："4号租车证租车者（投诉人）不会是加水者，因为他还未转租车子，更未向别人收取油钱。"

"是啊。"我表示赞同。

投诉者说："我出了210元汽油钱，没想到买来的竟是水——"这个"水"字用了重音，可见他很委屈。

我问租车员："3号租车证租车者有没有加水的嫌疑呢？"

租车员指着《转租情况表》的⑦栏和⑧栏说："人家行驶50公里，支付了50元油钱，符合实际，没有怀疑的根据。"

我接着问："那么，2号租车证租车者有没有加水的嫌疑呢？"

租车员一眼便看出了端倪："有嫌疑！"

"嫌疑在哪里？"

租车员指着表的的⑦栏和⑧栏说："他行驶200公里，应耗去200元油。他从1号租车证租车者手里承租车子时，油箱里存油250元，按常规，使用后剩余50元。你说对不对?”

我说：“原来250元油，用掉200元，当然还剩50元!”

租车员又指了指表的⑨栏：“可是，‘剩’的（油箱里尚存的汽油，即“承租人给转租人的钱”）竟是260元!”

2号租车证租车者还真有加水的嫌疑！所以，转租站向公安机关报了案。这家伙口很紧，一口咬定在天津某加油站加了210元油。经核实，是谎言，是他向油箱里加了相当于210元汽油的水。根据《治安管理处罚法》第四十九条，加水者被处十五日拘留，并处一千元罚款。转租站根据有关规定，对其吊销了租车证。

对给加水者油钱的3号租车证租车者，转租站根据有关规定作停止租车一个月决定。原因是其违反了“承租者对加油情况有审核义务”的规定，没有坚持向加水者索取加油的发票（加水者说发票丢了，他也就轻易地相信了）。

租车员踌躇满志，说：“恶有恶报，其他人就无意效法了!”

“是啊!”我深有感触，“现在，卖假证的小广告无处不在，如果能像转租站这样见一个严查一个，要不了几天就会销声匿迹。”

租车员感慨万分：“刘备说，‘勿以善小而不为，勿以恶小而为之’，确实有道理。对加水的如果不弄个水落石出，严肃处理，一旦形成风气，转租站也就无法经营了。”

我着实痛恨那个加水的：“他拘留十五天释放以后，假如恶习依旧，用橡皮管偷盗你们车子油箱里的油怎么办？据说，专业的‘油耗子’几秒钟就可以打开一个油箱的盖子!”

租车员胸有成竹，信心百倍：“他想偷我们转租站车里的汽油，那是白日做梦!”

我不服气："难道你们每个油箱都有专门人看着！"

"比专门人看着还管用——看的人还有可能与小偷同流合污呢！"

这就神了。我急切地问："为什么呀？"

"我们的油箱可不是一般油箱，而是防盗油箱！"租车员打开了话匣子，滔滔不绝，"防盗油箱的加油口不直接与油箱内腔连通，中间隔着个加装在油箱之内最上端的附加油管。这附加油管弯弯曲曲，更设有防盗钢丝网。弯度很大，即使没有钢丝网阻挡，盗油者的吸油管也无法插入油箱内腔。吸油管无法接触汽油，偷油者只有望洋兴叹的份儿！"

"假如将你们的小汽车倒过来，来个底朝天，汽油不是就经过钢丝网、经过弯弯曲曲的附加油管流出来了？"

租车员嗤笑道："使汽车翻身，再使它翻过来，非吊车不可。吊车费要上千元，哪有傻瓜为偷区区二三百元汽油而雇用！"

(八)失踪小汽车的追查

我正想离开停车场，来了七八位转租站的工作人员，有的查看车子的号牌，有的请点车子的数量。租车员告诉我，他们是在盘点车子。

转租站的车子万一丢失，内部怎么明确责任？又如何向犯罪分子追查？这是我早就思索的问题。征得转租站的同意，我取得了"采访权"，在停车场留下了。不一会，租车员告诉我："4444444号车失踪了！"

我感到不可思议："你们从不停止营业，车子不可能一辆不漏地数过，凭什么知道少了一辆车？而且知道是4444444号！"

"其实很简单。"租车员得意地笑着，"我们的车子在外流转是有时间限制的：最多十天；过了时限还车，是要加收罚金的。这444444号租出一个多月也未还，所以我们断定是失踪了。”

“丢了一个多月，你们是怎么知道的?”

“我们收进多少车，收到的是什么号码的车，是随时向总转租站报告的。总站经过汇总，就会发现这车丢了多长时间了。”

“假如看守自盗，这车是在你们转租站站内丢掉的，查得出么?”

“查得出。”租车员介绍起转租站的管理程序，“我们转租站内部也使用租车者使用的‘租车证’：总站调拨多少车给我们，我们就得给他们多少张租车票。停车场上的存车数，加收到的租车票数，必须等于调拨进来的车子数。”

我摇摇头，表示未听懂。租车员见此，又打开了话匣子：“比如总站调拨给我们2 000辆车子，我们便从租车证上撕下2 000张租车票给他们。这时，我们租车证上租车票的空白位置是2 000个。如果我们租出车子1 700辆，空白位置则应为300个(2000－1700=300)。假若空白位置是299个，那就说明我们转租站蚀掉了一辆车。”

“蚀掉了的一辆车是什么号码，查得出来吗?”

“查得出来。”

“查起来麻烦吗?”

“很简单，一点也不麻烦。”租车员接待了一位还车者之后继续说，“只要用收到的车子号码，对照租出的车子号码就会发现。”

“天哪，车子收进、租出，几个月下来少说也有数万辆次，要对照多少天!”

“不不不。”租车员手直摇，“对租出时限超过十天的小汽车我们是日清日结，当天蚀了车，当天就会知道，需要对照的车子没有多少。再说，我们是电脑操作，即使不是日清月结也不会耽误多长时间。”

这时，转租站总站来了电话，说444444号小汽车丢失的问题出在转租站外部，即不是在转租站里蚀掉的，要求各区转租站将最后一张租444444号小汽车的租车票查出来，以便找到最后一个租车者。过了约莫十分钟，总站又来了电话，确认从我所在的这个转租站（即东城区转租站）租走444444号小汽车的租车者是“最后一个租车者”。

东城区转租站立即展开了444444号小汽车的追查工作。他们通过租车票，查出租车者的租车证号为111111111，又通过办理租车证档案，查出了租车者叫顾真，住址是北京市西城区XX大街XX号。真痛快，顾真的手机一拨就通。租车员对他彬彬有礼：“十分高兴联系上了你，对耽误你宝贵的时间我们感到非常不安。希望你配合我们的工作，亲自将租车证送来查验。如果差错在转租站，我们将信守双方协议的有关条款，对你的误工按你工资标准的三倍给予补偿，交通费也由我们报销。”

很快，顾真来了。租车员打开转租站的租车证，指着内页贴着的111111111号租车票问他：“你租过我们的车，是444444号对吗？”

顾真看了看111111111号租车票，点头称是：“这租车票是我租车时给你们的，怎么啦？”

“你所租的车子失踪了！”

“这同我有什么关系！”顾真喘着粗气，拿出了租车证，指着内页贴着的2222222-1号租车票，“这是承租人给我的。转租给别人难道错了？转租是你们提倡的，你们的名字就叫‘转租站’嘛！”

租车员仔细看了2222222-1号租车票，没有发现伪造的蛛丝马迹，赶忙向顾真道歉：“真对不起你……”

办理租车证档案显示，2222222-1号租车票的主人叫王贾，现住北京市海淀区XX小区XX号平房。打他的手机，已停机；打座机，谢天谢地，通了。但是，这位先生矢口否认承租过444444号小汽车。租车员沉住气，问：“那么，你领过租车证吗?”

对方迟疑了一下：“证是领过的，但我没有租过车。”

转租站经过慎重研究，向公安局报案，并且请求他们立即配合调查。

公安局的刑警和转租站的租车员等人雷厉风行，警车只用十几分钟就到了海淀区XX小区XX号平房。还好，王贾被我们堵个正着。他还嘴硬，重复虽然领了租车证，但从未租过车的话。刑警不耐烦，说：“还是先把租车证拿出来给我们看看吧!”

“当然要给你们看哪!”

租车员接过王贾的租车证，打开内页便傻了眼：内页租车票一张不差，整整齐齐，原封未动。难道冤枉了人？租车员简直不相信自己的眼睛。

王贾颇为得意，摇头晃脑地说：“如果我承租过别人的车，租车票应该动过；如果未还，租车票也应该减少……”

刑警拿出了放大镜，将2222222-1号租车票与比邻的2222222-2号租车票对比，图案和字迹完全一样，什么差别也没有。究竟是怎么回事？到底租车员是租车专业，他要过我的租车证与王贾的一比较便真相大白：王贾的租车票底色比我的稍深一点。原来，他的租车票全部是伪造的；假的与假的对比，当然比不出差别。

在铁的事实面前，王贾不得不低头认罪，取出了正宗的租车证。在正宗的租车证上，果然缺了2222222-1号租车票。刑警用顾真收到的2222222-1号租车票镶嵌上去，票齿互相啮合，进一步证实王贾承租了顾真的444444号小汽车。刑警威严的目光紧紧地盯着王贾："你非法占有转租站的汽车，罪行重大。赶紧把车交出来吧，这是你争取宽大处理的唯一机会了。"

王贾还算老实，充当向导，领着我们一行到了他在郊区的老宅院里起了赃。我问他的作案动机，他的回答竟是"想将发动机拆下来，换到自己的旧车上去。"

租车员听了笑得合不拢嘴。过了好一会，他才说出笑的缘由："转租站小汽车型号规格特殊，零部件与其他小汽车没有互换性，王贾的想法不是白日做梦吗？"

我问租车员："假如他将这车卖了呢？"

"卖给谁呀？"租车员又笑了起来，"转租站车子型号特殊，谁都可以看出来。买了它在路上行驶，不就成了众矢之的！"

我不服气："假如收废品的收购呢，将其投入炼钢炉？"

租车员又笑起来了，表示我问得太天真："收购的人，也得领刑，谁愿为一堆废铁去冒这样大的风险！"

我戏谑道："判刑，也太严重了吧！"

谁知租车员认起真来，："转租站还是起步阶段，处罚不严不行！"接着，他用中国大圣人孔子的警句为自己做论证："仲尼曰：'善哉！政宽则民慢，慢则纠之以猛。猛则民残，残则施之以宽。宽以济猛，猛以济宽，政是以和（孔仲尼说过："如果政策宽松了，那么百姓就会对法律怠慢起来；百姓怠慢了，就用严厉的措施进行纠正，使犯法的人受到重罚，以便杀一儆百；等守法的人多起来，令行禁止了，再恢复宽政。宽严相济，相辅相成，就会出现政通人和的局面）。"

我点头称是："严惩也不是一无是处，美国人在新加坡随地吐痰还挨新国的皮鞭呢。混乱的交通状况，只有重罚违章司机，才能起到明显效果。道路畅通了，所有人都会受益，受罚司机也不会再违法抢道而再次受罚了！”

（九）事故处理

与租车员和刑警分手后，我承租了一辆转租站的小汽车回大使馆。过了约莫5分钟，我由北向南到了北京市舞蹈学院（北京市海淀区学院路11号）门口。这里的道路南北走向，中间划有单黄虚线，上下行各设一条机动车道与非机动车道。前面不远是人行横道，红灯时，一个男子推着电动自行车过了我的机动车道。真走运，我将到停车线时绿灯亮了，所以加速前进。谁知，那个推电动自行车的男子见他前面的机动车道上的一辆“捷达”车气势汹汹地压过来了，便突然后转避让，到了我的面前。我“吱呀”一声，赶紧急刹车。怎奈制动系统不灵，车子凭着惯性还是前行几米，将那男子连人带车撞出，使其受伤，两车损坏。我的心怦怦直跳，慌乱中向“120”报了案，又向“122”求救。

不一会，警车和急救车便相继赶到。医护人员急救伤员和交通警察勘查事故现场同时进行。警察绘制了现场图，拍摄了现场照片，制作了现场笔录，询问了双方当事人，勘验了双方的车辆，对我的驾驶资格和租车资格进行了审核，便用清障车将两辆事故车拉走了。

出这次事故，我特意查阅了《道路交通处理程序》。《道路交通处理程序》规定，公安机关交通管理部门对经过勘验、检查现场的交通事故应当在勘查现场之日起10日内制作交通事故认定书。对需要进行检验、鉴定的，应当在检验、鉴定结果确定之日起5日内制作交通事故认定书。公安机关交通管理部门对当事人生理、精神状况、人体损伤、尸体、车辆及其行驶速度、痕迹、物品以及现场的道路状况等需要进行检验、鉴定的，应当在勘查现场之日起五日内指派或者委托专业技术人员、具备资格的鉴定机构进行检验、鉴定。检验、鉴定应当在二十日内完成；需要延期的，经设区的市公安机关交通管理部门批准可以延长十日。检验、鉴定周期超过时限的，须报经省级人民政府公安机关交通管理部门批准。

根据上述规定，公安机关交通管理部门的交通事故认定书，弄不好要等一个月甚至更长的时间才能给我，真烦人！我正懊恼，转租站的一个工作人员来了。他了解了情况，便将警察给我的扣车证要了去，同时给了我一张“租车票”。我感到很茫然。工作人员说：“给你租车票，就意味着你所租的车子已经还给我们了。处理事故的事，我们全包，不用你操心。交通事故认定书由我们去领，伤员的治疗和车辆的修理等费用问题，也由我们负责协调。”

“这可是真的?”我觉得不可思议。

“怎么不是真的?”转租站工作人员斩钉截铁，“你给我们的租金之中，包含着道路交通事故处理保险金。不但要像保险公司那样为你理赔，还要代替你去处理事故，这就是‘道路交通事故处理保险金’赋予我们的义务。”

果然，过了一个星期，转租站就给我来了电话，通知我交通事故的责任已经认定，我是次要责任，《交通事故责任认定书》被他们代领了。又过了一星期，转租站通知我事故已经处理结束。我迫不及待地问：“事故对方的医疗费，我应负责多少?”

“因为你的事故责任很轻，所以不用你负责，全部由我们转租站代为赔偿。”

我将信将疑：“这可是真的?”

“我们诓你干吗?”对方的口气十分严肃，“你要明白，我接你电话是职务行为，不是闲聊!”

我试探着：“那么，对方的车辆修理费呢?”

对方大概提防我再胡乱发问，一本正经地说：“也由我们代为赔偿。”

我的助理是个细心人。经他的示意，我又向转租站打了个电话：“假如我不是次要责任，而是同等责任、主要责任和全部责任，你们也全盘代为赔偿吗?”

“除了全部责任和主要责任，我们全盘代为赔偿；租车者如负全部责任和主要责任，转租站只代位赔偿80%。其余20%，由租车者自己解决。”

“为什么要这样呢?”

“这是从加强租车者的责任感上着眼的。”转租站工作人员语重心长，“租车者有全部责任和主要责任的担心，也就会有其他责任的担心，因为谁也不会在事故之前预料到自己应付的事故责任有多大；租车者如果没有任何顾忌，对交通安全便是重大的隐患和威胁。”

(十)流动服务

星期天，我从转租站租了辆车准备到延庆去。刚要启动车子，租车员向我喊道：“有人也到延庆，要乘你的顺风车。当然，你是外交官，可以拒绝。”

我看要乘顺风车的是个方脸小伙子，笑容可掬，我便同意了。小伙子是延庆人，很健谈。将到八达岭镇岔道村，他的话匣子又打开了：“前面是岔道城遗址。岔道城始建于明嘉靖三十年（1551），作为居庸关前哨，历代均在此驻兵……南城墙有烽火台二座。现保留部分南城墙和西门城楼、明代石刻览胜碑，你不妨游览一下。”

我被他说动了，到了岔道城遗址便停了车。

这也是小伙子的目的地。他拿出5元人民币要给我："这是顺风车车费。"我没有伸手："免了吧!"他不由分说，将钱丢在座位上下车走了。

我虽然将插在前挡风玻璃上的出租卡封底朝外招徕承租者，但是过了好久也无人问津。送停车场吧，有好远的路；就地停放吧，着实不放心，万一丢失了怎么办。正没主意，一个游人指点我："将出租卡带走就万事大吉了。"

我将信将疑："难道这样车子就没人偷啦!"

"是呀。"游人解释，"转租站有规定，使用转租站的车子必须持有出租卡，并且要按规定插在前挡风玻璃上。这就是说，没有出租卡的车子的来路是值得怀疑的。可想而知，盗贼对没有出租卡的车子是不会有兴趣的。"

于是，我留下车子，带着出租卡登山了。岔道城城墙高高的，东西长，南北窄，南北两侧山头上各有一个烽火台。若是从空中看，城墙就像一条船，而两个烽火台就像是拴住这条船的两个锚墩。因为祖国的第一代铁路专家詹天佑墓也在延庆，我还要去拜祭，所以匆匆离去。下山到了半山腰，远眺租来的小汽车却没了踪影，失窃了。我的心不由怦怦直跳，赶忙用手机向转租站报和公安局警。真是神话，到了山脚下，便接到转租站的电话：案已破了，要我原地呆一会，等他们的流动服务车办理相关事宜。

果然，只几分钟，流动服务车来了。我夸奖他们："你们是东方的福尔摩斯，超级福尔摩斯!"

流动服务员非常谦虚："不是我们有能耐，而是窃贼利令智昏。车子前挡风玻璃上没有出租卡，即使是小孩，也会认出是赃物的。"

"你们流动服务车是专门抓贼的吗?"

“不，我们是‘大杂烩’，还监管车辆的使用，对租车者进行救助。”

我想起那天我出的交通事故，转租站去现场车子的侧面有“行车服务”四个字，问：“交通事故你们也管，是吗？”

“是呀。凡是租车者行车时出现的困难，我都管。比如，车子轮胎破了，我们马上就会送来一只好的为你换上。”

我恍然大悟：“难怪我租过的车都没有备用胎。”

流动服务员调侃道：“我们还是加油站呢。如果你突然断油，还会送油给你。我们的服务是全方位的，使租车者比用私家车还方便！”

我想将他一军：“如果我所租的车子抛锚了，怎么办？”

“好办。这时，我们就成流动转租站了。”流动服务员的脸上洋溢着无限的自豪，“我们给你租车票。你将车子交给我们修理，承租别人的车子继续赶路吧。”

二、小汽车转租站不可或缺

物尽其用，一物多用，用其所值，摒弃无用，是人类社会不可抗拒的消费潮流。小汽车转租站是这个潮流的必然产物。

自行车转租站与小汽车转租站是一对孪生兄弟，为社会所带来的好处有许多是共同的。对在《自行车转租密码》篇中已经说过的，本部分就略谈或不谈了。

(一)城市交通拥堵是世界性难题

道路的延长和拓宽是有限的，而车辆的增加是无限的，因此城市交通拥堵成了世界性难题。《中国建设报》坦言：“在国外，有人说谁解决了城市交通问题，谁就能当选这个国家的总统。这句颇盛行的话从一个侧面说明，城市交通拥堵问题是当今社会的一个世界性难题。到目前，还没有哪一个国家已经彻底地解决了这一问题。”[1]七八年过去了，情况怎样？依然如故。人民网曾报道：“城市交通拥堵问题已经是一个世界性的难题，随着汽车保有量的爆炸式的增长，世界各国的大城市其交通拥堵的问题正在日益突出。”加拿大人口3 100多万，国土面积998万平方公里，是全球领土第二大国，地广人稀，路多车少。可是，堵车就像瘟疫一样，无论是人口不足百万的卡尔加里，还是人口超过400万的多伦多，都感染到了。驾车人怨声载道，说机动车已开始陷入“英雄无用武之地”。

以色列运输部长沙乌尔·莫法兹认为，解决堵车问题的最好的方法是修建立体交叉路。仅最近几年，以色列各地就建立了数百座立交桥，基本上不设交通信号灯。但是，在上下班时间，交通拥堵还是发生。

墨西哥城是世界最大的城市，人口2 400万，汽车500万辆，每5人拥有1辆车。市政当局为了减少堵车，规定城里的汽车每5天必须停驶1天，但是效果甚微。去过该城的人都抱怨，“从机场到宾馆，出租车没有一次是快速通过的”。

伦敦市5年前开始推行车辆拥堵费征收方案，已经收取了8亿英镑的费用，但交通状况却毫无改善。

美国作为世界头号汽车王国，早在20世纪初就已进入汽车社会，这对其社会经济的发展产生了巨大影响。为了使城市道路畅通，交管局不惜重金添置了高科技监控设备，更引进拔尖人才，采用现代化的调度手段。但是，车子还是照堵不误。2005年《美国城市机动性报告》指出，高峰期利用小汽车出行的人，年均延误时间从1982年的16小时增加到2003年的47小时，在加州洛杉矶则高达82小时。按当年燃油价格计算，美国

① 韩冰洁：《城市交通何时畅通——破解世界性交通难题》，《瞭望》2000年第49期，第14页。

2005年因交通延误造成的经济损失为650亿美元。

俄罗斯首都莫斯科，地铁四通八达，地下交通的空间潜力已基本挖完，对缓解地上交通压力的作用不可小觑。但是，堵车还是随处可见。

西班牙马德里市现有人口350万，汽车100万辆，平均三四个人一辆车。该市道路总长约为3 500公里，每辆汽车平均拥有的道路仅3.5米，在市区每天任何时候都可能发生堵车现象。过多的车子害得国王也不能享受应有的交通待遇了。

新浪网题为《各国化解堵车难题：韩国少开车有奖》的文章曾报道：韩国是世界上人均汽车数量最多的国家之一。为了解决堵车问题，韩国建设了高效率的交通运输基础设施和道路状况信息系统。在首都首尔，主干道一般都是双向8至10个车道，有的甚至达到双向20车道；乘坐地铁几乎可以到达市区内任何一个地点；在市中心随便哪个地方，100至200米之内都会有地铁站。此外，地铁还与郊区电气列车站相连接，公共汽车路线也非常多，其中包括线路很偏僻的郊区公交车。但是，堵车之病仍然治而不绝，只好又实行这样一种政策：鼓励有车的人少开车。如果谁自愿每周少开一天车，其车就会被贴上一个专门的标签。凭这样的标签，停车费和过路费就可以享受一定的优惠。

中国零点研究咨询集团等单位不久前联合发布的一项《2008福田指数——中国居民生活机动性指数研究报告》显示，在接受调查的上海、北京、广州、武汉、成都、西安等8个城市中，北京人上下班的拥堵成本最贵，达到每人每月375元；其次是广州人，上下班拥堵成本为每人每月273.8元；上海人的拥堵经济成本排全国第三，为每人每月228.2元；即使拥堵成本最低的城市西安和成都，每月人均损失也接近百元。西安人为69.4

元，成都人为92.6元。调查同时显示，拥堵最为明显的是上下班的高峰时间，北京人可耽搁53分钟，上海人可耽搁48分钟，重庆人可耽搁27分钟。

北京是全世界道路建设投资最多的城市之一，城市环路之多是世界第一。巴黎和伦敦都还只有一条环路，而北京竟有6条。北京的6条环路和7条放射性高速公路以及15条快速联络道，已构成了整个快速道路网络，因此不能说道路不够。北京汽车保有量在国内各省市中虽为最多，但是与巴黎、纽约、东京、伦敦、莫斯科等国际大都会相比却相差很远，照理应该畅通。但实际情况却是堵得很，而且"堵级"不断升高。北京市严重堵车路段在1993年为27处，1994年为36处，1995年为55处，1999年猛增到99处，2003年经过专项治理，仍达87处。随着堵车路段的增加，车辆运行的平均速度也在不断放缓。1994年，二、三环之内部分路段的汽车平均时速为45公里/小时，1995年降至33公里/小时，1996年再降至20公里/小时。至2003年秋，市区部分主要干道高峰期的车速已降至每小时12公里，有的道路机动车时速不到7公里。从北京公共汽车的运营速度来看，也已经由1994年的16.7公里/小时下降到9.2公里/小时，每逢上下班的高峰期，近1/5的路口和路段车速不到5公里/小时。由于交通拥挤和交通阻塞，1990年以来，北京市客货车辆行驶速度平均分别下降了15.6%和11.5%。按此推算，相当于损失公共电汽车标准车约1 000辆或通道车约600辆，平均增加公共交通乘客在途时间约9分钟（按照1998年公交公司组织的线路客流调查，乘客平均全程在途时间58.9分计）。此外，权威调查显示，约40%的北京人上班需花费1小时以上的在途时间。其中，上班花费时间超过100分钟的占6.50%，60~80分钟的占34.30%，20分钟以内的仅占5.50%。目前，北京中心区高峰期间路网的平均负荷度已达90%，三环路以内的110条主干道有80多条道路交通流量达到饱和或超饱和状态。

为了奥运，北京市政府投入巨资补贴公共交通，但是收效甚微。请看中央电视台的一段评论：“北京交通越来越糟糕，尽管北京出台了公交车使用公交卡坐车4折优惠，学生卡还2折优惠，同时也实行了地铁轻轨的2元通票，可是，马路上的车仍然那么多，环路上也没有什么堵车高峰，几乎一直堵车，晚上十点左右都还有些拥堵。北京为解决交通拥堵和迎接奥运会，为出行难的问题想了很多办法，可是效果都不是特别明显。”对北京拥堵问题的成因，人们众说纷纭。有人认为是城市功能布局不合理，上班时城外人往城里挤，下班时城里人往城外涌。但是，哪一个国际大都市不都是这样？还有人将北京拥堵归罪于公共交通不发达。然而，公共交通发达的巴黎、纽约、东京、伦敦、莫斯科等城市，也存在堵车的问题啊。有人说北京市车辆拥堵是马路“短”和“窄”引起的，只要使马路加长加宽，问题自会迎刃而解。这又是一个馊主意。美国道路面积达到了城市建设用地面积的45%，城市交通还是不怎么畅通。北京要想达到美国的道路面积占城市建设用地面积的比例，城市建筑便要拆除一小半。因为中国的特色是房多路少，北京三环路以内的道路面积占市区土地面积的比率仅为12%。北京道路密度也低，搜狐博客中题为《小崔狐说：北京城市发展的十宗罪》的文章中说：“北京道路密度每平方千米仅为1.66km，仅相当于大阪、东京、纽约、巴黎、伦敦这样的国际大都市的9.37%、8.89%、16.7%、11.1%和17.8%。”这就是说，北京道路密度如果向大阪等城市看齐，就得在目前的基础上增加八九倍。这么多路，总不能架在空中，往哪儿搁？而且，小汽车的数量还在高速增长。每增加一辆车，约需增加道路50平方米和停车位10平方米。所以，即使北京城市道路面积占城市建设用地面积的比例都达到了美国的标准，拥堵还是不可能根治。

城市交通拥堵这个世界难题之所以旷日持久、没有得到解决，不是因为真难，而是因为脉未把好，药没对症。世界各国各城差不多都陷入了一个误区：为了缓解交通压力，大力修筑马路，拼命建设立交桥。事实证明，修路和建桥对缓解交通拥挤是杯水车薪而不是釜底抽薪，无济于事；相反，道路越宽越长，立交桥越多越气派，只会刺激更大的小汽车消费需求。不是吗？这高高在上的立交桥，这延伸到屋檐下的汽车路，对于“我”来说，不驾车使用岂不是白白存在？如此想法具有很大的普遍性，是十分可怕的需求弹性。其结果当然是修路不息，塞车不止；建桥不停，污染加重。

前面已经说过，堵车的症结是有限增长的道路与无限增长的汽车之间的矛盾，因此治理拥堵的招子只能是限制路上汽车的增量。建立小汽车转租站，就有了限制路上汽车增量的可能性。

（二）小汽车生产性贡献极其低下

生产性贡献是指物品可能发挥的效率与实际发挥的效率之比，这是衡量社会进步的重要标准。皇帝的行宫成为宾馆、国王的花园成为市民公园都是社会的进步。世界各个家庭大型耐用消费品的生产性贡献的一般情况是：住房为97%（有双套住房和多套住房的家庭除外。欠缺的“3%”是由于外出度假等），冰箱100%，电视20%……小汽车的状况非常糟糕。

2015年《国外小汽车共用的发展状况》一文中称：“目前，美国有60%以上的家庭拥有两辆或两辆以上的小汽车，其中有1辆或1辆以上的小汽车性能和大小都超过了一般的日常出行需要。购买小汽车对大多数家庭是一笔最大的投资，这一笔投资对家庭的生产性贡献却十分低下。一年行驶1 600km的小汽车，若以56km/小时的速度行驶，需要286个小时，占全年时间的3.26%。在一年其余的8 474个小时中，车辆都处于停放闲置状态，同时还占用了一个停车泊位。如果家用小汽车有5个座位，其一年理论上可提供43 800个客位小时的出行服务。但美国典型的小汽车出行每车乘客为1.2人，则其实际产生的客位小时是343，仅占其客位容量的0.78%……”上述美国私家小汽车的生产性贡献，从使用时间上说只有3.26%，从客位小时上说仅仅是0.78%，还是含水分的。将水分榨干，比值就会更低。水分是什么？是使用中的无效行驶。以出租车为例，说一下什么是无效行驶和有效行驶。出租车载客时是有效行驶，无客时是无效行驶；相对于驾驶转租站车子的租车者，出租车司机本身也是无效行驶。因为后者要去的地方，并不是自己空间上的目的地，而是经济收入上的目的地，即要得车费。再举个例子，儿子开专车送父亲去机场，去的时候是有效行驶，返回时空驶是无效行驶。同使用转租站车子的开车人相比，儿子占据的座位往返时都是无效行驶。因为使用转租站车子的开车人去的是自己空间上的目的地；“儿子”去的不是他空间上的目的地，而是其“父亲”空间上的目的地，只是为了满足父亲的需要才开车的。

德国家庭的小汽车的生产性贡献与美国一样可悲：“随着城市汽车数量的与日俱增，造成日益严重的交通拥堵和废气排放，同时汽车的停放也占用了日渐稀缺的土地。如何破解交通难题，在交通方面如何进行有利于环境方面的管理，德国汉诺威市进行了有益探索……一辆私人汽车平均一天只使用40分钟，每天23小时还多的时间是闲置不用并占用宝贵的空间场地。”我国私家小汽车的生产性贡献低下的情况，与美国和德国不分上下。我国地产大佬，擅长跨界的SOHO中国董事长潘石屹带着他的SOHO3Q与美国硅谷新兴互联网巨头Uber宣布展开品牌战略合作时感慨万分：“我们和Uber合作的基础是有着共同的理念和价值观，今后还要有更多合作。目前很多传统行业的资源没有利用好，如在汽车行业，私家车资源是过剩的。我的车一天也就开半小时，这是巨大的资源浪费……”

大河网（郑州）报道，郑州“高峰期私家车大多空载”。“车越来越多，路越来越难走，这早已成为众多车主最深切的感受。然而每天上下班高峰期，在郑州拥堵不堪的道路上行驶的车辆中，有多少处于‘空载’状态？本报记者就此作了一番调查。

“6月5日上午8时许，记者在农业路与花园路交叉口的斑马线上，对由西向东的车流作了一番统计，在最靠近记者的这条车道上，通过各类私家车106辆，车内只有驾驶员一人的共71辆，有2人或者2人以上的35辆，车辆空载率达67%。”

记者解利元在《城市交通拥堵日益严重 高峰期私家车大多空载》一文中报道：“晚上7时许，记者统计经三路世纪联华门前由南向北车道通过的87辆车中，有53辆只有驾驶员一人，空载率达61%。”

“‘道路越来越拥堵，然而在上下班交通拥堵的高峰时段，单人独车的现象非常普遍。’郑州市交巡警支队宣传科的贾科长认为，在道路资源日益紧缺匮乏的情况下，私家车高空载率某种程度上是一种巨大的资源浪费。据悉，去年郑州市机动车保有量已经突破了100万辆，其中，私家车所占比例超过70%，日益增长的机动车数量给城市道路交通造成了巨大的压力。”

再看北京的私家小汽车的生产性贡献。“小汽车保有量激增，改变了北京市民出行行为和生活习惯。2005年底，北京市机动车保有量为258.3万辆，较2000年增长71.1%，其中私人小汽车134.3万辆，增幅452.7%。小汽车日均使用次数（3.16次/车）变化虽然不大，但次均载客率（1.26人/次）较2000年明显减少。”这个资料来自北京市交通委员会牵头组织开展的北京市第三次交通综合调查。值得一提的是，综合调查是非常权威的。因为“本次调查共设置8大项，12个专项，调查对象涉及居民81 760户，机动车226万辆，出租车6 529辆，各类单位600个，共动用专业技术人员、调查员等逾9万人次，调查范围为市域范围，共划分1 118个交通小区。调查工作从2004年末开始技术筹备，2005年9月正式启动，至2006年11月数据处理工作基本完成……”

《中国城市公共交通周及无车日活动倡议书》这样写道，“城市交通的目的是实现人和物的移动，而不是车辆的移动。城市交通的政策要根据出行人的数量，而不是出行车辆数量分配城市道路等空间资源。为了保障城市的健康有序发展，改善市民的出行条件和城市环境，必须优先发展城市公共交通，减少不必要的小汽车出行。”皇帝的行宫成为宾馆、国王的花园成为市民公园是社会进步的必然结果。私家小汽车生产性贡献低下的问题也必须解决。小汽车转租站，则是根治这种病症的最好良方。

（三）小汽车所有权必须与使用权分离

由于私家小汽车占全部小汽车的绝对优势，所以我们将私家小汽车作为现时小汽车的代表。下面提到的“现在的小汽车”，即指私家小汽车。

现在的小汽车生产性贡献异常低下，其根本原因是什么？是所有权与使用权合一，“谁购买谁使用”。这是不合理的，必须有所改变。人类社会不是动物世界，发展应是理性的、有序的，各个成员提高自己生活质量都不能影响别人提高生活质量。现在的小汽车由于所有权与使用权合一，“谁购买谁使用”，本来可载四五个人的车子只载一两个人，即实际需要开动一辆车就可以了，却非得开动两三辆车子。这种现象是最典型的社会的倒退。车多，尾气增加了，空气污染了，道路拥挤了，车速降低了。

小汽车的使用权因为属于购买人，不用了，别人谁也无权随便使用，这就使得要停的车子增多。要停的车子多，停车场就得扩大，绿地就得缩小。常年见不到青草、见不到红花，满眼都是灰黑色的混凝土，对人的身体与心理健康都有损害。

转租站平地惊雷，其“革命行动”没有暴力、没有斗争，因此也不可能使一部分人憎恨另一部分人，而是皆大欢喜、全民受益，既包括没有私家车的人，也包括拥有私家车的人。其手段巧妙而彻底，不没收什么人的小汽车，更不向什么人无偿分配小汽车，一改小汽车的所有权与使用权合一、“谁购买谁使用”，而为使所有权与使用权分离的“你购买我租用”。转租站购车，虽然拥有所有权，但不是为了自己行使使用权，而是为了别人行使使用权，凡是有租车证的就可以租用。你租了车，凡是有租车证的，都有权搭乘“顺风车”。所以，“专车”（车中仅仅是一两人）就会少之又少，马路也会显得宽之又宽。车子到了目的地可以顺手转租给别人，无须停车，这就使得停车场不仅不需要扩建，现有的还可缩减。

前面已经说过，解决城市交通拥堵不能光靠修建马路、拓宽街道。光靠修建马路、拓宽街道解决城市交通拥堵的做法是“改良主义”，只能治标不能治本。这是因为，马路修得再长，街道拓得再宽，也敌不过小汽车的增长速度。按常规，车子保有量增加，道路的宽度或长度就得相应增加。新华网报道，在北京市2008年交通工作会议上，与会者一致认为，“今后一个时期内，北京的小汽车仍将以10%的较高速度增长。据介绍，目前北京市六环路以内区域的日均出行总量已达到3 072万人次，机动车保有量达到313万辆。北京市的机动车保有量一段时期以来一直保持很高的增长速度，2006年北京市小汽车增量超过40万辆。目前虽然增速有所降低，但今后一个时期，北京市小汽车仍将以10%的较高速度增长。”

显而易见，北京市是不可能每年都拿出寸土寸金的地皮加宽马路10%，或者延长马路10%的。转租站使小汽车的所有权与使用权分离，堪称最彻底的、不流血的革命行动：人们的使用总量不变，行驶中的车子却可减少四分之三。无疑的，转租站是造福当代、惠及后人的伟大创举。

社会发展的客观规律要求生产力不断提高，因此革命就应运而生。封建社会之所以战胜奴隶制社会，资本主义社会之所以战胜封建社会，都是因为后者比前者造就了更高的生产力。生产力应包括劳动对象、劳动资料和劳动力三个要素，其中的“劳动资料”至关重要。几十年前陕北有支关于手摇纺纱车纺纱的歌，其中的一句歌词是“纺呀纺呀纺呀，一天就纺那二斤纱”；如果手摇纺纱车变成电动细纱机，歌词就应该是“纺呀纺呀纺呀，一天就纺那二‘吨’纱”了。

劳动资料投入多，产出也多，即生产力发展的速度快。社会的财富是一定的，生活资料占用多，必然会使生产资料减少。小汽车价值不菲，动辄几万、几十万，一户占有一辆甚至一人占有一辆，每天只用几十分钟，实在是社会生产资料被挤占的悲哀。转租站通过“承租”和“转租”，解放了小汽车的使用权，不管是你我他，也不管是购买人或是非购买人，只要有租车证就能用上，使其闲置时间趋向于零，即一辆车顶几辆甚至几十辆使用，其发展生产力的重大意义绝不亚于瓦特发明蒸汽机所引发的工业革命。

《北京最新居民出行调查报告》表明，“目前，北京公共交通的竞争力明显低于小汽车。市民乘公交车出行较小汽车出行平均距离要少4.5公里，但所需的时间耗费却超出24.3分钟……”

人们用小汽车出行增长的比例远远高于用公共交通出行，即目前人们热衷于购买小汽车，是因为小汽车比公共汽车快，节省时间。

公共汽车的速度本来是快的。那么，是什么原因慢下来的呢？是过多的小汽车占了公共汽车的道路；小汽车的速度快是以牺牲公共汽车的速度为前提的。《北京最新居民出行调查报告》对此的分析可算是淋漓尽致：“小汽车的不断涌入，深刻改变了北京市民出行行为和生活习惯。虽然公交建设初显成效，但也同样面临着小汽车增长更快的严峻挑战。而小汽车的增加和‘空驶率’的上升，加上路网络不完善，使得交通拥堵加剧。”

转租站使马路上的小汽车大幅度减少，由“过多”而为“适度”，公共汽车便英雄有用武之地了。

（四）脱掉“交通事故多发国家”帽子的必由之路

本部分六七千字比较晦涩，主要说的是转租站可以卓有成效地降低交通事故，使每年中国死伤人数锐减。如果你认为还在情理之中，可以免读。当然，这并不是说作者没有注意逻辑性、条理性。

《财经时报》2007年报道：“‘中国拥有全世界1.9%的汽车，引发的交通死亡事故却占了全球的15%，已经成为交通事故最多发的国家。’中国汽车工程学会理事长张小虞告诉《财经时报》：‘和发达的国家相比，中国的道路安全事故最高。’中国每年由于汽车安全方面所受到的损失约为5 180亿人民币，死亡率为9人/万车，而欧美的这一数字则为3人以下。博世集团董事兼亚太区业务负责人孔陆德希望中国相关部门重视汽车安全事故。”

1. 转租可使全国每年至少避免交通事故死伤20万人

交通事故发案率大致与行驶的汽车量成正比（请注意“行驶的”），行驶的小汽车减少，事故岂能不减少？按转租可使目前行驶的小汽车减少3 / 4的比例（关于减少3 / 4的比例问题我们将在《转租站使上路的车子减少得多，‘单双号’减少得少》中进行论述）。我们预测一下转租站建立之后中国交通事故减少死亡和受伤的人数。

我国每年交通事故50万起，因交通事故死亡人数均10万左右，居世界第一。统计数据表明，每5分钟就有一人丧身车轮，每1分钟都会有一人因为交通事故而伤残。每年因交通事故所造成的经济损失达数百亿元。人命关天，心惊肉跳！虽然政府每年都做了非常的努力，但是成效微乎其微。下面是2000年以来历年的死伤人数等情况。

2000年全国道路交通事故死亡93853人，受伤418721人，直接经济损失2668903994元（来源：中国新闻社）。

2001年全国道路交通事故死亡10.6万人（来源：中国新闻社）。

2002年全国道路交通事故死亡10.9万人，受伤56.2万人，直接经济损失33.2亿元。（来源：中国新闻网）

2003年全国道路交通事故死亡104372人，直接经济损失33.7亿元 （来源：新华网）。

2004年全国道路交通事故死亡9.4万人（来源:新华网）。

2005年全国道路交通事故死亡98738人，受伤469911人，直接财产损失18.8亿元。

2006年,全国道路交通事故死亡89455人、受伤431139人，直接财产损失14.9亿元。

2007年，全国共发生道路交通事故死亡81649人、受伤380442人，直接财产损失12亿元。

以上全国共道路交通事故死伤人数2007年最低，我们便以此来预算转租站建立后全国每年可以避免的死伤人数即少死伤的人数：

(1) 转租站建立后每年全国将减少死亡的人数

=2007年全国道路交通事故死亡人数×全国小客车占机动车的比例(注)×转租站可使小客车减少的比例

=81649人×60%×3/4

=28742人。

注：全国小客车占机动车的比例官方资料无法查询，据粗略估算，约占60%。

(2) 转租站建立后每年全国将会少受伤的人数

=2007年全国道路交通事故受伤人数×全国小客车占机动车的比例×转租站可使小客车减少的比例

=380442人×60%×3/4

=171199人。

上述(1)+(2)=199941人≈20万人。

标题为什么说“至少”避免交通事故死伤20万人呢？这是因为我们舍弃了转租自行车可使小汽车减少（因为方便和合算使开车人而变为骑车者）而减少交通事故的死伤人数（见55页《（三）有效减少交通事故伤亡的缘由》）。

2. 转租可以宏观调控，在交通事故多发时段减少上路车辆

这个问题很容易理解。假若某市每天6：00—7：00每万辆行驶的汽车的事故率是0.5%，而其他时段是0.2%。如果使在6：00—7：00行驶的车子，提前在4：00—5：00行驶，那么，这个市6：00—7：00每万辆行驶的汽车的事故率，就从0.5%降低为0.2%了。

转租站怎么宏观调控，使交通事故易发时段减少车辆上路？在《小汽车转租站亲历记》中已经说了，利用租金价格作杠杆，将事故易发时段的租金调高，将事故不易发时段的租金调低。

交通事故的几率为什么各个时段不一样？许峰玮先生在《法制晚报》上的《凌晨时段事故发生几率最高》说得淋漓尽致：

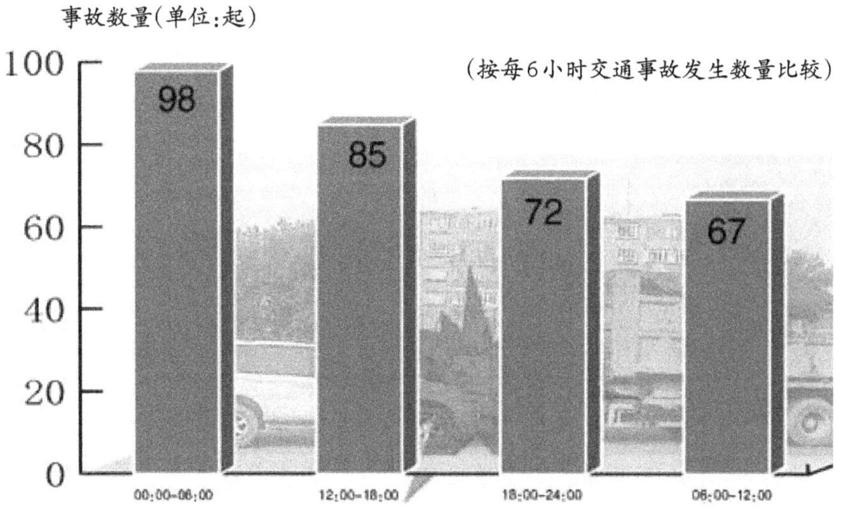

图2-1　交通事故发生时段排行榜

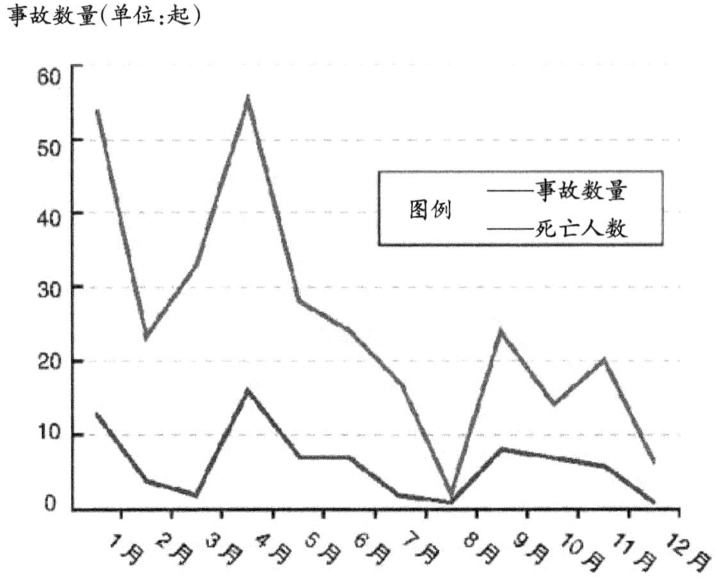

图2-2　每月交通事故数

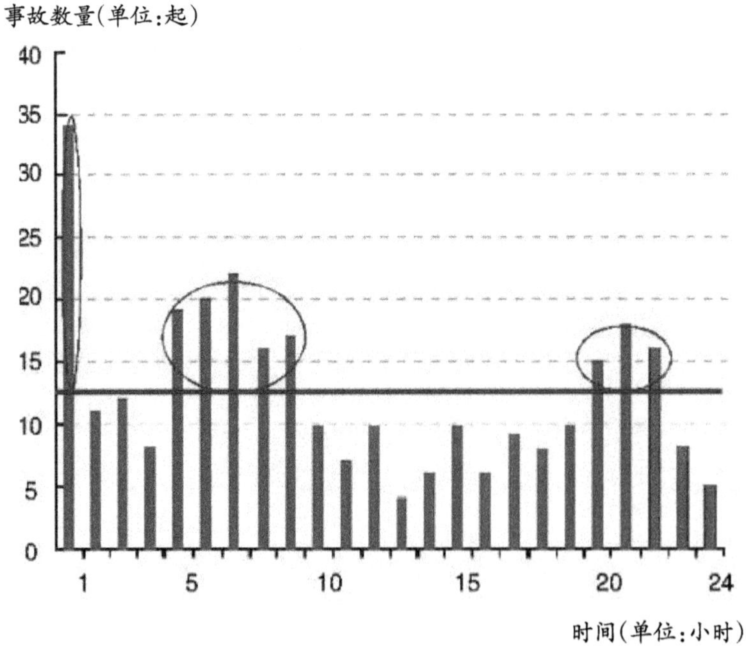

图2-3　每小时平均事故数量图

“2008年，本报共报道322起车祸。近日，记者在总结本报这些报道时发现，凌晨时段发生事故数量、死亡人数远大于其他时段。

“专家分析称，午后和黎明时分是驾驶员最感疲劳的阶段，再加上休息不足、光线暗淡，致使驾驶员的视力降到最低，驾驶员此时的生理条件接近不佳状态，势必导致注意力分散，发生事故几率较大。

“同时，每到节日前后，朋友聚会增多，超速行驶、酒后驾驶、疲劳驾驶等严重危害交通安全的违法行为较白天大幅增加。

时段分析

“午夜、上班时段　事故高发期

“我们用每小时的平均事故数量说明事故发生的频率。从图2-3可以看出，有3个突出的事故高峰期（图2-3中圆圈处）。

事故最高峰：零时到1时。

“第二个事故高发段：5时到7时，与人们的常识似乎吻合，早高峰7时到9时发生事故的多属轿车。

“第三个事故高发段：似乎令人意外，为晚8时到10时（上班必须准点到，下班未必准点走），其中货车和轿车比例最大，高达80.4%。

“行车‘危险期’　事故发生多

“在本报报道的交通事故中，每天5时到9时、20时到22时两个时间段的事故量最多，占报道总量的56.48%。

“记者从交管部门了解到，交通安全专家根据对交通事故发生时段的研究发现，驾驶员开车时每天至少有3个‘危险时段’，而这些正是事故多发时间段。

“每天的黄昏时间段的视野恰像逆光摄影那样，只有天空是明亮的，道路和沿途景色融为一片，景观缺乏立体感。

“在这种环境里行车，由于视野不清，远近难辨，驾驶员极易错误判断自车与前车的距离而冒险超车。

“此外，午后和黎明时分是驾驶员最感疲劳的阶段，再加上休息不足，光线暗淡，致使驾驶员的视力降到最低，驾驶员此时的生理条件接近不佳状态，势必导致注意力分散。”

从许峰玮先生的文章可以看出，每天24：00左右—01：00左右，5：00左右—7：00左右，20：00左右—22：00左右租金可提高，因为这些时段交通事故的几率最大。

3. 转租可以控制交通事故几率大的深色车的比例

汽车的性能对行车安全至关重要，殊不知车的颜色与行车安全也有着千丝万缕的联系。一般地说，银白色等颜色的汽车遭遇交通事故的几率比较小；相反，其他颜色的汽车遭遇交通事故的几率却比较大。因此，转租站只要降低银白色等颜色的汽车的租金而提高其他颜色的汽车的租金，就可以引导人们钟情前者而冷落后者，以降低交通事故的发生率。

车身的颜色与交通事故发生率紧密相关，深色汽车比亮色汽车的事故几率高。NRMA公司是澳大利亚最大的汽车保险公司，其研究结果表明，撞车与汽车颜色的显眼度有着密切的联系：明亮的嫩黄、米色、奶色和白色汽车发生交通事故的几率低，而黑、金、绿、蓝等深色的汽车发生交通事故的几率高。原因在哪里？颜色分前进色和后退色，即有所谓的进退性。举例说明一下：在北京长安街（多车道），假如有相同规格的红 、黄 、蓝 、黑宝马轿车各一辆并排行驶，远远望去，你就会觉得红色的和黄色的要离自己近一些，这就是前进色的效果；而蓝色和黑色的会觉得离自己远一些，就是后退色的效果。因为红色和黄色会使你觉得离自己近，所以遇到这样颜色的行驶的车就会使你提早采取避让措施，相撞的可能很小，而蓝色和黑色的恰恰相反。

颜色还有膨胀色和收缩色的分别，即胀缩性。车身相同而颜色不同，会使人产生体积不同的感觉。黄色的看起来大，这就是膨胀色；黑色的、蓝色的看起来小，这就是收缩色。由于收缩色看起来比实际小，所以进入驾驶员和行人视线的视觉体量小，容易诱发事故；黄色等色为膨胀色，看起来比实际要大，所以容易引起人的注意。

在人的视觉中，颜色的亮度也有区别。以黑色为代表的暗色看起来较小、较远，也较模糊；以红色为代表的亮色看起来较大、较近，也较清晰。

新西兰奥克兰大学的休·弗内斯教授在对1 000多辆各色小汽车进行调研后发现，银白色汽车是买车人的最佳选择。这种车出车祸的几率最小；即使出车祸，驾乘人员遭受重伤的比率比白色汽车少50%。休·弗内斯教授还发现，白、黄、灰、红、蓝车驾驶员受伤的几率基本相同；黑、褐、绿车身的汽车最容易发生交通事故，司机受伤的概率是白、黄、灰、红、蓝车身的汽车双倍。为什么竟至如此？很遗憾，连休·弗内斯教授也是知其然而不知其所以然，有人估计，可能是银白色对光线的反射率高，易于识别的原因。

办任何事情都应该辨证，不能走极端。上面说到红色是放大色，容易在众色中脱颖而出，首先引起其他汽车的驾驶人员和行人的注意，不太可能出现交通事故。但是红色易于引发视觉疲劳，驾驶这种颜色汽车的时间较长，对观察和避让淡色车身的汽车和着淡色服装的行人不利。这么说，转租站减少深色车辆上路的比例是不是就没有意义了呢？不是，意义大着呢。因为转租站对深色车不是赶尽杀绝，只是“减少”（抑制）而已。租车人租用红色车身的车子时间长了，则可换租深色车。这样，对观察和避让淡色车身的汽车和着淡色服装的行人不利的弊端就避开了。而这种弊端，不成立转租站是难以断绝的。比方说，拥有红色车身的私家车车主，对其车使用三四个月以后，不太可能再去购买一辆淡色车身的汽车轮换使用。

汽车内饰的颜色也与行车安全息息相关。色彩的明度与纯度会引起人对对色彩物理印象的错觉。在一般情况下，暗色给人以重的感觉，明色给人以轻的感觉。这就是说，人对颜色的重量感大致取决于色彩的明度。暗的纯色使人产生强硬的感觉，淡的亮色使人产生柔软的感觉。内饰明快，使人感到宽敞、舒适。因此，夏季以冷色为宜，冬季以暖色为宜。这样，驾车人的冷暖感觉就得到调节了。

调节驾车人的冷暖感觉，也只有转租站能够彻底做到。这不是说别人搞不起翻来覆去的内装饰，而是不懂得变换内装饰的意义，或是没有兴趣和闲暇去搞。

三、“共享”擂台，中国小汽车转租夺魁

干什么事情都该有个度，过了度，好事就会变坏事。小汽车在少的时候是越多越好，可是多到一定的数量，则是越少越好了。早在上世纪50年代，西方有识之士就发现这个问题，认为小汽车的增幅必须控制，因此出现了“小汽车共享”组织（也译为“小汽车共用”组织）。“一辆私人汽车平均一天只使用40分钟，大家一起共同使用一辆汽车，这就是汽车共享的基本原则。”①

“小汽车共享”组织的组织形式是：有车的，将车交给共享组织调配；无车的，缴纳一定的押金便可成为其成员。同济大

① 何京:《汽车共享的汉诺威环保交通》,《交通与运输》2005年第6期,第13页。

学道路与交通工程系黄肇义、杨东援两位教授在《国外小汽车共享用的发展状况》中认为："小汽车共用是90年代出行服务市场上最有意义的开拓：无论是在技术和协作方面，还是在组织和运营系统方面，都是如此。'小汽车共享'效率的关键在于出行方式的组合。这种出行组合正是顾客所需要的那种简单、价廉、舒适和有利于环保的出行服务的最佳体现。"

瑞士虽然不大，然而是"小汽车共享"组织大国，是西方世界"小汽车共享"组织的珠穆朗玛峰。实话实说而不扭扭捏捏、假谦虚，瑞士"小汽车共享"组织在中国小汽车转租站面前却矮了半截。下面，就对它们进行比较。

(一)中国小汽车转租占地最省

瑞士"小汽车共享"组织：

"小汽车共享"的出行服务在尽最大努力使取车尽可能方便，最大限度地满足需求，不断地增加存车地点（"停车位"）……"

中国小汽车转租站：

你的车子如果要存放，转租给别人就是了——在中国小汽车转租站，一个承租者就是一个"存车地点"。所以，瑞士"小汽车共享"组织的存车地点增加得再多，也只能落得"侏儒"的下场。转租站的承租人有千千万万，瑞士共享组织难道能建立千千万万个具有"转租"功能的、实际上的"存车地点"？小汽车停到普通车库，按照占地面积分摊，平均（每辆）占地十几平方米。瑞士共享组织即使增加十万个停车位，也得征用三四百万平方米土地（一平方公里土地才一百万平方米）！

全美站车协会（National Station Car Association）：

美国的大容量轨道公交车站约有30万个停车泊位，这些泊位可排队停放100万辆双座电动站车。

中国小汽车转租站：

由于它有“转租”高招，租车者之间可以互相转租车子，所以完全没有必要设立“遍布城乡的车站”。——设立车站的目的是方便租车者租车，既然租车者可以不在车站租车（到转租站租车的人，仅仅是住地与其近在咫尺的居民，或者是途径那里的行人），那么转租站的租车点就可以设得很少了。

据报道，北京市将沿中心城周边轨道交通和大容量快速公交车站规划建设小汽车“驻车换乘”系统，以供驾车进入城区的乘客在此停车，换乘公共交通车辆。“驻车换乘”系统实行低价位或免费停车换乘，以引导自驾车者换乘公共交通，缓解市区交通拥堵。这“驻车换乘”，其实是全美站车协会“30万个停车泊位”的翻版。可想而知，它在小汽车转租站诞生以后也是多余的。

瑞士“小汽车共享”组织：

公司会在人员比较集中的住宅区或商业区的固定位置，分散停放供出租用车辆，会员要用车时，可通过互联网或电话预定离自己较近的车辆。

中国小汽车转租站：

它没有任何必要在“人员比较集中的住宅区或商业区的固定位置”设立“分散停放供出租用车辆”用的停车位，因为它的小汽车使用率特别高。你租来的车子用完了可以转租给他人使用，他人用完了可以再转租给第二个“他人”使用，人停车不停，所以设立停车位不但多余，而且难看。

美国纽约曼哈顿交管局：

到纽约曼哈顿的上班族，是从家里开车到市郊地铁站或火车站，再换乘地铁或火车进入市区，然后在市内乘公共汽车、地铁或出租车去上班、办事。曼哈顿的许多街道，只有持特殊牌照的车辆才能停车上下货和上下客，其他车辆不得停放，否则即遭罚款。

中国小汽车转租站：

“上班族”从家里租了转租站的车子开到上班地点或办事地点，车子无须停放，让承租的人将其开走。不停放，也就不会静止地占据路面，所以就没有必要出台禁止停放的法规。

近年来，尽管我国投入大量资金用于城市交通设施建设，但“人—车—路”的矛盾并没有得到缓解，与国外城市相比，反映道路拥有水平的人均长度和面积指标仍然偏低。北美、西欧与日本的特大城市人均用地为836.5平方米，我国特大城市实际人均用地为61.55平方米，相差12.6倍；道路面积与用地率发达国家为17.05%，我国为6.95%，相差1.5倍；人均道路用地面积发达国家为21.4平方米/人，我国为4.22平方米/人，相差4.1倍；城市道路网密度发达国家为16.21公里/平方公里，我国为4.85公里/平方公里，相差2.3倍。

同发达国家相比，我国的停车问题也很严重。2004年，“广州市交通运输管理局组织各区、县级市交管总站在全市范围内开展了停车场普查工作。普查结果显示：广州共有经营性汽车停车场2 420家，泊位216 298个（按每泊位33m^2计，折合标准泊位约28万个），面积9 119 593m^2。咪表（“咪表”的称呼源于香港，即电子计时表，可分为电子泊车咪表和凭票泊车咪表。所谓“咪表”泊车管理，就是采取国际通行的“咪表”计时刷卡收费的方式，提示车主在占用道路停放车辆时，应有时间观念和缴费意识，以减少机动车对道路的占用时间和空间……）经营单位2家，泊位1 566个。

全市停车场平均停放饱和度为37%，其中中心五区（越秀、东山、荔湾、海珠、天河）的室内停车场平均饱和度为

44%。室内停车场平均饱和度最高和最低的区是越秀区和番禺区，分别为48%和20%。驾驶员问卷调查（含网上问卷调查）显示：53%的驾驶员认为“停车难”问题比较严重或严重。造成这一问题的原因，有37%的驾驶员认为是停车位不足，33%认为是乱停乱放，22%认为是车辆太多。

相对地说，我国路少，停车场更少，能不能加大投资赶超人家呢？不能。解决问题的根本出路是采取建立转租站这样的措施，以较少的停车场承载较多的车。这是因为，在人均拥有土地资源方面，我国是世界上最为贫乏的国家之一。我国人均耕地面积约为联合国规定的人均耕地的最低标准的1/3，耕地资源短缺问题日益突出。我国国土面积尽管同美国相近，但人口多集中在仅占国土面积1/3的东南部沿海地带，并且这些地区是中国耕地的主要分布区域。2003年有研究称：如果中国在未来的汽车保有量达到日本的水平（每两人拥有一辆汽车），那么中国的汽车保有量将达到6.4亿辆（目前只有2 300万辆）。再假定中国像欧洲和日本一样，每辆汽车平均占用200m^{2}的土地，那么6.4亿辆的汽车保有量意味着要占用1 280亿m^{2}的土地，其中多数土地属于耕地。这个数字约占中国可耕地面积的10%，占中国水稻种植面积的一半还多。

中国作为一个人口大国，绝对不能容许将养命活口的大量土地用于修建道路和停车场。否则，美国地球政策研究所所长莱斯特·布朗博士1994年提出的“谁来养活中国”问题就不再会是预测，而会是现实。所以，转租站使汽车停车位趋向于零，尤其适合我国国情。

城市土地，尤其是大都市的土地是名副其实的寸土寸金。北京市中心某些地段的拆迁土地补偿金是每平方米好几万元，对这天文数字的地价，在一般情况下，建立普通的租车站是不可思议的。而转租站之所以具备建立的可行性，正是因为其具有占地甚微的特点。

(二)中国小汽车转租用工最少

瑞士“小汽车共享”组织：

每个用户按月结清使用费，使用费基于时间和驾驶的车公里数，费用根据车型和一天中的时间不同而变化。收取的费用包括少量的服务费，账单会寄给用户。

瑞士“小汽车共享”出行组织690名现有用户的调查表明，他们对服务的准时性和效率、服务人员的友好和乐于助人以及良好的车辆保养和安全性能等均十分满意。邮寄账单须管理人员同邮政局打交道；记账、算账虽然可用快捷的电脑，但是电脑总得管理人员去操作。这就是说，瑞士“小汽车共享”组织的用工不会很少。

中国小汽车转租站：

同瑞士共享组织恰恰相反，用工极其有限，形象地说是“无人驾驶飞机”。由于转租站的车子归还时限为十天，所以一旦租出，十天之内便不用其管理人员操劳：转租、承租，计算租金、查看油耗等一系列工作都是体外循环，在租车者之间进行。租车者既是租车人又是出租人，既接受服务又服务于人，转租站的管理人员假若参与其中，就变得像伫立在一对窃窃私语的恋人旁边的行人那么讨厌了。

中国小汽车转租站这架“无人驾驶飞机”，究竟能“无人”到什么程度？毫不夸张地说，能够以百分之一的用工完成百分之百的工作！下面分析一下：假定转租站管理人员每天租出十辆车（即使管理人员是笨手笨脚的低能儿，将近一个小时办完一辆车的租赁手续也是轻而易举的），每辆车每天“体外循环”（在租车者之间转租）十次，按“归还时间为十天”计，那么一个管理人员一天租出的车子在租车者之间转租的次数便是：$10\times10\times10=1\,000$（次）。

这1 000次转租车子的成果，仅仅是转租站管理人员10次租出车子的劳动作出的。转租车子的劳动与租出车子相似，所以说转租站以百分之一的用工完成百分之百的工作。

转租站开“无人驾驶飞机”，以百分之一的用工完成百分之百的工作，会不会损害租车者的利益？不会。租车者也从中获益，大家是双赢。你要用车，招手即来，向需要转租车子的租车者承租，完全用不着专程到转租站去（在瑞士共享组织则是到其存车点去）；车子用完了，也用不着到转租站去归还（在瑞士共享组织则是到存车点去归还），转租给要用车的租车者则可。随手租车，随手还车，要少走多少路？要节省多少时间？

英国著名历史学家诺斯古德·帕金森通过长期调查研究，写了本名叫《帕金森定律》的书。他在书中阐述了机构人员膨胀的原因及其后果。他指出，一个不称职的官员，可能有三条出路：

第一是申请退职，把位子让给能干的人；

第二是让一个能干的人来协助自己工作；

第三是任用两个水平比自己更低的人当助手。

对于不称职的官员，第一条路是万万走不得的，因为那样会丧失许多权利；第二条路也行不通，因为那个能干的人将来会成为自己的对手；只有第三条路最适宜。两个平庸的助手分担他的工作，不会对他的权力构成威胁，他则可高高在上发号施令，即使所发的命令全无道理也不会使自己的宝座发生丝毫动摇。两个助手既然无能，也就上行下效，再为自己找两个更无能的助手。如此类推，就形成了一个机构臃肿、人浮于事、相互扯皮、效率低下的领导管理组织体系。

"帕金森定律"揭示了机构臃肿、人浮于事的症结所在。未来的小汽车转租站能否以较少的用工办较多的事，使"无人驾驶飞机"正常行驶下去，光有"转租"奇招不行，还得解决怎么用人的问题。如果所用的是庸人，而其又走诺斯古德·帕金森所说的"第三条路"，那么好经就被歪嘴和尚念歪了。

（三）到中国小汽车转租租车和还车的路程最近

瑞士"小汽车共享"组织：

用户24小时可拨打热线预订一辆小汽车。共享组织成员用车前，需电话预订用车时刻、用车大致的持续时间、用户希望上车的地点，然后用户使用车辆。车辆停放于城市多处乘用公交方便的停车场或邻近居住区的停车场。旅程结束后，需输入旅程距离和旅程出发时刻、结束时刻，并归还车辆。2/3的用户能够在10分钟之内到达取车地点。

步行10分钟有多远？英国赫特福德大学的理查德·怀斯曼教授与英国国际文化交流机构合作，曾对世界32个城市居民的步行速度进行了调查。研究人员选择了被调查城市步行者较多、道路平坦且宽阔的地段，测量了当地居民步行18米距离的速度。调查结果表明，新加坡人以10秒55名列榜首，……第十名奥地利维也纳人用了12秒06。

按维也纳人的速度，10分钟步行的路程也有将近900米。可见要想租到瑞士"小汽车共享"组织的小汽车，步行的路程并不近。

中国小汽车转租站：

想租用它的车，无需预定，也不要到"停车场"去取。车子随时随地可得（向转租者承租），这就等于转租站为每个租车者都配备了一个形影相随的租车站。车子用完之后，也无需到原地交还，更不用交还原来的出租者——可以转租给别人，既节省时间又不走冤枉路，这就如同转租站又为每个租车者都准备了一个紧随其后的停车位（收车点）。

(四)中国小汽车转租车辆被窃可能最小

瑞士“小汽车共享”组织：

订车者一般能在附近拿到车。每辆车都有一套安全锁，只有用特制的钥匙和智能卡才可打开。

开“无人商店”，将小汽车长期锁在另一个住宅小区或者另一条街道，一次两次行，次数多了，小偷掌握了规律，不将它开走才怪呢。

中国小汽车转租站：

它没有车辆被窃的担心。首先，车子的型号规格特殊，不是卖品，谁据为己有，谁就是贼，这是人所共知的常识；其次，租车、还车，交接有据，环环相扣。租车证上的租车卡的张数是一定的，你租了一辆车，则要给人家一张租车卡。你的车子交还转租站或者转租给其他租车者，则要收取别人的租车卡。少了一张租车卡，便说明你丢了一辆车。所以，谁租了车，谁就是在这车子的忠诚卫士。

此外，由于转租站车子的零部件与其他车子没有互换性，所以，品行不端者对其崭新的、性能高超的零部件，只能垂涎三尺而无法据为己有。

(五)中国小汽车转租租金最低

瑞士“小汽车共享”组织：

“小汽车共享”的出行服务在尽最大努力使取车尽可能方便，最大限度地满足需求，理想的‘小汽车共享’服务应该在任何时候、任何地点都能够向每个用户提供任何类型的车辆服务，而且价格低廉。

中国小汽车转租站：

低廉的租金价格，也许只是瑞士‘小汽车共享’组织租金价格的零头。因为如前面所说，转租站近乎无本取利。

让租户将用完了的车子可以不交还转租站，而转租给别的租车者，即可省去转租站租车和收车的劳动。这就是说，转租站招用的工作人员将是非常有限的。用工少，工资和住房、医疗等福利的开支就少。

租户将用完了的车子可以不交还转租站存放，而转租给别的租车者继续使用，这样就可以节省大块的停车场地。停车场地少，该缴的地租也少。

转租站可使车子的使用率大幅提高，这样投入出租的车子就相应减少。投入出租的车子减少，流动资金占用率就减少，负担的利息也就相应减少。

转租站的车子特殊的型号规格，成了零部件不被盗换和整车不被盗窃的保险箱，更使重大意外损失趋向于零。

（六）中国小汽车转租随时供车的满意度最高

“随时供车”即下面引文中的“瞬时用车”。

瑞士“小汽车共享”组织：

随时用车的要求难以得到满足。

中国小汽车转租站：

随时供车的能力游刃有余。

前面已经分析，到转租站租车和还车的路程最短（即可以随时随地从别人手里承租，也可以随时随地转租给别人），而且租金特别低廉，因此租用其车的必将铺天盖地，用完车子的即希望转租车子的也必然遮天蔽日。

（七）中国小汽车转租控制小汽车增幅的方法最巧

香港特别行政区区政府：

如何治理城市拥堵和污染是世界各国政府和人民都极度重视的问题。因为不管你的身份多么高贵，也得走别人在走的路；不管你的府第是多么富丽堂皇，呼吸的也是与别人相同的空气。北京市政府表示：“北京市在2004年6月已选派5名高级公务员到香港实习交流，市交通管理部门正积极与香港有关部门协商，争取聘请香港交通专家作为北京市的交通顾问……”从上文可以看出，香港的小汽车管理模式是值得推崇的。现在，来看看香港的管理模式。题为《中国大城市交通运输即将面临的困境及出路》一文说：“香港的规制特点一是用很高的新车牌照税将家庭汽车拥有量控制在12%左右；二是以市中心区少建停车场点和高停车收费的方式，迫使私车车主以公共交通车辆代步上下班。”

中国小汽车转租站：

转租站为社会控制小汽车增量有一双看不见的手，这双手使已经购置了小汽车的人后悔，恨不能到店家退货；使准备购买小汽车的人彻底打消了购买的念头。这双手究竟有什么神功？嗨，还真是神功！它使人们租用转租站的小汽车比使用私家小汽车还要方便、还要合算！

其实，我们只要细细想想，就会有与转租站相见恨晚的感慨。为什么？中国大陆的小汽车已经以多为患了。

中国台湾地区台北车用电子商机推动办公室（TCPO）针对中国内地车辆发展市场的调查报告指出：“根据中国内地统计，2007年上半年（统计到6月底），中国内地的机动车（含汽车、机车）保有量达1.5亿辆，跟2006年年底保有量相比较，增加5.22%，与去年同期相比增长0.42%；其中汽车保有量逾5 300万辆，摩托车（机车）保有量逾8 350万辆。据2008年3月20日财经资讯，广东2008年前2月汽车进口量同比增长99.5%。车辆增多，以及还有巨大的潜在汽车数量的增加，城市交通难问题会更加突出，由此而引发的城市空气环境及交通事故也亟待解决。”为了迎接奥运，更是为了使人们少购车，北京市政府年初出台了公交车使用公交卡坐车 4 折优惠，学生卡还 2 折优惠，同时也实行了地铁轻轨的 2 元通票。但是，“如今城市购车热仍然在不停释放，越来越多人还有购车计划，也尽管所谓的燃油税，甚至据说尾气排放税也要实施，但是谁也丝毫没减轻那轿车梦。”这“轿车梦”的注脚便是现时的每天新增轿车一千多辆，一年新增四十多万辆。

我们之所以没有出台限制购买小汽车的法律，大概与“扩大内需”有关。“扩大内需”应有个先决条件，这就是提高国民的精神素质，提高国民的物质生活水平。显而易见，不在这个先决条件面前“扩大内需”是不应该的！因为小汽车内需扩大的结果是拥堵，车速越来越慢，有时候赶不上自行车甚至步行，而拥堵的副产品则是“城市急躁病”的蔓延和空气污染指数的上升，如此等等，不一而足。

新加坡交管局：

新加坡政府的廉政和勤政举世公认，在管理小汽车方面奇招迭出。现在，不妨再看看他们是怎么限制小汽车的增幅的。“新加坡人买汽车，最重要的是要为汽车购买一张准许上路的‘拥车证’（丹麦、挪威等国家也向其学习，采取类似办法）。拥车证的数量由政府严格控制，确保每年新增汽车数量不超过 3 %。政府每月举行两次拥车证的公开竞拍，价格会随着供求关系而波动，目前购买一张私家车的拥车证需要 1 万多新元（1 美元约合1.5新元）。”

中国小汽车转租站：

刚才已经说过，租用转租站的小汽车比使用归自己所有的小汽车还要方便、还要合算，所以它一旦成立，“拥车证”即使降到一美元一张也不会有人问津。

对北京车多为患的后果，不少人忧心忡忡，记者杨再舜在文章《汽车社会将使北京变成一座废都——有感于中国中心大城市已成为汽车时代的垃圾场》中甚至断言将因此“迁都”：“八十年代初至今的二十多年期间，笔者因工作关系，几乎每年都要来去匆匆北京几趟，可以说亲眼目睹了二十多年期间北京这座全世界道路最宽阔最通畅的国际性大都市，是如何一年一年地快速变成一座车满为患、寸步难行的堵城。”

控制小汽车增幅，应该提到各国各个地区的重要议事日程上来。汽车的数量适中，是快捷、有效的运输与代步工具；但是，其数量超过一定的限度，就会走向反面。道路拥挤、阻塞，造成的损失不仅仅是交通运输本身，也是人们心理上的和精神上的。遇到蠕动的车龙，红灯灭了又红，让人多不耐烦！有人说，漫长的等待时间是世界各大城市市民日常失望情绪滋生的土壤，这是再恰当不过的了。为了解决道路拥挤、阻塞问题，就得将路加长加宽，使柏油面积增多，泥土和绿地的面积相应的减少，引发城市“柏油综合征”。心理学家认为，“人类天生就要接触自然，而汽车主宰下的城市文明剥夺了人类接触自然界的机会，这种剥夺会引发对人们心理的伤害，降低人类生活的幸福感”[①]。

“整个汽车交通的基础设施——汽车、城市蔓延、高速公路和汽油——所产生的效应是极其恐怖的，它主宰了地球上的生命，它是资源耗竭、生境破坏、气候变化和物种灭绝的罪魁祸

① 转引自：何玉宏：《社会学视野下的城市交通问题》，南京出版社2006年版，第182页。

首。”①

国务院发展研究中心副主任陈清泰2014年指出：“我国离‘汽车社会’还有相当大的距离。但是，在‘汽车社会’的脚步声越来越近的时候，实际上我们并未做好准备，甚至连这方面的意识都很欠缺，以致这一现实逐步到来之时，我们还茫然不知所措。对未来10年、20年汽车大量进入社会所面临的形势，我们从现在开始就应该有所觉醒和准备。在走向汽车社会的进程中，我们应借鉴其他国家的成熟经验，对于能源、环境、交通等方面的挑战，尽早制定科学的应对策略，变被动为主动。”

(八)中国小汽车转租节省燃油的潜力最大

瑞士“小汽车共享”组织：

《国外小汽车共用的发展状况》一文说：“……节省燃油的潜力可达57%。没有小汽车的家庭成为‘小汽车共享’的用户后，由于使用经济性能良好的共享小汽车，其燃油消费仅增加1%。放弃拥有小汽车，转而成为‘小汽车共享’组织的用户，将会节省55%的燃油。‘小汽车共享’的用户年均消费的燃油为9 800MJ，不到自备小汽车用户的50%（为22 100MJ）。节省燃油的潜力取决于两个因素：用户的数量，放弃拥有小汽车成为‘小汽车共享’组织用户的人数比例。”

中国小汽车转租站：

它节省燃油的潜力非常之大，远为瑞士所不能企及。为了最直观地说明问题，我们不妨举个例子。你早晨租用转租站的小汽车从海淀到了天安门，车子则可转租给任何一个持有租车证的人。同家里人用私家车专送相比，燃油只用50%；晚上从天安门回家，则可从任何一个用完转租站车子的人手里承租车

① [美]理查德·瑞吉斯特著，王如松，于占杰译：《生态城市——重建与自然平衡的城市》，社会科学文献出版社2010年版，第167版。

子使用。同家里人用私家车来迎接相比，也只用燃油的50%。如果从海淀到天安门和从天安门回海淀时都拼车（乘顺风车），拼车的是一个人，那么消耗的燃油则是专送和专接的50%×1/2=25%；拼车的如果是两个人，消耗的燃油则是“专送”和“专接”的50%×1/3=16.7%！

从1993年开始，我国就进入了石油净进口国的行列，而且进口量与日俱增。1996年中国成为继美国和日本之后的世界第三大石油消费国。2000年，我国机动车消耗的石油为6 560万吨，约占全国石油消费量的1/3。到2003年则成为世界第二大石油进口国，当年进口石油9 000万吨，并且，石油进口快速增加的趋势仍将持续下去。

2004年1月中国的石油进口量达1 030万吨，估算全年的石油总需求量将超过3亿吨，而国内供给仅为1.8亿吨，有1.2亿吨的缺口需要进口来弥补。综观国际能源组织和国内十几个中期战略规划的预测结果：中国原油产量到2020年至多能达2.0亿吨的规模。这样，保守的估计2010和2020年中国原油则进口量将分别超过1.5亿吨和2.0亿吨。

在上海交通大学112周年校庆前夕，江泽民发表了题为《对中国能源问题的思考》，文章详细阐明了能源问题的重要性，指出能源是我国经济社会发展的重要制约因素，事关经济安全和国家安全。文章重点论述了中国能源发展的战略思路，提出走中国特色新型能源发展道路主要涵义是：坚持节约高效、多元发展、清洁环保、科技先行、国际合作，努力建设一个利用效率高、技术水平先进、污染排放低、生态环境影响小、供给稳定安全的能源生产流通消费体系。

（九）中国小汽车转租使用环保车的可行性最大

全美站车协会（National Station Car Association）：

全美站车协会成立于1993年，其目的是指导电动站车的开发、试验和商业化运作。全美站车协会制定了三个阶段的行动策略，前两个阶段是指在1991—1998年的第一阶段，规划了迈阿密、亚特兰大、芝加哥、萨克拉门托、旧金山、洛杉矶和南加州、费城、纽约和新泽西等都市区的站车系统。在其中五个都市区成功地演示了站车服务。在1998—2001年的第二阶段，准备向乡村附近的城市地区推进，并可望获得联邦政府的资助。1999年首次配备了由福特汽车公司提供的电动汽车，北美一个大型客运服务供应商Hertz公司对站车也表现出浓厚的兴趣，准备对该客运方式的商业可行性进行测试。

中国小汽车转租站：

全美站车协会的车辆之所以选用电动车，是因为这种车子“环保”。但是，它对用户来说还有不尽如人意的地方，因此私人购买的微乎其微。中国小汽车转租站向租车者奉献的惊人的方便和租金优惠，可以使得“不尽如人意的地方”相形见绌，显得非常渺小。所以说转租站投入电动车用于租赁的可能性，比全美站车协会不知要大多少倍。

为了引起有关方面的关注，不妨将电动车的环保效率展开来说说。（1）没有发电机，耗的是电而不是油，所以没有燃烧油料的废气排出。而烧油的油车，无论燃油或替代燃油的燃料如何清洁，还是会有污染物排放。排放不是有无的问题，而是大小的问题。（2）电动车不需要燃油，也就不需要燃油系统。这个系统庞大而复杂，包括油井系统、抽取系统、油管系统、油泵系统、炼油系统、油轮油车等运输系统、地下油库系统和加油站系统，每一系统都有燃油泄漏和蒸发问题，所以对环境都有污染。不仅如此，这些系统还占去了城市和乡村的大片土地。（3）电动车没有发电机，所以没有发电机的噪声。

电动车既然有上述三大好处，为什么普及不开来？关键是充电问题。这就是上面提到的“不尽如人意的地方”。电没有了，“抛锚”也就开始了。无论是谁，都不可能用几公里、甚至几十公里电线将家里的电源引到“抛锚”之地；而且，充电也不可能像加油那样瞬间完事。

转租站的规模优势给人们带来巨大便利。前面说过，转租站一旦建立，由于使用她的车子比自家的车子还要方便、还要便宜，必然引发人们的租车旋风，大街小巷、市区郊区，政府机关、百姓大院，它的影子将无处不在、无时不存，这就使转租站普遍建立加“电”站成了可能（已有先例：北京国佳动力公司已经在无锡推出电动车加电站网络智能管理系统）。为了使用户节省充电的时间，加“电”站应有交换电池服务：事先将库存的电池充足了电，谁的车缺电了，就可以交换电池让其继续赶路。其实，加“电”站也可以叫做“电池交换站”。

不管环保车如何环保，都得用电。提供电力的发电厂不可能不产生污染。但是，这个问题贬低不了转租站可使小汽车环保化的重大意义。首先，这种污染远离城市，而我们的课题就是解决城市的污染问题。其次，环保车对电厂污染承担的责任很小。发电厂的几个大烟囱，却可以代替几十万辆、甚至几百万辆燃油车的小烟囱（排气管）。这就像集中供暖那样，减少污染物排放的道理是不言而喻的。

将冒烟的燃油车让位于没有排气管的“燃电”车，对大气污染来说是真正意义上的釜底抽薪。奥运期间，为了减低空气污染指数，不准大排量的机动车进城，实行“单双号”，外国运动员、教练员高兴，呛够了废气的市民更高兴，是皆大欢喜。可是，奥运结束了怎么办？复旦大学国际问题研究院常务副院长沈丁立教授在接受《环球时报》记者采访时表示：“我们不只是为了奥运而去改善空气质量，而且是为了提高整个中国民众的生活质量去做。”这代表了十三亿中国人共同的声音。

《中美联合声明（2009年11月17日，北京）》说：“双方欢迎《中国科技部、国家能源局与美国能源部关于中美清洁能源联合研究中心合作议定书》的签署。中美清洁能源联合研究中心将为两国科学家和工程技术人员从事清洁能源联合研发提供便利，并为两国研究人员提供交流平台。双方同意在未来五年对中美清洁能源联合研究中心投入至少1.5亿美元，两国各出资一半。中心在两国各设一总部。优先研究课题将包括建筑能效、清洁煤（包括碳捕集与封存）及清洁汽车。双方欢迎启动中美电动汽车倡议，使两国在未来数年有几百万辆电动汽车投入使用。基于中美两国在电动汽车领域的巨大投资，两国政府宣布在十几个城市开展联合示范项目，并努力开发共同的技术标准以推动此产业规模快速增长。双方一致认为两国对清洁汽车的快速利用拥有很大的共同利益。”

商品的质量再好，环保性能再高，没有买家什么都等于零。对中美两国研发的几百万辆电动车，靠无车的人去买，或靠有车人去换，推广的难度很大。因为这种车刚刚面世，其成本不可能不高于生产历史已达上百年的燃油车。谁愿意买贵的而丢弃便宜的？而转租站则是另一回事。反正它要生产特殊型号的汽车，高成本是避免不了的。中美两国即将研发的电动车，正好可作转租站的出租车。

（十）中国小汽车转租租户最多

瑞士“小汽车共享”组织：

《中国环境报》2004年报道：“推动‘小汽车共享’的动机有两方面。首先，对小汽车仅仅有定期使用要求的用户，既想使用小汽车进行出行，又希望通过与他人共享一辆小汽车以大大减少使用小汽车的固定费用。它包括汽车折旧费、保险费、修理费和其他使用小汽车有关的时间费用。其次，满足了在日常出行的方式选择中追求真实费用的要求。因为一旦个人购买了小汽车，支付了一大笔固定费用之后剩余的可变费用往往低于其他方式（如公共交通）的费用，这会诱发个人在出行时更多地使用小汽车。而‘小汽车共享’则把所有的费用都分摊到每次具体的小汽车出行上，由此，每次使用共享小汽车的边际费用很接近平均费用。这消除了公共交通和私人使用小汽车之间的费用错觉。对‘小汽车共享’成员的调查表明，使用共享小汽车最重要的动机是：避免拥挤，费用的透明性和经济上的得益。”

中国小汽车转租站：

“避免拥挤”，各种管理模式中的小汽车都有这个特点，没有比较的必要。

“费用的透明性”，中国转租站是强项。租用多少时间，租车卡上有明明白白的记录；油耗多少，油费表上有数字，半点也不含糊。

使租车者“经济上的得益”，中国转租站独占鳌头当之无愧。转租站囊括天时、地利、人和各种优势：它的车子租起来方便（可以随时随地从别人手里承租。不用打车去租车，也是“经济上的得益”），用起来方便（车坏了，流动服务车可以随时随地为你修理或者为你调换好车；出现事故，由于有租金中的保险金支撑，赔偿也与你无关），还起来更方便（可以随时随地转租给别人）。一句话，租用转租站的小汽车比使用属于自己的车子还要强。转租站车子的租金呢？却是难以想象的低廉，大大低于属于私家车的使用成本（这从上文《中国小汽车转租站租金最低》中可以看出来）。不仅如此，转租站还有提倡和鼓励“拼车”的措施，使租车者以近似公交车的价位享受小汽车的待遇。

转租站的租户越多，拥有私家小汽车的人则越少。对转租站可使小汽车减少的重要意义，还是让社会学家们对当前小汽车过多的猛烈抨击来说明吧。郑也夫等在《轿车文明批判》中说：“轿车洪流的涌入没有加快交通速度，却污染、堵塞、毒化着城市。它的巨大的停车场侵吞了街心公园，它的无休止的道路扩建蚕食了城市的剧院、艺术馆、绿茵场，它打破了城市甚至郊区的宁静……如果汽车文明注定将成为夕阳文明，我们为什么要随它走入死亡的港湾。如果汽车所代表的功利哲学和黑色文明注定将融进绿色思潮中，我们为什么不及早为它谋划。”经济学家汪丁丁发出了同样的声讨，“关于私家车泛滥的种种弊端，以我个人观察，简直是‘罄竹难书’。环境污染、交通混乱、马路杀手，债务危机，停车场战争……”

何玉宏等先生认为，如何在中国国情下，建立一种资源约束型的、适度汽车消费的、可持续发展的经济发展模式和生活方式，即所谓的绿色文明或绿色生活方式，仍然是亟须我们解决的重大问题。

针对1997年4月召开的“解决大城市交通拥堵问题讨论会”上的“对小汽车限制使用，不限制拥有”主张，香港学者王缉宪严肃地指出：“小汽车进入家庭的实质是小汽车进入道路网。世界上许多大城市的实践证明，只要有了路，就会唤来更多的车，而更多的车还会呼唤更多的路，这个循环不会无穷尽地进行下去，因为路的终极是土地的极限，况且，中国作为一个人口大国，也极其不可能将养命活口的土地，大量的用来修建道路或停车场。显然，‘轿车进入家庭’不仅没有足够的道路，也没有足够的石油，更不用说由此而来的交通污染了。因此完全可以说，尽管‘轿车进入家庭’或以小汽车作为大城市出行的主要方式，是一种美丽而充满诱惑力的愿望，但实际却超越了中国的国情。”[①]

（十一）中国小汽车转租交通监控设施现代化程度最佳

英国交通管理局：

英国交通监控设施高度现代化，各个城市以及城市与城市之间的公路都设有固定或可变的交通标志、指示和信号灯，道路语言系统比较完善。任何路口都设有无论夜晚还是白天都清晰可辨的指路牌，指向相连的道路和街区。车流容易汇聚和交叉的地方，都有禁行或让路的标志，必须严格恪守，否则，出现交通事故必须自己承担责任。

停车方面，居民区道路和一些普通干道，都画有或禁止、或临时停车、或可以停车的红线、黄线和白线。路旁还有准许停车的时间的标牌，并配备计时收费表。允许停车的道路两旁，车辆整齐有序，与行车方向相同，停车或启动出车都不会影响交通，不会发生车辆卡死现象。停车楼的建立为停车节省了土地。

完善道路交通流量监控管理是确保道路最大限度地得到使用的重要保障。近些年，英国交通部门多次改善交通管制系统，安装复合型智能交通系统设备和道路监控设施，对疏导和管理交通发挥了至关重要的作用。英国根据自己国家的道路特点、交通流动规律以及车辆特性，短周期、多阶段地配置信号配时，使公路上的车辆总在不间歇的运动之中，并能快速通过路口。英国基本每个城市都有一套十分复杂的道路监控中心。以英国南安普顿市为例，该市在高速公路和主要干线上，埋设

① 何玉宏：《挑战、冲突与代价：中国走向汽车社会的忧思》，《中国软科学》2005年第12期，第71页。

了地下检测器或安装了微波检测器，实时检测道路中的车行速度，如车行速度低于每小时30公里，交通控制中心的电子地图上就会有黄色指示灯闪烁，如果出现停车情况，就会有红色指示灯闪烁。同时，在交通工程系统协调方面，英国市政当局根据道路承载能力和汽车流量情况，设计出符合当地特殊情况的控制方案，并在实施过程中不断调整交通流量和信号灯变换频率，使信号控制系统总是能与路面情况相近。

美国加州圣迭戈市交通管理局：

该局对交通实行管制和收费并用。圣迭戈市“在普通公路旁修建了快速通道供公共汽车使用，但也允许小汽车付费进入。动态道路收费系统利用微波雷达时刻监视路面交通量并相应调整收费，收费根据交通状况每6分钟就改变一次，大约在50美分到8美元之间。司机们可以选择忍受较为拥挤的道路，或是花钱买时间”。

中国小汽车转租站：

《孙子兵法》云，“上兵伐谋，其次伐交，其次伐兵，其下攻城。”意思是最高层次的谋略是挫败敌人的意图，其次是瓦解敌人的联盟，再次是选择与敌人正面决战，最不聪明的办法是攻击敌人的城池。说转租站是治理拥堵的“上兵伐谋”，当之无愧。

转租站通过转租等行之有效的手段使行驶的车子骤然减少四分之三，马路上空空荡荡的，拥堵便无从谈起。达到这样的目的，未用现代化交通监控设施，胜用现代化交通监控设施；没有微波雷达时刻监视路面交通量，胜有微波雷达时刻监视路面交通量。这就相当于一个熟谙养生之道的人，没有教授级医生为其保健也活了一百八九十岁，不相当于有教授级医生为其保健吗？

英国和美国虽然不惜高昂的代价建立了现代化的交通管理系统，但是拥堵问题并未烟消云散，仅仅是“好一些”，或者是“好得多”，我们从已经完成的全面分析可以断定，他们离中国小汽车转租站还有好多年的路程。

四、小汽车转租解决拥堵更优于“单双号”限行

“单双号”，是指号牌最后一位数字是单的和双的（“0”算双的）机动车隔天轮流行驶。下面，就开始比较小汽车转租站和“单双号”究竟谁优谁劣。这一部分可以说是对本书某些方面的总结，为了使读者免除翻找之苦，前面已经说过的一些问题不妨重申一下。

（一）转租可有效减少路面行车

单号和双号车隔天轮流行驶，表面上看路上行驶的车子可以减少一半，其实不然。

图2-4　北京西直门北大街上下班高峰期车辆拥堵

不妨先看看《羊城晚报》题为《北京开始限行　二环路比以前更加拥堵》的报道，文章说：“今天是北京实行机动车单双

号限行后的首个工作日。从北京的地铁、路面情况看，交通状况不容乐观。特别是车道相对少的二环路，有些地段拥堵情况甚至比限行前还严重。

“车尾号为5117的张先生，上班路线是从广安门上西二环，走到北二环安定门下。今天这段路他花了25分钟才走了一半，‘堵，堵得一塌糊涂，感觉和以前没变化，甚至还要严重点’。其实在周末限行时，路上的车就没有明显减少，很多人认为二环路由于路窄车道少，在划出奥运专用道后，虽然分单双号限行，但通行情况不容乐观。

“今早的拥堵，很多驾车人也感到莫名其妙。‘好多私家车因为堵得厉害，都乱闯奥运车道，其实车道数几乎等于没减少，但路面还是堵。’”

以上引文说明一个问题：“单双号”的功绩并不是想象的那么好，不可能使路上行驶的车子真正减少二分之一。现在分析其成因。因为人们事先就知道自己的车子哪天能用、哪天不能用，所以将不能用车的出行全部移到能用车的这天来了。也就是说，虽然汽车行驶的天数减少了一半，但是，行驶的里程并没有减少一半，只是将分散在两天里的行驶里程集中在一天里而已。比如我准备后天去外埠看望父母，但是由于后天单号禁行，我的车正是单号，不能用，怎么办呢？改期，明天去或者后天去；不去是不可能的。当然，上班用车是另一种情况。但是，从行驶的里程上说，这种情况所占的比例是不大的（一般地说，上班用车行驶的里程比其他用车短）。

（二）转租使路上的车子减少得多，“单双号”减少得少

“单双号”不可能使路上的机动车足额减少二分之一，刚才已做详细分析，这里不再累赘。转租站能使路上的小汽车减掉多少呢？四分之三！

怎样使路上的小汽车减掉四分之三呢？先说减少一半的问题。由于转租站的小汽车可以在租车者之间自由转租和承租，触目惊心的无效行驶就趋向于零了。比如你清晨租车从城南家里到了工作单位城北，车子则可转租给任何一个有租车资格的人；晚上从城北下班回家，则可从任何一个用完车的人手里承租。假设你去城北上班时是家里人用汽车专送的（或用出租车），返回时又是家里人用汽车迎接的（或用出租车），同租用转租站车子相比，家里人（或出租车司机）开车第一趟从城北回城南是无效行驶，第二趟从城南到城北也是无效行驶。显而易见，本例中完成同样的客运量，转租站车子的效率是私家车和出租车的双倍，即转租站可使路上的小汽车减少一半。

刚才将出租车（不是转租站的车子）与私家车相提并论了，在利用率方面是不是贬低了前者？没有。使一般人想象不到的是，目前的出租车无效行驶也非常严重。北京市第三次交通综合调查结果显示，北京出租车在路上行驶的利用率（载客率）仅为53.8%。既然出租车将近一半的里程是空驶，载客便相当于“专送”了。

下面再说说转租站可使路上的小汽车再减少四分之一（总共减少“四分之三”）的问题。转租站作为千千万万辆车子的所有人，可以轻而易举地移植新加坡的“顺风车”，或者说发扬北京奥运会单双号期间“拼车”的传统（两个有私家车的上班族约好，轮流共用一辆车：今天用我的，明天用你的)，提倡或硬性规定租车者顺带同路的有驾驶证的人（将乘顺风车的资格赋予有驾驶证的人，为的是让能开车的不开车，减少路上的汽车；让本来准备乘大客车的人转乘转租站的小汽车，不但不会使路上行驶的车子减少，还会使路上行驶的车子增加。因为大客车人均占车面积小，小汽车人均占车面积大)。

转租站提倡或硬性规定租车者所租之车顺带同路人，具有很大的可行性。因为，在一般情况下，公权和物权所有人所订立的规则，人们都会以遵守为正常，以不遵守为不正常。比如行车要靠右，谁都认为是应该的，没有被逼迫、被奴役的感受。美国纽约交管局对曼哈顿的做法更有说服力。曼哈顿是美国纽约的市中心，面积只有50多平方公里，常住人口却有153.7万，每天由附近来曼哈顿工作的通勤人口更有300多万人次。为了疏导早晨高峰期间大批涌入曼哈顿的车辆，交管局将连接曼哈顿和周围几个区的桥梁和隧道的上下行车道都改为进岛通道。为鼓励市民搭车出行，减少车流量，规定使用这些通道的车辆必须有两名或两名以上乘员，高峰时段禁止单人驾驶的车辆使用进岛的某些桥梁和隧道。让人乘“顺风车”，找车乘“顺风车”，在转租站的鼓励、提倡和督促下，一定会蔚然成风。

现在，言归正传，回到转租站可使路上的小汽车再减少四分之一（总共减少“四分之三”）的问题上来。为了节省笔墨，不妨沿用前面的例子。在例子中，我们先假定家里人开车送你到城北上班，晚上又从城南家里开车到城北接你回家。后来又假定你自驾转租站车子去城北上班，下班时从别人手里承租转租站的汽车回家。现在，我们再来个假定：你驾驶转租站的汽车上班和下班时，都有一个本来要租车的租车者乘你的“顺风车”。

在最后的一个假定中，以私家车为参照物，路上行驶的车子可以减掉多少呢？

你开的车是以二顶四。

本来家里人需要开车四个单程（“专送”和“专接”各两个单程），可你驾驶转租站的汽车只开两个单程就可以了。

乘你顺风车的人则是以“0”顶四。

“0”是说其“借鸡生蛋”，用你的车到达了目的地；“四”是指他本来同你第一个假设时一样，也需要家里人开车“专送”和“专接”各两个单程。

两人加起来便是以二顶八（“以二顶四”+“以‘0’顶四”）。

转租站之车开两个单程，顶其他车八个单程。这就是说，转租站一辆车顶其他车四辆用，可使现时路上行驶的汽车减少四分之三。

在刚才的例子中，倘若还有一个准备开车的同路人又要乘你的顺风车，那么转租站使路上减少的车子就是六分之五了（车上的三个人，如果都使用私家车让别人专门接送，则需要行驶六个单程）。

（三）转租站环境成本低，“单双号”环境成本高

1. 排放废气的代价

根据刚才的分析，我们可以明白：完成相同的运量，“单双号”需要双倍的汽车，是二顶一；转租站仅需要一半甚至四分之一、六分之一的汽车，是一顶二、一顶四、一顶六；前者的需要竟是后者的二倍、四倍、六倍！这个问题换句话说就是：(1) 排出相同的废气，假定“单双号”运送一人，转租站则可运送二人、三人，甚至更多的人；(2) 运送一人，转租站仅需排出一个单位的废气，而“单双号”却要排出二个单位、四个单位甚至六个单位以上的废气！

2. 有形损耗的代价

有形损耗是可以见到的或者可以测量出来的物理性损失和消耗。汽车在使用时的有形损耗，主要表现在机器运转过程

中，由于摩擦和物理化学反应使其精度和效率逐步降低。汽车不使用时是否就没有有形损耗呢？否。因为自然力的作用时刻在发生，不会因为你停驶而停止。自然力对汽车的作用，基本上都在锈蚀和自然老化等方面。比如，二十年前生产的轮胎，尽管其工艺和原材料与现在生产的轮胎一模一样，但是销售是困难的，因为其使用寿命肯定不如后者。如果长期实施“单双号”，便等于现在生产一大批准备若干年之后才能启用的汽车。

已经生产出来的汽车被白白损耗掉了，是不是只与经济效益有关，而与环境风马牛不相及？不是！工厂只要出产品就会或多或少地产生污染，这是常识。产量与污染成正比，这也是常识。产品“物尽其用”，不被糟蹋，社会需求就会相对减少，产量就会相对下降。产量下降，污染也就小了。

3.无形损耗的代价

无形损耗是有形损耗的对称，亦称精神损耗或精神磨损，是指由于科学技术进步而引起的物品贬值。科学技术进步有两个方面，一是劳动生产率的提高，使生产同样的汽车所需的社会必要劳动时间减少，引起原有汽车的价值相应降低；二是新技术的发明和应用，出现效率更高的机器设备。使用效率更高的机器设备，劳动生产率就会大幅度地提高，生产单位汽车的个别劳动时间就会降低。因为决定商品价值量的是社会必要劳动时间，这就可以给汽车生产者带来超额利润。当许多汽车生产者都采用新的机器设备生产时，总产量就会增加，汽车就会由卖方市场渐渐转向买方市场，从供不应求变为需要推销，从而市场价格下降，致使原有汽车贬值。

无谓的汽车无形损耗乍看起来与环境毫不相关，其实是息息相关。汽车的原材料主要是钢材，钢材主要的原材料则是煤炭和铁矿石。现在需要5吨煤炭才能生产出来的一辆汽车，十年八年之后，生产同样的一辆汽车的煤耗肯定会少于5吨。今后需要用的并且仅用少于5吨煤炭就能生产出来的汽车，应当安排到今后生产；偏要在现在用大于5吨煤炭的工艺生产，排放的废气岂不增多？

WWF全球总干事詹姆士·李普（James Leape）说："全球正关注的是高估金融资产所导致的后果，但如今整个人类社会要面对的却是生态信贷的短缺，这是由于人类低估环境资产而造成的，而环境资产却是所有生命和繁荣的基础。我们大多数人都在利用或者逐渐透支异地的生态资本，来维持现有的生活方式和经济增长。如果我们对于地球的需求继续以同一速度增加，到21世纪30年代中期，我们将需要两个地球来维持我们目前的生活方式。"

目前，全球3/4以上的人口生活在生态负债国家，这些国家的国民消费量已经超出了其国家的生物承载能力。我们中国虽然离这些国家的行列还很远，但是，应该防患于未然，以建立转租站为保障，不生产过多的汽车，不生产现在并不需要的汽车。

图2-5　世界上的很多岛屿正在消失

（四）转租站使买车热冷却，“单双号”使买车热升温

“单双号”为什么会使买车人增多？小汽车，贫困者无钱，买不起；小富者因其费用高，不愿买；只有大富者才会购入（当然，购买的人并非都是大富者；有特殊需要，即使没钱也得举债购买。不过，这种人不多）。既然单号的日期只允许单号牌的车子上路，双号的日期只允许双号号牌的车子上路，大富者就有可能来个“上有政策、下有对策”，再买一辆车，使号牌单双齐全。这样，就能在单号的日期开单号牌的车，在双号的日期开双号牌的车。因此可以这样说，“单双号”必将使买车热再度升温。

近日，针对单双号是否长期限行，不少读者给《新京报》热线67106666发表意见和建议。该报将反对者的“反对理由”归为五类，其中的第四类“反对理由”是：“担忧单双号效果适得其反。长期单双号限行能否带来预期的效果，16%的意见表达了这种担忧。他们认为，长期单双号限行以后，许多市民将购买第二辆车，路面的车辆很快就会重新多起来，不但达不到原来限行的效果，反而会导致一些新的问题，比如停车位紧张等。”中国人民大学公共管理学院教授毛寿龙也说：“一旦单双号限行措施成为长期性措施，极有可能引发其他社会问题：机动车保有量失控，不少人会选购第二辆车，‘几万元钱就能买辆经济型轿车，北京为数不少的人有这样的经济承受能力’；停车位告急，‘北京土地资源稀缺，大量车长期闲置，人、车极易争道’。”

对“单双号”，有人出了这样一个主意，即“一城两制”：市中心实行，周边地区缓行（北京市已经这样做，仅五环以内“单双号”）。这个主意更没有实际意义。因为相对地说，市中心居民的购买力特别强，在现有一辆车的基础上再买一辆车是

不感到怎么吃力的。一套房子动辄百余万，一辆中低档轿车才十余万，仅仅是房价的十分之一。

其实，“一城两制”（市中心实行，周边地区缓行）对环境来说是最大的失策：汽车废气排放的社会总量不是减少了而是增加了。既然市中心禁止通行，那么需要过境的车子只好绕道了。这就是说，本来仅仅排放30公里废气的车辆，就有可能排放40—50公里。

我国已经不知不觉地到了车多为患的境地。据报道，深圳市汽车保有量现时为100万辆，以每辆车4米长计算，总长度可达4 000公里。该市现有道路2 174公里，如果本市的所有车辆同时上路，即使将外地车辆全部拒之门外，首尾相接也可以绕所有道路两圈。北京汽车过剩的情况比深圳好不了多少。《北京市2007年国民经济和社会发展统计公报》显示，截至2007年年底，“城八区道路通车总里程4 460公里”，“全市民用汽车保有量达到277.8万辆，比上年末增长13.8%；其中轿车180.7万辆”。用深圳的方法计算，北京市的民用汽车如果一起上阵，也可绕城区道路将近1.6圈（4米×180.7万÷4 460公里）。

过剩的车子即使不上路，也会对我们的生存环境造成威胁。这就是中国人民大学公共管理学院教授毛寿龙说的“大量车长期闲置，人、车极易争道”。一个车位连同预留的移车空地少说也得二三十平方米。停的车多了，人们活动的空间就少了，树木花草也不可能增加了。

（五）转租站使有车人高兴，“单双号”使有车人扫兴

转租站有利于提高空气质量、营造良好环境。转租站的特点是租车者可以自行转租所租的小汽车，消除专门送客回来的时候和专门迎客去的时候时等情况下的无效行驶。无效行驶趋向于零，不必要的尾气排放的环境成本的支出也就趋向于零了。

小汽车转租站服务的对象主要是私家车的所有人。有他们真心实意的支持和紧密的配合，就能旗开得胜，就能势如破竹，风靡全中国，风靡全世界。小汽车转租站为什么使有车人高兴？其原因便是：“一是‘比使用自己的车子还要方便’，一是‘比使用自己的车子还要合算’。”现在，展开来说明这个问题。

私家的小汽车，要用，得到停车场去取；转租站的小汽车则随处可租。

私家的小汽车使用前得热车，动辄几分钟，严冬尤其如此；转租站的随时可用，因为别人转租给你的是正在使用的热车。

到了目的地，私家车要找停车场；转租站的车子则可以随手转租给别人，一个承车者就是一个停车场。

如果没有停车场（当然是指离得很远），车子如是私家的，只能就地存放。这样，一份担心便开始萦绕心头，会不会有人扎胎砸玻璃？车子假设是转租站的，则可高枕无忧，转租给别人就行，承租人就是一个个可以随处停车的停车场。

就地存放的车子（即非存放于停车场的车子）如果是私人的，还有一份更大的担心，那就是怕遇到窃贼；要是转租站的，则进了“保险柜”。转租站有这样的规定：“行驶中的小汽车，必须在前挡风玻璃插上车卡。”如果凑巧车子无人承租，租车者只要把车卡带走，车子便可就地存放。盗贼盗得了车子，却盗不了车卡；开着无车卡的车子出现在别人面前，就等于前挡风玻璃上写着这样一行字：“这车是赃车！”

出了道路交通事故，车子如是私家的，扣车鉴定之后还得修理，无法使用的时间动辄两三周，还有可能赔偿对方；车子假设是转租站的，在正常情况下与你无关。因为转租站实行

“事故处理保险制”，可以即刻给你换辆好车，让你继续赶路（事故处理，都由转租站代理了）。

出了远门，比方从哈尔滨到广州，小汽车如是私家的，要用则是“望洋兴叹”。难道还能坐着小汽车乘飞机、坐火车？可是，小汽车假若是转租站的，你则可照用不误：转租站的租车证全国通用，出了广州火车站或白云机场，就可以向别人承租了。而私家车却受到诸多限制。因为各地对外地车往往会有一些限制。就说广州和深圳吧，在不同路段和不同时间，对外地牌照车就有禁止行驶的规定（如高架）。

私家车到了外地，车辆养路费和车船税还得到原籍去交；可是，转租站的车子则没有这个烦恼。车子还给谁就同谁结算租金，一给了之，车辆养路费和车船税都与你无关。值得一提的是，转租站给予租车者诸多比其使用自己的车子还要方便的实惠，是单方面的，是褒义的“天上掉下来的馅饼”，不需要租车者付出任何代价进行交换。

再说说租用转租站的小汽车比使用私家的小汽车合算的问题。这个合算，是转租站特廉的租金决定的。前面曾经举例分析《转租站使上路的车子减少得多，“单双号”减少得少》），租用转租站的车子同用私家车和出租车相比，可以至少“一顶三”。车子减少了四分之三，油耗也减少了六分之五，机件的磨损也减少了六分之五，占用车子的时间也减少四分之三，买车款的利息、养路费、保险费、过路费的支出都减少四分之三，车子的租金价格自然就低了。

再说说“‘单双号’使有车人扫兴”的问题。拥有小汽车的人扫兴的原因很简单：有车不让你天天用，而是隔一天用一天，名为一辆车，实为半辆车。《新京报》刊载的《反对派列出长期限行“五宗罪”》的文章说：“不少读者认为‘单双号’长期限行侵犯了他们的私有财产权，让有车族的资产缩水。约18%发表意见的读者和网友表达了这种观点。市民张先生致电：长期‘单双号’限行违背了物权法，合法的私人财产应是自己决定的，而不是让一群无关的人去投票。”“中国人民大学公共管理学院教授毛寿龙认为，‘单双号’限行措施只能短期执行，不能长期实施，否则相当于伤害了有车族的财产权，‘当初买车的时候，政府并没有告知买辆车只能隔日出行，不能为尊重大多数人的民意，而伤害另一部分人的利益。’”其实，有车人对“单双号”扫兴不是因为不重视环境，而是因为没有“单双号”的“替代产品”。该文章中列举的“单双号”的第二宗罪状是：“限行给生活带来不便。约37%的反对者认为，‘单双号’限行以后他们的生活便利受到影响。读者李女士称，现在‘单双号’长期限行并不具备一定的社会条件，起码在社会配套方面还不完备，公交、出租等资源还是紧缺。例如：小学生上学问题，现在学校基本无校车，对于自理能力差的孩子坐公交存在一定安全问题。多位住在远郊区县的市民致电：住处到单位之间并无公交、地铁，长期限行将给他们带来很大的麻烦。”

小汽车转租站一旦建立，随处有车可租，这宗罪名就不成立了。——有了比私家车还要方便、还要合算的小汽车可租，私家车所有人莫说“单双号”，即使卖掉私家车也是愿意的。

值得一提的是，并非每一个有车人都对“单双号”扫兴。《新京报》委托某咨询公司进行的两份调查显示，在有车人中，“支持长期‘单双号’限行的比例超过反对者”。这说明环境清洁和交通顺畅的价值在人们心目中的位置已经提得很高，更说明我们社会的精神文明上了一个台阶，拥堵当前、污染当前，已不在乎一己之利了。在没有替代产品的现在，有车人尚且愿意放弃每天都驾驶私家车或公家车的权利，到转租站建立以后即有替代产品之时更会如此。

有人可能担心，小汽车转租站建立以后，上路的小汽车会更多，对环境是“虎去狼来”。这是杞人忧天。前面已经论证，转租站完全有能力提供“低排量的”新型车甚至“无排量”的电动车。（见第二篇第三大部分《“共享”擂台，中国小汽车转租夺魁》中的第九小部分《中国小汽车转租使用环保车的可行性最大》）

因为“行”是人类生活的四大基本要素（衣食住行）之一，谁都不能永远呆在家里。为了满足相同的出行量，究竟是花“单双号”百分之百的环境代价，还是花转租站几分之一的、甚至为零的环境代价，连三岁孩童都会选择后者。这决不应该由简单的“少数服从多数”决定，而应该由真理决定；更何况真理有时候并不在多数人手里，而是在少数人手里。

（六）转租站行政成本低，“每周少开一天车”行政成本高

注意，这里说的是“行政成本”，不要与前述《转租站环境成本低，“单双号”环境成本高》中的“环境成本”相混淆。因为“每周少开一天车”的目标与“单双号”相同，即都是为了达到减少路上的机动车，所以我们将两者相提并论。

1.“每周少开一天车”必须添置监控设备

“每周少开一天车”，韩国是通过奖励实行的，北京市将采取的则是强制手段，这里只说北京的情况。2008年9月13日，北京市政府网站上发出了《北京市人民政府办公厅转发国务院办公厅关于深入开展全民节能行动文件的通知》（以下简称《通知》）。《通知》按照国务院办公厅的要求，确定了北京市公车限行的措施：“（本市）除特殊公务车外，各级行政机关、社会团体、事业单位和国有企业的公务车按牌号尾数每周少开一

天，星期一至星期五停开公务车牌号尾数分别为1和6、2和7、3和8、4和9、5和0。同时，（本市）要加快推进公务车改革，倡导其他单位和个人参照上述原则每周少开一天车，更多选乘公共交通工具出行。”

实施“单双号”，不需要增加什么行政成本。因为号牌是“单的”还是“双的”一目了然，即使没有督查专业知识的一般老百姓也能凭肉眼发现那些车是违章上路的。“每周少开一日车”可不是这样，一个单位到底执行没有，别人尤其是群众难以检查和监督。比如今天是周一，某单位的车牌号尾数为1的小客车开出去了，谁知道这辆车是“公车”而不是“私车？当然，有些公车的车身上有单位名称，但是这种车子不多。北京交通大学运输管理工程系杨浩教授说：“目前，公车和私车从外观到车牌并无明显差异，公车限行主要依靠自觉、自律，而这能否保证此项措施的真正落实很难说。”

怎么办？只有在大街小巷都安装监控设备。

就全国各个城市的情况，在所有的路口都添置监控设备并不是轻而易举的小事，毕竟这给国家的财务支出又增添了一笔沉重的负担。

2.“每周少开一天车”必须扩充警力

即使不惜代价添置监控设备，“每周少开一天车”也少不了交通警察的人工督查。因为设备不管多么先进，发挥作用的有效空间总是有限的，“盲区”还得靠人。而且，监控设备也离不开人去操作。现在的交通警察可以说是疲于奔命。笔者长期与交通事故打交道，对交警的工作最有发言权。目前的交警超负荷工作，可以说是中国最勤政的公务员：不少人值了一个夜班还得连着上一个白班；即使休假也是“半工作”，不能离开辖区，有情况必须半小时之内赶到指定地点。因此，要想将“每周少开一天车”落到实处，不扩充警力绝对不成。

2000年修订颁布的《中华人民共和国大气污染防治法》第七条规定：公民应当增强大气环境保护意识，采取低碳、节俭的生活方式，自觉履行大气环境保护义务。为了方便群众监督，减轻交警的负担，使“每周少开一天车”落到实处，是否可以来个“一刀切”？即不管是公车还是私车，每周都少开一天。这样，公车就鱼目混珠不起来了。至于不能每周少开一天的特殊机动车，比如警车、消防车、救护车、工程救险车、公共电汽车、省际长途客运车辆、大型客车、出租汽车、小公共汽车、邮政专用车，可改换特殊颜色的号牌。如此，谁也不会误解其是违禁上路的了。

3.“每周少开一天车”可能引发公车暗购潮

就算我们有富余的经费添置监控设备，又有富余的经费扩编交警队伍，“每周少开一天车”仍有可能被架空。假设某单位现在有五辆公车，按理论上的“每周少开一天车”总算，这个单位能使用的车其实只有四辆。但是，这可能仅仅是脱离实际的美好愿望。就拿刚才说的某单位来说吧，再购一辆车，便可以天天用车了。这样，“每周少开一天车”不但成为空架子，而且还会使行政成本大幅度上升。因为一辆公车动辄十几万，个人是不会掏腰包为公家买单的。可以预料，不久的将来就会出现公车暗购潮。

上述预料并非是杞人忧天。现实的情况是不少单位不能令行禁止，“上有政策，下有对策”。何以见得？几十年来三令五申限购公车，可公车还是车多为患。前不久，某市因为外事活动，需要封存公车百分之三十，而政府机关的公务活动居然“并未受到影响”。

退一步，即使各单位都百分之百执行“每周少开一天车”，拥堵和污染的程度也不会好到那里去。因为，本来今天要开车从城北到城南，但是，不凑巧，是其车的禁行日。怎么办？极有可能改日，改到次日再驾车到城南去。这样，车子虽然少开一天，但是行驶的路程不少，与原来一样（关于这个问题，前面曾举具体的例子做过说明）。这就是说，拥堵如故，污染如故。

一个法规是不是先进，不能光看写得怎样，还要看可操作性怎样，执行的结果怎样。上述“每周少开一天车”的两个“必须”和一个“可能”（必须添置监控设备，必须扩充警力，可能引发公车暗购潮），在小汽车转租站身上会不会也发生呢？可以打包票，不会发生。因为，租用转租站的小汽车比使用私家车还要方便与合算，无论监控设备添置不添置，也无论交通警察扩充与否，转租站的小汽车压倒私家车也会成为不可抗拒的潮流；至于公车暗购潮，与转租站更是风马牛不相及的事。——转租站所置之车是商业用车，并不是“公车”。

北京市人民政府在上述《通知》中提出了一个让各市市民欢欣鼓舞的问题：“加快推进公务车改革”。

改革措施可否这样：建立转租站，取消公务车（当然不可一刀切，特殊的公务车还得保留）；向需要使用公务车的人发租车票，到转租站租车使用。

一辆转租站的小汽车可当几辆甚至几十辆车私家车使用（前面已经“举证”，美国私家车平均每天只适用45分钟；而转租站的小汽车你用完了他用，酷似接力赛运动员交接的棒子），而几辆甚至几十辆公务车只能当一辆转租站的车子使用，节省莫大的行政成本是再清楚不过的事。

政治和行政问题专家、国家行政学院教授杜刚建接受《财经时报》采访时说，“中国是全世界行政成本最高的国家。”《浅析中国国际竞争力（下）》一文中说："2002年中国的税收收入是1.5万亿元，完成这项工作的税务系统人员100万人；美国的税收远高于中国，而税务人员仅有10万人。"当然，这并不是说美国政府节约行政成本已经至善至美。目前，包括美国在内的世界各国对自己政府的有效性都不太满意，都希望通过变革寻求构建"廉价"政府。

我们国家的行政成本为什么高？得从人事考核指标体系上找原因。目前，中国各级政府的考核指标带有明显的"GDP化"倾向。行政学专家毛寿龙认为，基层政府行政成本高居不下，缺乏效益观念是一个原因，更大的问题出在体制层面，即政府财政支出的行政化运作，上级政府考核什么，下级政府的财力、精力就会投向什么。既然上级政府把"GDP"的增幅与官员的升迁紧密相连，那么下级政府不计行政成本搞这搞那的荒唐事就司空见惯了。我们只要注意一下各级地方政府的网站和报纸就会发现，政绩宣传得最多的是反映与GDP有关的数字和投资。

2000年修订颁布的《中华人民共和国大气污染防治法》第二条规定："国务院和地方各级人民政府，必须将大气环境保护工作纳入国民经济和社会发展计划，合理规划工业布局，加强防治大气污染的科学研究，采取防治大气污染的措施，保护和改善大气环境。"该法第三条又规定："国家采取措施，有计划地控制或者逐步削减各地方主要大气污染物的排放总量。地方各级人民政府对本辖区的大气环境质量负责，制定规划，采取措施，使本辖区的大气环境质量达到规定的标准。"

以自行车转租站的自行车，替代一部分小汽车和公交车摒除污染；以小汽车转租站的小汽车，替代一部分私家小汽车和公家小汽车减少污染。两个转租站都可以解决污染的源头拥堵问题，所以哪个城市建立两站，那个城市就会出现绿色的、通畅的新面貌。

五、北京自行车租赁现状反衬转租身手不凡

媒体不少文章报道了北京自行车出租企业进入了死胡同，读者非常担心转租站会重蹈覆辙。然而事实是彼出租不是此出租，转租站与其是泾渭分明的两码事。本节中小号楷体字为引文，其中加粗字体为该文章的标题。

（一）使用转租站车子既方便又合算，不会“掉链子”

押金太多、门槛高、退车网点离得远、各公司单打独斗，纵使绿色加环保，便民好事也难办——玩不转单车租赁“掉链子”。

转租站不会重蹈覆辙的理由：

转租站的租金价格只有现时租赁企业的十分之一，而其服务更让租车者体验到比用自己的车子还要方便。

现时租赁企业租金高，而服务又不到位，处境当然困难

全城联网、5万辆自行车备用、争取实现免费租赁……这曾是被自行车租赁公司高声叫嚷的目标，然而这个主要靠企业自行发展的行业，正面临着发展的困境。近日，记者对占据京城80%市场的三大自行车租赁公司——北京贝科蓝图自行车租赁有限责任公司（以下简称贝科蓝图）、方舟自行车服务（北京）有限公司（以下简称方舟公司）和上海龙骑广告传播有限公司（以下简称龙骑公司）的网点进行探访发现，由于市民不“买账”，京城一些自行车租赁网点正在逐渐消失。

转租站不会重蹈覆辙的理由：

由于租用转租站的车子比使用自己的车子还要方便，还要合算，所以不管是谁都会“买账”。完全可以这样预言：转租站

建立之日，便是租赁自行车的狂热风暴来临之时。

先说方便。转租站的车子可以让租车者“自由转租”：租车者到了目的地，自行车便可以背着转租站而直接转租给别人；“别人”到了要去的地方,又可以径自转租给另一个“别人”。这样，租车时间缩短了，“南辕北辙”找停放处的问题也烟消云散了。车子可以随手转租给其他人，送停车场岂不是发傻？这里还有个看不见的“方便”：所租的车子不会成为“包袱”；车子假如是自己的，办完事情之后不能直接回家，还得“南辕北辙”到停放处将它取回来。

转租站的“转租”还可以使我们不管在什么地方、在什么时候都能租到自行车，这便相当于转租站为各个租车者都设了个紧随其后的服务点！

转租站还有常态的流动服务车。你所租的车坏了，她可“上门服务”，为你修车或换车，且不收费（租金含修车保险金）。这就是说，转租站的自行车是永不出故障的自行车。车子假设是自己的，修理工修理多长时间你就要等多长时间。

再说租用转租站的车子比使用自家的车子还要合算。本书前面已经给出：家用的自行车的费用分摊到使用时间上是每一小时为1.30元；而转租站的租金每小时才0.50元。

对这一“高”一“低”，不少人总觉得似是而非，所以有必要将再重申一下。

1.家用的自行车使用费用高达1.30元/小时的细账

（1）车辆折旧费：0.164元/小时。这是实地调查的结果。一辆新车售价300元，按每天平均使用一小时（行驶12公里）计算，可使用5年。残值顶修理费。300元/（1小时×365×5）≈0.164元/小时。

（2）寄存费：0.50元/小时。寄存一次，一般城市0.50元/小时，深圳等地为1元/小时。当然，近几年需要寄存的不成气候，寄存处快消失了。但是，找免费寄存的地方是耗时间的，算来算去，其花费比寄存费还多。比如，递上一支烟，请个大爷照看一下。这支烟，如果十几元一盒的，就超过0.50元了。

（3）送车到停放处和取车、送车的时间损失：忽略不计。

（4）回家后住宅小区车棚收的存车费：0.50元/天（每月15元，合每天0.50元）。

（5）被盗风险：0.134元/天。据北京市大兴区某些住宅小区调查，居民手里的自行车，50%的安全寿命不到3年，即用不到3年就会不翼而飞。作者家庭住大兴时，2005年一年竟被盗自行车2辆。300元/（365天×3×50%）≈0.134元/天。

以上自家的自行车每小时使用花费合计：0.164元/小时+0.50元/小时+0.50元/小时+0.134元/小时=1.30元/小时。

2.转租站租金仅仅0.50元/小时的细账

（1）租金：0.50元/小时（待后还将论证为什么会如此之低）；

（2）停放费：0元（到了目的地可以转租给别人，无须停放，一个个承租人就是一个个停放处）。

（3）到停放处取车车费和时间损失：0元（不可能发生。不想用了可以转租给别人了，没有寄存之说）。

（4）回家后住宅小区车棚收的存车费：0元（将要到家时，将车子转租给别人，或者还给转租站）。

（5）被盗风险：0元（车子转租给别人或者还给转租站了，是否被盗与你无关。即使不转租，暂时不还给转租站，由于其规格型号特殊，卖不掉，小偷也不会打它的主意）。

3.转租站的租金价格可订为每小时0.50元的依据

（1）转租站车辆的折旧率最低

由于自然力的影响，工具的使用率越高，使用寿命越长（注意，不是自然寿命），折旧率越低；反之则然。同样的一杆拖把，在招待所里使用，使用寿命可达2000个小时；在家庭里使用，使用寿命恐怕连200个小时也不会达到。——一个星期仅仅用一两次，一次仅仅用一二十分钟，哪能“用”四五年！湖北省财政厅对小客车核算的结果也证明了交通工具的使用率与折旧率之间的反比例关系：“公务用车每公里成本是出租车的3倍。”这个结果的重要成因，除了腐败，当然就是使用率低了。

自行车多露天存放，要受雨水的浇淋，要受霜雪的冷冻，要受烈日的暴晒，所以使用率与折旧率之间的反比例比值相当大。有人说贝科蓝图的自行车不是用坏的，而是“放”坏的，这话既真实又形象。使用率一提高，折旧率就降下来了。因为人骑车之时，同时也保护着自行车。比如遭雨了，骑车者必然会躲一会，所骑自行车当然也跟着沾光。四五十年前，本书作者杨树森对邮递员的自行车做过调查。他们的自行车是配发的，统一绿色车身，颜色虽然与市售的不同，但质量并没有两样，最常见的牌子是永久、凤凰。他们的自行车折旧率只是一般家用的自行车的40%。悬殊这么大的原因，便是两者的使用率悬殊较大：邮递员的自行车每天使用的里程是家用自行车的三四倍。

转租站的车子由于可以转租，你用完了让另一个人接着再用，可想而知，其使用率肯定比邮递员的车子高得多，相应的，折旧率也会低得多。转租站车子的花费如果以邮递员为对照物，便为1.30元/小时（家用的自行车/小时）×40%≈0.50元/小时。

（2）转租租赁站点可以设得最少

租车者到了目的地，可以将租去的车子转租给别人，不必还到转租站；要用车子的人，也不是非到转租站办理租车手续不可，可向用完车子的人承租。这就是说，租车和还车业务多是体外循环，即不在转租站进行，所以一个租赁站点就可当几十个甚至是几百个租赁站点使用。

（3）转租租赁站点可以建得最小

由于租车者对转租站车子有自由转租之权，行使这种权利即转租和承租的地点不在转租站而在路上，所以不必有偌大的车库，即“建得最少”的租车点，又“可以建得最小”。

对节省场地，转租站还有“昼夜有别，租金收免两制”的绝招：深夜免收租金，所以这时的租车者极有可能将车子放在家里而不还给转租站。这就是说，本来挤满转租站仓库的存车就变为分散在千万租车者廊檐下的存车了。城市土地“寸土寸金”，市中心拆迁补偿费每平方米在向六位数飙升，同目前的自行车出租企业相比，转租站将节省大笔资金。

（4）转租的用工最省

转租站让车子在租车者之间自由转租承租，是“借鸡生蛋”的高招：本来是管理员干的事，请租车者代劳了。一辆车子在转租站租出以后，可以在租车者之间转租、承租十天。如果每天转租、承租十次，十天就是一百次，而转租站管理员付出的劳动只有一次，所以说转租站的管理员可以以一当百。这也就是说，转租站的用工非常少。

（5）转租流动资金利用率最高。

这是可以转租的结果。你租的车用完了转租给他用，他用完了再转租个另一个他用，车子24小时没有停息的时候，投入五万辆的车子就可以当十五万辆甚至五十万辆使用。这就是说，转租站的流动资金利用率最高。流动资金利用率高，就能够节省一大笔购车流动资金的利息，这也给降低租金价格留下了极大的空间。

经过以上对转租站的分析——即折旧率可以降得最低（< 1.30元/小时×40%≈0.50元/小时），租赁站点可以设得最少（车子"体外循环"，在租车者之间转租、承租），租赁站点可以建得最小（进出库的车子很少），用工最省（转租、承租无须管理人员参与），流动资金利用率最高（一辆车当数辆甚至数十辆使用，节省购车贷款）——我们不难看出，转租站的管理成本是极低的。这样，我们就可实事求是地估算出转租站的租金价格：每小时0.50元。

租赁·现状　　网点人走车残破

前天下午，记者来到宣武区长椿街地铁D口，这里曾是方舟公司在南城较大的一个网点。而此时，记者却发现原本停放在出口处的自行车全部被挪到了D1口和D2口之间的空地上。车座、车身上已经落了厚厚的灰尘，有两辆缺了轮子的自行车就斜靠在路边。

记者找了一圈也未找到该网点的管理员或站长。据附近一停车场的看车人刘师傅讲，去年底，这个网点就已经没人管了。

随后，记者又来到贝科蓝图、方舟公司位于宣武门外大街的网点，看到这里的景象"如出一辙"。

转租站不会重蹈覆辙的理由：

由于租用转租站的车子比使用自家的车子每小时至少节省0.80元，所以拥有自行车的人也会挤进租车者的行列群。因此，转租站的车子落上"厚厚的灰尘"的现象是不可能发生的。

再看看现在自行车出租企业的租金价格。

《新京报》2007年08月21日在题为《年租金100元北京的“公共自行车”能走多远?》的报道中告诉我们：北京自行车出租企业的租金价格是“每日20元”。从网上看，不少城市的价格比北京还要高，比如深圳某自行车店每辆每天租金就高达40—50元。保守一点，我们以北京为参照物。租车者租车一天，实际用车是多长时间呢？即使是体力劳动者，也不会超过4小时。按此计算，现在自行车出租企业的租金是每小时5元（20元/4），即为转租站的十倍！

(二)转租站租赁网点星罗棋布,服务至极

租赁·调查　　现有网点　整体网络渐萎缩

记者调查发现,还有部分网点正在消失。由于经济和天气的双“寒冬”,位于四惠桥、德胜门、崇文门、北新桥等地的租赁网点目前也已停止运营。

在采访中,记者从贝科蓝图和方舟公司这两大租赁公司了解到,在最近半年内,贝科蓝图已逐步取消了南城虎坊桥、宣西大街、菜市口、陶然亭南门、天坛、蒲黄榆、西便门西里、国华商场等地的网点。而方舟公司在牛街、白纸坊一带的网点也在逐步减少。

转租站不会重蹈覆辙的理由:

消费者都是现实主义者，一旦觉得租用自行车比购用自行车还要方便、还要合算，谁还购置自行车使用？租车的人多了,“整体网络”自然会死而复生。

不过，这里的“复生”，不是将“四惠桥、德胜门、崇文门、北新桥”和“虎坊桥、宣西大街、菜市口、陶然亭南门、天坛、蒲黄榆、西便门西里、国华商场”等地的网点恢复起来，而是建立极其有限的租赁点。怎么了？因为转租站的车子用完了可以转租给别人，一个个转租人和承租人就是一个个租

赁“网点”。

租车商户干“副业”

前天下午2时，记者找到了南城所剩不多的一处还在经营的网点——宣武门站点。

“现在基本没有零租的了，一天连3辆都租不出去。”经营这家网点的陈师傅说。

现在收停车费才是陈师傅的“正业”。原来这块地也是租车公司为他盘下来的，每月只要交300元的场地费就可以经营。“生意好了，每天停车费能收三四十块钱。”他说。

而在北海北门租车点的王师傅和平门地铁站租车点的于师傅，也都和陈师傅一样，同时经营停车和租车业务，以缓解没人租车的窘境。

转租站不会重蹈覆辙的理由：

转租站是棵常青树，只会门庭若市，不会门可罗雀。因为，使用1小时自己的自行车花费为1.30元，而使用转租站自行车的花费只有0.50元，后者比前者节省0.80元；更重要的是租用转租站的车子比使用自己的车子还要方便。

汽车在闹市区是“英雄无用武之地”，速度受限制，小巷容不了，停车不自如，到目的地花半小时，找车位耗一刻钟是正常现象；公交车更不能让所有乘客在离其目的地最近处下车，也不能根据每一个乘客就近上车的需要设立千千万万个站点，这就注定了汽车族仍须步行，甚至兜圈子步行。所以，对短途出行的人来说，从微观上的出发地到微观上的目的地，乘汽车的速度看似很快，其实很慢。可骑自行车呢？完全是另一种情形。2006年12月2日，建设部副部长仇保兴在全国优先发展城市公共交通工作会议上说：“城市公共交通服务水平下降明显，公交车速越来越低，现在平均车速只有每小时十公里，已低于自行车的每小时十二公里……”

推广网点　　政府项目暂搁置

去年11月份，96156社区服务中心称，一年内要在北京市所有社区中，普及这种“公共自行车微循环系统”的租车模式。

麦子店街道作为“试验田”，曾经计划建5个租赁点。去年11月，社区服务中心收到了第一批10辆免费租赁的公共自行车。

但记者24日看到，这10辆自行车仍然停放在社区服务中心，既没有新增车辆，租赁点也没能建成。

麦子店社区服务中心负责人唐建民告诉记者，免费自行车的投资方是龙骑公司，而对方承诺提供的车辆至今也没到位，因此这项服务只好暂时搁置。

转租站不会重蹈覆辙的理由：

转租站走的是自我发展、自我壮大的路子。它使租车者比使用自己的车子还方便，比使用自己的车子还省钱（每使用一小时节省0.80元）。前面已经分析，转租站租金完全可以定为现时租赁企业的十分之一，即每小时0.50元。

租金低，可以吸引租车者；租车的多，营业额大，盈利多；盈利多，可进一步改善服务，这就可以吸引更多的租车者，就会有更多的盈利。因此，祈求施舍，转租站是丢不起这个脸的。

租赁·探因

租车成本低，同时又能追赶“绿色环保”的时尚，却为何仍然不受市民“待见”呢？本报记者调查发现，除季节因素外，还有如下因素。

原因一：网点总数少　分布不平均

“每隔500米有一个租赁点。”这是贝科蓝图曾经的诺言。但在实地采访中，记者却发现，即使在最近的两个租赁点之间，也隔着两三站地的距离。“现在每建一个网点，每年都要投进去8万—10万元。”贝科蓝图负责人王勇对记者说，高额的场租费和人力成本让网点的建设比计划要缓慢许多。

转租站不会蹈其覆辙的理由：

转租站的租赁网点不是“每隔500米有一个”，而是“每隔几米一个”；而且，这些租赁网点不是每建一个“每年都要投进去8万—10万元”，而是“一文不花”。

前面已经说过，转租站的车子可以让租车者“自由转租”：租车者到了目的地，可以背着转租站将所租之车直接转租给别人；“别人”到了要去的地方,又可以径自转租给另一个别人。这等于转租站为每一位租车者都配备了个流动的收车网点。

转租站的“转租”还可以使我们不管在什么地方、什么时候都能租到自行车，这便相当于转租站为每一个租车者都设了个紧随其后的租出车子的网点！

有人建议北京在地铁口、商业区、交通枢纽、宾馆写字楼等人群密集区至少设置5 000个自行车租赁网点。换作转租站的话，恐怕连50个网点也不需要。

不必担心地铁口没有租赁点就承租不到车子或者转租不了车子。根据对立统一规律，进地铁的人多，出地铁的人也多，两者总是相等的。关于“相等”问题，不妨再举个直观的例子。故宫进口某日收到6万张门票，即进去了6万游客。假如一个不漏地记录离开故宫的人，这个数字也必定是6万。

市场经济是不以人的主观意志为转移的客观规律，让政府长期买单办企业是对市场经济机制的扭曲。一般地说，企业要想生存和发展必须满足两个条件：一是有益于社会，二是能够盈利。

企业要想长期发展下去，绝不能仅仅依靠政府支持。

(三)转租站车子骑行无忧，一般不会出故障

故障惹人烦　款式太单一

在采访中，不少市民都表示，租车时总担心车辆出现故障，掉链子、锁难开等问题让许多人对租自行车浅尝辄止。

事实上，由于损坏严重，方舟公司目前将70%的自行车全部更新。

而过于单一的26女车款式也让市民们感觉不便。市民张先生认为，租赁公司应根据不同顾客的需求，安排男款自行车、带后座(方便带小孩)的自行车。

转租站不会重蹈覆辙的理由：

转租站车子，承租者监督转租者：有毛病那我就不租，租别人没有毛病的；转租站监督还车者：车子如是人为破坏，对不起，请自费修理。所以，使用转租站车子的人，都会爱惜车子。这里的车子故障隐患也就比较少。

转租站由于极少的租赁站点和极少的用工，铁定不会亏损，只会盈利，而且大有盈利。流动服务车养得起，维修保养费用的支出也微不足道。因此，转租站的车子不会带病出租；租出的车子即使在使用过程中“掉链子”（损坏），租车者也可向流动服务车求援，及时换车或修理。

转租站车子型号独特，偷走不能使用；没有押金发票也退不了押金，小偷难生觊觎之心，所以高科技的、动辄上千元的防盗系统对转租站的车子来说是没有必要的。

(四)转租站押金无忧

系统不完备　押金返还难

在采访中，“声讨”租车押金需交现金的市民也不在少数。“有

时身上没带这么多现金，所以就租不了车。”市民李先生说。

同时，记者发现同一公司旗下的网点是可以实现通借通还的，但若某一网点当日收回的自行车数量较多，很可能因流动资金不足造成延时。

转租站不会重蹈覆辙的理由：

现时“‘声讨’租车押金”问题的根本不是租车不应该交押金，而是对押金的宣传力度不够。租车者事前对租金一无所知，租起车来当然会出现尴尬。

刚才说的宣传力度，现在的自行车出租企业是难以达到的。因为就那么几辆车，所收的租金连管理员的工资也不够，哪里还有余款到电视台和报社去做广告？转租站由于成本低，几近无本取利，其财力绝不至于无力支付必要的广告费。

转租站由于得天独厚，有先天抗体，远离“押金返还难”的问题十万八千里。你所租的车子用完了，就将车子转租给要用车的人吧，他是会将押金代位转租站退给你的，不必跑到转租站去。

价格成壁垒　通借受局限

在采访中，不少市民提议，如果可以实现不同公司均可通存通取，租车者将方便不少。

对此方舟公司的负责人马经理表示，目前各公司间的网点还未实现通借通还，主要原因是各公司的租车价格略有不同，而且车型也并非同一款，没有实施条件。

转租站不会蹈其覆辙的理由：

由于租用转租站的自行车比使用自己的自行车还要方便、还要合算，所以转租站必将以摧枯拉朽之势迅速渗透到每一个胡同、里弄和小巷，风靡全市、全国、全世界。它虽不是几个、几十个出租公司的联合体，但其规模远胜几个、几十个出租公司的联合体，租车者渴望的“不同公司均可通存通取”也就实现了。

租赁·前途　企业：铺更多网点　望政府扶持

对于目前的情况，方舟公司马经理不认为自行车租赁的前景不好，至于现在网点减少，他声称是因为奥运时期街道整治所致。他表示，该公司正在全市布点，3月底前可以达到1 200个网点。

贝科蓝图负责人王勇则承认，目前自行车租赁业务比较困难。

他表示，该公司正在调整网点设置。现阶段已基本实现了“南车北调”，即撤销南城部分顾客不多的网点，将车辆转移到北城。“当然，最根本的还是政府可以扶持我们这些公益企业。”他说，在外国，公共单车基本都是靠政府的资金支持在运作。

与之类似，龙骑公司也希望政府能够给予政策上的支持，在治安、管理上给予保障，使得丢车、损坏的严重问题得以解决。

转租站不会重蹈覆辙的理由：

转租站的网点无数，方舟公司莫说建1 200个，即使建一万二千个也还是难以望其项背。转租站由于其车可以让租车者自由转租，所以一个租车者就是一个出租点，一个承租者就是一个收车点。这两种“点”是租车者的影子，人走影随，无处不有。

关于“在外国，公共单车基本都是靠政府的资金支持在运作”的问题，可比性不大。因为，给以支持的国家都是发达国家，其人均财政收入是中国的数倍，我们是学不起来的，或者说学起来是非常吃力的。这就要求我们“穷则思变”，万万不能政府不给资金就不作为，或资金中断了就撂挑子。

转租站以别出机杼的“转租”绝招所产生的成本优势，注定会高额盈利。这样，它不但无需政府支持，还可倒过来反哺社会。

“龙骑公司也希望政府能够给予政策上的支持，在治安、管理上给予保障，使得丢车、损坏的严重问题得以解决。”

从引文可以发现，现时租赁企业“丢车、损坏”的问题严重。其原因，好像是治安问题引起的，非设“自行车租赁警”不可。这是一厢情愿。银行大量现金不放保险箱而放在柜台上，与外人近在咫尺，被窃了，难道都是保安和警察的责任？解决自行车租赁企业“丢车、损坏”严重的问题，还是先解决这些企业管理不合理问题吧。

转租站车子的型号特殊，与市场上卖的完全不一样，这就使歹人无法萌生觊觎之心。

政府：欲三年建网　覆盖市中心

北京市商务局服务交易管理处一位段姓负责人表示，他们已为20多个单车租赁网点授予了“北京市公共单车租赁服务站”的牌匾。

商务局、交通委等单位将致力于发展北京市的公共单车服务，计划用两三年时间，形成覆盖市中心的租赁体系，以缓解交通压力。

转租站不会重蹈覆辙的理由：

转租站充满自身活力，越办越强大是无可置疑的。它要的启动资金是银行贷款而不是财政拨款，所以它今天得到政府授予的牌匾，明天就可筹建，后天就可开张。

专家：网络勿求大　发展有区域

北京市城市规划设计院副总工程师高扬认为，由于北京市的轨道交通和公共交通已经很发达了，这种公共自行车租赁业务不应该侧重于全市的扩张，而应该在特定区域内进行发展，比如什刹海、大栅栏、CBD以及公共交通比较稀疏的旧城区。

转租站不会重蹈覆辙的理由：

对“轨道交通和公共交通已经很发达的地方”，转租站虽然不设站点或少设站点，但是神奇得很，这些地方的居民照样可以用上转租站的车子。因为转租站有“转租”绝招，本地居民可以从来本地的租车者手里承租车子；用完之后，可以把车转租给即将离开本地的人。

新闻链接　世界最大自行车租赁系统面临崩盘

法国巴黎2007年7月15日推出“自行车自由行出租系统”，是目前世界最大规模的自行车租赁系统。

据《青年参考》2009年2月14日转述英国《每日电讯》的报道称，巴黎市最初投入租赁服务的15 000辆自行车(后又追加到2万辆)，现在已有7 800辆不翼而飞，另有11 600辆自行车遭到损坏。

为此经营企业向政府求援，尽管巴黎政府每年从该租赁服务中获益2 000万欧元，却拒绝为其提供资金援助。

转租站不会重蹈覆辙的理由：

转租站自行车型号特殊，与卖品完全不同，谁攫为己有，谁的身上便会有张无形的纸条：“这是盗车贼！”所以，自行车转租站的车子就不会失窃一辆。

转租站车辆的零部件与众不同，因此想占便宜的盗换者只能“望洋兴叹”：“盗”下来便当，却无法“换”上去。

第三篇
公共自行车“有病”，转租自行车“健康”

篇首语

以上第一篇和第二篇，从1966年8月8日向江苏省人民政府书面提出算起已经过去了50年，从《经理日报》及其电子版连载和《中国重要报纸全文数据库》收录算起也有八九年，“车辆转租”是不是过时了？绝对没有。而且，还在火候，趁热打铁才能成功。

全国各地都兴起了公共自行车出租。遗憾得很，这些企业都先天不足，北京甚至有人说它们可能是“昙花一现”。车辆转租却能独善其身。公共自行车出租的一个个软肋，恰恰是转租站自行车转租的一个个强项。

古往今来，凡是落后的、有弊端的东西，总是逃不脱正义的媒体人的火眼金睛，总会在报纸、电台和互联网等载体上披露。而媒体人为了取信于众，所言多是真实的、典型的，具有普遍性的意义。公共自行车出租中的软肋呢？当然也不会例外。打开互联网，点击“公共自行车出租问题”，论述这个题材的文章还真是“连篇累牍”。下面，我们就将转租站自行车转租与公共自行车出租进行比较。

从转租的本质上来说，自行车转租同小汽车转租大同小异，所以说论证了自行车转租，也就基本上论证了小汽车转租。自行车转租大有可为，小客车转租怎么能会无所作为呢？

下面，特将媒体披露公共自行车出租软肋的部分文章全文引出，将转租中能够化解这些软肋的论述穿插其中。为了使读者分清哪是披露公共自行车出租软肋文章，哪些是关于转租能够化解这些软肋的论述，前者用楷体，后者仍用宋体。

一、公共自行车死气沉沉　转租自行车生机勃勃[①]

本部分所有楷体内容都出自付小为的《不能让公共自行车陷入困境》。该文下载自中国新闻网→新闻中心→社会新闻（2013年07月31日 11:10）。来源：长江日报。

有市民反映，关山大道上一些公共自行车站都闭门谢客，居民拿着卡去租车都租不到。这些站点有的破烂不堪，公共自行车岗亭的玻璃被人打破，岗亭内堆满垃圾，有的由于周边电力破坏，智能系统无法启用而闲置租赁服务专职售货。

经记者调查，对于上述几种情况，鑫飞达方面一一作出回应。如遭破坏岗亭只用于管理，此前遭人破坏，由于维修人员至今还未维修，又如电路破坏始于周边施工，目前电路未修好，市民可到临近处租车。另外，也有租赁机器坏很久等待维修的。

其实，有关公共自行车问题的反映不止这一处。搜索了一下，既有反映身边被弃置或霸占的公共自行车的，也有反映因网络不佳租赁自行车困难的。综合上述情况看，虽然公共自行车曾作为“十件实事”和“十大突出问题”之一，一再纳入重点和针对性治理的范畴，但仍未避免老问题夹杂着新问题的出现。

上述问题归纳起来是一句话：公共自行车站“遭到破坏”，已经瘫痪。

这个问题在转租站成立后是不可能出现的。因为转租站赋予了租车者的转租权，租车者在到了目的地之后，可以将所租的车子转租给下一个要租车子的人；而下一个承租了车子的人到了目的地，又可以将所租的车子再转租给下一个要租车子的

①本篇中楷体字体均引用于网络资料，该篇资料标题用黑体标志——编者注。

人……所以转租站无须星罗棋布，一个市区有数个就足够了。大街小巷的租车站没有了，“岗亭的玻璃被人打破，岗亭内堆满垃圾，有的由于周边电力破坏，智能系统无法启用”等遭到“破坏”的现象也不会再发生。

应当说，自2009年4月启动以来，“武汉公共自行车”公益项目取得的成绩值得肯定。三镇广覆盖、全免费等特点撑起自行车公益项目的“武汉模式”。这一模式在运行之初原本广受好评。然而，随着时间的推延，诸如借车难、霸车、车辆损毁严重、站亭管理不到位、岗亭职责偏离等问题相继出现，并且这些问题逐渐堆积滚成“雪球”。尽管这些问题在广州等城市也有，但杭州、株洲的成功示范似乎又说明，问题不是无解。那么，问题在哪?

对比“武汉模式”和“杭州模式”，在政府主导上，两者是一致的。不过，杭州公共自行车系统的建设资金主要由市财政通过土地出让金返还投入，日常运营费用主要靠企业广告收入和自行车租金收入。武汉则是政府原则上并不直接投入，授予企业广告经营权及其他项目开发权，企业通过经营获得资金，用于公共自行车建设和管理。

“杭州模式”的政府先期投入较大，随后逐年递减。不过，由于政府主导性更强，形成了较好的部门联动配合，加上集租用、查询、管理、结算、防范监控、网络6大功能于一体的智能化租赁服务系统，有着较强前瞻性。

相对来说，“武汉模式”的最大优势在于完全免费，前期企业投入较大。这是为了避免政府包揽的低效，充分发挥市场竞争优势。现在的问题是，这种模式很大程度上依赖企业的社会责任，尤其是在项目亏损的情形下。

就目前来看，岗亭维修滞后、维修人员不够，涉及的企业相关投入不足。至于线路故障迟未恢复，对应的则是这样一个需要交管、城管、规划、建设、绿化、电力等多个部门高度配合与支持的项目，一旦最终都归到企业，能在多大程度获得最快解决，将会是一个新的挑战。

这就是说企业为投入主体的项目都效果不佳，像台北公共自行车租赁系统“YouBike微笑自行车”，采取无人化自助式服务，由捷安特公司负责建置和运营，但其提案之初已明确出资方捷安特意在企业回馈社会，基本放弃盈利性，并且“台北模式”也未选择全免。完全免费与企业运营，这是武汉的特殊问题，两个方面能否兼顾，考验巨大。

上述问题是指责政府对公共自行车出租投资不足。

公共自行车出租瘫痪，不少人给出的缘由是政府投资不足。作者不敢苟同，提议建立转租站。其原因，本书下一部分将有翔实的阐述，使用转租站的自行车比使用自己的自行车还要方便。

由于“方便”和“合算”，所以用车人会像潮水般涌向转租站。租车人多，出租率便飙升；出租率飙升，车子受自然力侵蚀的损耗就少，成本就低，租金就低廉。租金越低廉，租的人越多，出租率也就越高，良性循环便开始了。所以转租站办得越长，盈利越多，实力越雄厚，不会依赖于政府补贴。

二、公共自行车滥竽充数　转租自行车优势凸显

本部分所有楷体内容都出自郑渝川《公共自行车的受欢迎程度为何不高?》该文下载自红网→红辣椒频道→正文。

近年公共自行车在中国城市“遍地开花”，却暴露出许多问题。除了选择自行车出行的比率较低，公共自行车的运营也面临困境，亏损现状堪忧。最早引入公共自行车项目的杭州在

2012年之前连年亏损，经营4年单由公共财政投入就已累计4亿元。广州的项目企业一年约亏损3000万元，两年损失自行车500辆。专家认为，自行车道缺失或被大量挤占，自行车租赁不普及，不能通借通还，骑行安全问题等影响了公共自行车的普及。

建设和推广公共自行车，如果能够实现便捷化的通借通还，城区范围内又有完备而不会动辄被机动车行驶、停放侵占的自行车道，在中等规模以上城市而今较普遍陷入拥堵的情况下，按理说可以吸引相当多数市民作为代步工具。

要实现上述目标，首先，需要较为彻底的改善城市城区的道路、路网功能设置，改建、新建、扩建自行车道，让机动车行驶和停放都服从于公交车、公共自行车通行，对于部分建成时间较早、相对狭隘的城区道路，还有必要改为机动车禁行或单向出行来让出自行车道。其次，要加大公共自行车车辆、通借通还站点的投放，尽早形成网络效应，推动市民更快接受。再次，要通过有效的管理模式和手段，引入激励机制，来降低公共自行车的损耗率。例如在通借通还站点加装还车校验装置，车辆使用后发生损坏自动扣减借用者押金；又如，在公共自行车站点加派巡查人手，再如，向每半年、一年借用公共自行车超出一定次数，没有发生任何车辆损坏的市民发放奖励。此外，城市交通、环保部门应与社会组织、媒体积极开展合作，主办相关主题的活动对市民行为形成示范引导。

上述问题是人们选择公共自行车“出行的比率较低”。

这个问题，转租站建立后就会迎刃而解。使用转租站的自行车比使用自己的自行车还要方便，还要合算。既然这样，人们自然会倾向于选择自行车出行。

“公共自行车的运营也面临困境，亏损现状堪忧”的问题，转租站建立后也不会发生。在前文中，我们已经分析，由于下述三个原因，自行车转租必然会红红火火：

（1）转租站车子的出租率最高，所以折旧率最低（受自然力作用的损耗最少）。

（2）转租站由于租车的本质特征是转租，所以租赁点可以设得最少，可以节省巨额资金，减少用工人数。

（3）由于租车者可以转租车子，直接到转租站租车的人不多，因此即使要建的租赁点的规模也可小到最小的程度（规模小，投入也小）。

由于转租站的成本极低，所以只要没有腐败，没有巨贪，是不可能亏损的。

广州“两年损失自行车500辆”的问题，自行车转租站根本不可能发生。转租站的车子型号特殊，与市场上出售的自行车没有互换性，再加上租车、还车是通过转租进行的（没有像现在无人看管的租车点），一个萝卜一个坑，后一个转租者监督前一个转租者，你将所租的车子私吞了，交给转租站的或交给转租者押金不想退了？须知，押金的大大高于车价的，私吞车子便是拿高价押金交换低价自行车，所以只有傻子才会有私吞行为。

国内很多城市的公共自行车项目，上马时都显得十分匆忙。自行车道在很多城市仅仅是摆设，甚至是把过去的人行道分成了新的人行道和自行车道，人车擦肩而过而产生的擦碰屡见不鲜。一些城市在主干道上开辟了自行车道，却基本上被停放的机动车所占用，城市交通和交警部门对此没有采取得力整治措施。而在主干道之外的其他城区道路，骑自行车将不得不与行驶中的机动车抢道，安全问题变得十分突出。

有些城市为了拉动本地的汽车工业发展，将公共自行车项目的投入金额限制在极其有限的范围，公共自行车车辆和站点数量甚至就是象征意义上的，无法向市民提供便利服务。而在其他一些城市，尽管资金投入较多，公共自行车车辆和站点数量可以满足前期需要，却没有真正依照市民用户的需求，科学调研站点选址等问题，且不能实现通借通还，这就对市民选择公共自行车为代步工具形成了阻碍。

包括广州在内，国内较大规模的城市相对中等城市，对公共自行车项目的资金投入更为大方，但管理上却相对滞后，公共自行车站点值守及车辆维护受重视程度不足，这也加速了已有的公共自行车的折损。

要减少自驾出行等机动车出行，引导市民选用包括公共自行车在内的公共交通工具出行，国内城市不仅需要增加投入，更应当提高公共自行车在城市道路通行中的路权地位。针对公共自行车项目试点运行以来所暴露出的问题，各地应下大力气增加自行车道、自行车站点的投放，提高公共自行车车辆和站点的管理，以用户需求而非管理便利为导向，改进选址、管理及设置相应激励机制。

上述问题是指“公共自行车车辆通借通还站点的投放”稀少。自由转租模式正好可以解决这个问题。由于车子可以让租车者转租，所以一个租车者就是一个“通借通还站点”；转租站的租车者千千万万，所以租赁站点也千千万万，“加大”“通借通还站点的投放”的话就是无痛呻吟了！

三、公共自行车未来黯淡　转租自行车前景光明

图3-1 2015年世界互联网大会期间，乌镇倡导绿色出行

本部分所有楷体内容都出自叶小钟、何倚华《公共自行车在中国城市“遍地开花”运营面临困境》。该文下载自中国新闻网→国内新闻（2015年12月27日 10:15）。来源：工人日报。

2015年11月30日，在法国巴黎气候变化大会上，中国承诺：2030年单位国内生产总值二氧化碳排放比2005年下降60%至65%。

面对国际碳排放的承诺、一线城市交通拥堵的长期问题，以及近年大范围的重度雾霾天气，倡导全民参与的绿色环保低碳出行意义重大。举措之一是推行城市居民选择自行车出行。

然而，近年公共自行车在中国城市“遍地开花”，暴露出新的问题。继杭州、武汉，北京等城市后，2015年9月，广州通过《广州市公共自行车系统管理办法》，年底约完成了3万辆自行车修建，投入1.2亿元专项费用。

一辆小小的自行车，实则反映出的是城市病治理中的大问题。

现实：自行车出行率低、运营面临困境

中国曾是“自行车大国”。随着经济的发展，人民生活水平的提高，自行车逐渐被机动车取代。

根据NGO组织“拜客·广州”发布的《广州市中心城区自行车出行调研报告》（以下简称《报告》）显示，1984年，广州的自行车出行比例是35%，而近几年的自行车出行比例则稳定在7%—8%，下降了27%以上。

同样作为我国三大综合性门户城市的上海，自行车出行率是广州的4倍以上。

广东省交通运输厅副厅长刘晓华介绍，截至去年底，全省民用汽车保有量已经达到1328.44万辆，其中广州的机动车超过250万辆。

自行车出行的减少，机动车数量的增加，成为许多城市发展中必经的一个过程。市民黄小姐在采访中表示，自从家里买了机动车，就淘汰了自行车，现在出行要么自己开车要么就是坐巴士。黄小姐认为，机动车的尾气虽然造成了空气污染，但机动车比自行车方便也是不争的事实。

上述问题是指租用公共自行车的人少，入不敷出是必然趋势。

在第一篇中，我们论证了转租站建立后，使用转租站的自行车比使用自己的自行车还要方便，还要合算，所以人们对骑自行车必然趋之若鹜。由于转租站的车子有可以转租、无须存放等优势，上文黄小姐所说出行“机动车比自行车方便也是不争的事实”的话就有了毛病。前文已经作了论述：就短途而言，乘坐或驾驶汽车不如租用转租站的自行车。所以，可以预见，转租站建立后，必然掀起一个使用转租站自行车的旋风。生意红火，亏损从何谈起？

国内最先引入公共自行车项目的杭州市在2012年之前连年亏损，经营4年单由公共财政投入就已累计接近4亿元，每年的运营成本基本维持在6000万元到7000万元之间。广州公共自行车运营管理有限公司一年约亏损3000万元，2010年投入的5,500辆自行车，运营了约两年就损失了500辆。

上述问题是指出租自行车被盗严重。

广州公共自行车运营管理有限公司的自行车“运营了约两年就损失了500辆”。论绝对数字不大，离“千”和“万”差得很远。可是，论相对数字就非同小可。总共才投入5300多辆，竟然损失了500辆，损失率高达10%！

“橘生淮南则为橘，生于淮北则为枳，叶徒相似，其实味不同。水土异也。”自行车到了转租站手里，一辆也不会不明不白的丢掉。因为，转租站是石板一块，没有半寸滋生盗窃的土壤。首先，自行车在转租站不会脱离责任人的视线，转租、承租，都是手递手，小偷难道能当着租车人的面撬开车锁、推走自行车？其次，转租站凭押金票退押金，租车人还会发傻将押金票送给小偷？赃物变不了钱，小偷也就没有偷的兴致了。再次，转租站的自行车型号特殊，成了赃物，谁也不敢展示在光天化日之下？既然这样，攫取它还有什么意义！

有业内人士指出：“公共自行车是一种公共交通工具，定价上就直接遏制了其盈利空间。普通公共自行车每辆采购价600元、日常维护费用约为800元每年，且只能保证两到三年的使用寿命，因此出现运营亏损及经营困难等问题，不足为奇。”

上述问题是指自行车使用寿命短。

转租站自行车出租率高，不可能有多达几十辆甚至几百辆自行车锁在露天里，承受烈日和风雪煎熬。大凡是人，都是爱惜自己身体的。有烈日避烈日，有风雨躲风雨。车子被人使用，在人避烈日、躲风雨之时沾了光，也避了烈日、躲了风雨。这样，车子受自然力侵蚀的程度就会降低，使用寿命就会延长。

反思：规划与配套设施存在问题

自行车作为价格低廉、便捷、环保的交通工具，用作短途出行的交通工具是较为理想的方式，然而，却并未被市民广泛接受。重要原因是城市规划、配套设施和维护与管理的问题。

广州市交通规划研究院工程师熊文婷在首届自行车生态大会中介绍，由于广州存在较为严峻的自行车道缺失问题、骑行安全问题等，导致广州的自行车出行比例明显低于国内其他大型城市。

自行车道缺失或被挤占。记者走访了广州天河、越秀等各大区，发现区内很多道路都设有自行车道，但许多车道都被机动车挤占行使，不少机动车车主还将自行车道作为停车场。

同济大学陈小鸿教授指出，安全感是影响自行车总体出行品质的第一指标。由于机动车占用自行车道，自行车在机动车中穿行，危险性很大；而自行车过马路常与人群混在一起，容易受到人群阻隔而发生安全事故。

此外，有专家认为，自行车租赁不普及，不能通借通还也是自行车出行率较低的原因。“公司附近没有还车点，骑过去还不了。”市民李先生表示，自2010年广州启动公共自行车计划以来，因为租赁点少的原因，从未使用过该服务。

据“拜客·广州”介绍，广州大学城、地铁沿线和BRT三种自行车系统间并不兼容，因此不能跨系统归还车辆，极其不方便。

多地相应的配套设施还不完善，也给使用公共自行车出行的人，带来不小的困扰。

上述问题是指自行车车道被占。

有些城镇不但不扩充自行车道，还侵占它。对这个问题要辩证，不要一味地责怪市政部门不重视自行车。假如目前的公共自行车体制非常科学，说白了，建立转租站，大街上骑自行车的人多如潮水，市政部门断不敢随意缩减自行车通道。否则，必然引起众怒。“怒不在大，可畏惟人，载舟覆舟，所宜深慎。”如今当官的，最怕的是开罪于众人。如果不断遭到十个二十个人的举报，那这官位肯定不会长久。

早在2011年，湖北省武汉市江夏区政府曾投入千万建设公共自行车服务系统，不到一年，系统运作困难，名存实亡。3年之后，江夏公共自行车服务经整修后再次“上线”。但2014年有媒体报道，武汉公共自行车“民心工程”再成“闹心工程”，总计3亿元的投入难见实效。2015年，该项目又不得不进行改造升级。

问策：为自行车出行构建有利环境

陈嘉俊认为：“我们的发展方式和城市规划都需要作出改变，给市民一个更愿意选择自行车出行方式的环境。”

优化自行车租赁系统，为市民构建一个便捷有利的自行车出行环境，也正是今年广州政府的工作重点。针对自行车出行中不能“通借通还”的问题，广州市交通委员会的工作人员表示，“‘通借通还’是大趋势，我们当然希望能将各个租赁系统归纳到一起，未来会和运营商沟通协商。”

自行车的出行环境影响着许多市民的选择。市民黄小姐表示，如果租赁归还方便，骑行安全，她会使用公共自行车的租赁服务。“上下班是塞车高峰期，如果能自己骑自行车，那就能避免这个问题了”，黄小姐说。在大学城上学的梁同学也认为，如果能实现“通借通还”，他使用自行车的次数会更多。“其实租的车非常好骑，舒服又灵活，就是不能随时随地还车，有点麻烦。”

天津社会科学院经济社会预测研究所研究员高峰表示：“如何通过合理的制度设计，施以必要的惩治措施，激发起全民保护公共自行车的意识，是解决公共自行车人为破坏的关键因素。”

高峰认为，要改变目前的公共自行车困境，也需要城市要量力而行。“通观全国，由于公共自行车项目的技术支撑和各项配套措施建设还待完善，因此目前许多城市还不具备大规模运行公共自行车租赁系统的条件。”所以应当避免一窝蜂似的推广公共自行车建设，谨防成了‘面子工程’。

此外，他认为，在一些有条件的城市，使用结实耐用的自行车且规划出安全通畅的自行车道，保障骑车人安全。“以深圳为例，从2006年开始，逐渐恢复了自行车慢行系统的建设，形成了相对封闭的畅通网络。”

上述问题是出租自行车不能通借通还。

“通借通还”的意思就是在甲地借的自行车到了乙地，可以在乙地归还而无须回到甲地归还。

转租自行车站，顾名思义，其特点就是让租车者之间可以相互转租自行车，而不必到转租站去租车和还车（结算）。这便相当于转租站为每一个租车者都设了一个贴身跟随的租车站和收车站。

四、公共自行车遭遇发展困境　转租自行车幸逢用武良机

本部分所有楷体内容出自《城市公共自行车面临的发展困境》。此文原载《凤凰博报》（2014年2月22日）。

近年来，作为城市公共交通组成的一部分，公共自行车以其低碳、绿色、环保的特点纷纷亮相国内各大中城市。由于公共自行车不同于一般的自行车，它采用了更为轻质的材质，定制一体化的颜色，在为市民提供出行方便的同时，也成为穿梭在城市街道上的一道亮丽风景线。据有关统计数字显示，自2008年5月1日，杭州在全国率先运行公共自行车租赁系统起，截止2013年，配备公共自行车服务系统的有北京、上海、广州、深圳、杭州、南京、武汉等150多个城市。

随着建设绿色文明城市、绿色、环保出行概念的不断深入，加入配备公共自行车租赁服务系统行列的城市将会越来越多。然而，在城市公共自行车得到快速发展的同时，由于很多城市没有自行车专用道、运营经费短缺等问题相继显现，公共自行车租赁面临着网点科学布局、车辆管理与维护、服务及时到位、市场盘活等一系列烦琐的问题，严重制约了公共自行车的正常运营和进一步扩大发展。

缺少专用车道，骑行空间难满足

过去，在摩托车、小汽车远没有普及的时候，城市机动车的保有量非常有限，市民不是乘坐公共汽车，就是依赖自行车作为代步工具出行，几乎所有大中城市道路都预留有专用的自行车道，极大地方便市民骑自行车出行。

后来，人们的生活水平提高了，小汽车开始进入寻常百姓人家，短短数年，随着私家小汽数量的迅速增长，城市道路开始出现了严重拥堵的现象，为解决城市道路拥堵的问题，很多

城市便展开了扩宽机动车道等大动作，企图通过改造原有道路规划达到治堵目的，纷纷把原有的自行车道都取消了。而启动公共自行车服务系统后，由于没有专用的自行道，自行车只能借用人行道在人、车混杂的道路中穿行，势必造成骑自行车的人与行人之间产生相互影响等诸多不便；或者一些骑自行车的市民，干脆就骑上机动车道，险象环生。

于是，虽然有人借助在大城市大气污染日趋严重的环境情况，呼吁政府是否要考虑恢复自行车绿道，可惜的是，这些微小的呼声并没有引起地方政府的重视，且从目前城市发展的情况来看，很多城市根本就没有恢复自行车道的计划，甚至认为这是在走城市发展的回头路，从地方领导决策层上就彻底否定了恢复自行车道的念头。

当然，并不是所有大城市都没有自行车道，但是可以肯定地说，拥有自行车道的城市并不多，甚至有个别城市为了配合公共自行车系统的投入运营，确实对一些重点路段重新开辟出了自行车道，但也仅仅是象征性的一小部分路段，以其说是公共自行车服务系统的配套设施项目，倒不如说更像是一些地方城市的形象展示工程。

可想而知，在完全没有或自行车道相当有限的城市里推行公共自行车服务系统，就像没有铁路火车就无法开通一样，必将严重制约城市公共自行车的发展。

租赁网点少，服务跟不上

目前，虽然有很多城市推出了公共自行车服务，却普遍存在租赁服务网点偏少或布局不合理的问题，非常不方便市民租用，极大地降低了市民租用公共自行车的意愿，导致公共自行车使用效率低下。如一些公共自行车的布点距离地铁站和公交车站较远，位置不明显，无法满足骑车市民的出行需求。公共自行车要解决上班回家“最后一公里”的问题，在布点的时候就必须考虑出行的实际需要。

上述问题是指“运营经费短缺”“缺少专用车道，骑行空间难满足”“租赁网点少，服务跟不上”。

我们各个城市发展公共自行车交通也不能只把眼睛紧盯着政府，动辄就抱怨政府拨款少。政策好，小钱可以办大事，没钱也能办事。目前公共自行车出租体制多是“伸手”牌，政府给钱就办，多给多办，少给少办，不给不办，哪能有生命力？自行车转租的生命力是无穷的，前面已作详尽的分析，现在再简略的提一下。由于它是让租车者转租的，无须兴建无数个租赁站点，无须大量招聘租出和收进车子的管理人员，所以成本低，租金贱。更神奇的是，车子用完不必送到租赁点去，可以随手转租给别人。这就是说，使用转租站的车子比使用归自己所有的自行车还要方便、还要合算，哪个不青睐转租站的车子？人们对自行车的兴趣提高，出租率便会跟着飙升。而出租率飙升，车子受自然力作用侵蚀的比例就会大幅度降低，租金则可再度下降。租金下降，又会燃起人们更大的租车热情，良性循环就形成了，政府不断拨款的无底洞也就封死了。

在“公共自行车在中国城市‘遍地开花’运营面临困境”中我们已经分析，出现这个问题的缘由有两个：一是市政当局不重视，二是使用自行车不成气候。转租站成立以后，人们使用它的自行车比使用自己的自行车还要方便、还要合算，所以自行车使用热必将经久不衰。如果出行的人想骑自行车的占60%，而不是占6%，那么“公共自行车在中国城市‘遍地开花’运营面临困境”的情况就能改观。因为市政工作人员与一般居民一样，也须骑自行车，也有改善骑车环境的愿望。谁对使用自行车制造障碍，谁就会被“全党共讨之，全国共诛之”。

此外，不少城市公共自行车租赁服务是由几个甚至多个不同企业独立负责管理和经营的，彼此间互不兼容，市民要租用公共自行车后，在这些不同企业管辖下的服务网点不能通租通还，不能跨区租还车，成为城市公共自行车的一大服务硬伤。

转租站让租车者转租车子，租车者到了目的地，便可随即将车转租给别人，无须专程到租赁点去。这是最方便的“通借通还”，是各租赁点的最大“兼容”！

很多公共自行车经过每天风吹日晒、连续使用磨损后，也很快就出现生锈损坏、零件脱落，甚至还存在安全隐患的问题，不但影响市民的租用意愿和涉及使用安全，也使运营后期维修车辆产生很大一笔费用。

前面说过，转租站成立以后，人们租用它的自行车比使用自己的自行车还要方便、还要合算，所以转租站自行车出租率是很高的。自行车被租车者使用的过程，其实也是受保护的过程。——哪个租车者骑车不避雨雪？租车者避了雨雪，所租车子也随之避了雨雪。

由于还有不少市民表示，公共自行车开通借车的手续麻烦、门槛高，租用一次车，有的城市规定本地居民凭本人身份证，外地户口居民外加居住证（无居住证者按游客卡）到指定的服务网点办理自行车卡后，除了要交100—300元不等的押金外，还要交一定的消费充值；有的月租也要几十元，一年下来也要几百元，还不如自己买一辆自行车划算，毕竟一辆普遍的自行车市场售价也就几百元元左右。过高的门槛降低了市民使用公共自行车的热情。

有专家建议，必须逐渐实现以点带面，以商业中心、住宅区等市民流动集中的核心位置为中心，按一定距离进行辐射布点，再由一个面区域扩展到另一个面区域，连接为片，最后通过网点增补和调整，使片区域相连成网状覆盖全城，形成规模化经营，才能使服务和经营得到良性循环的发展。

上述问题是由于目前自行车出租网点不合理，使租车者多跑冤枉路。

由于转租站自行车可以转租，一个租车者就是一个租赁点，所以转租站建立后，人们租车、还车都不必刻意跑到转租站去，冤枉路从何而来？

经费没有保障，运营难以为继

公共自行车租赁是一个微利的公益性事业，如果经营企业要承担包括站点布局等所有的成本，利润微薄就难以为继。最近，有媒体报道了广州公共自行车的困境，自2010年广州亚运前启动公共自行车以来，广州市公共自行车管理公司目前5000辆车一年租金收入仅12万，远低于50万的维修费用，三年来一直入不敷出。这并非个案，由于政府扶持力度不够，广州另一家在市区提供租车服务的广东旭日公司目前也是亏损状态。

去年，在广州由广东旭日公共单车租赁管理有限公司负责经营的黄色公共单车，因为拖欠员工工资，员工忙于讨薪，导致全市多个公共单车管理点暂停营业。虽说是“暂停营业”，但对需要租用公共单车的市民来说，无疑还是造成了一些不便；虽然仅仅是暂停营业了一天便恢复了正常服务，但谁敢保证日后类似情况不会“重演”呢！

作为民营企业，据旭日公司的负责人称，拖欠部分员工的工资亦属无奈。由于公共单车是为了响应政府绿色出行的号召，属于公益性事业，但并无任何政府补贴，要盈利并不容易。目前，该公司的盈利主要依靠单车出租费、饮料销售及广告费。

广州目前有三家经营公共单车租赁的公司，那么，除了旭日公司出现经营困难的问题外，市民不禁要问：其他两家公司的经营状况又如何？当然，由于另外一家是国有运营管理公司，不管经营状况怎样，因为得到政府的补助，在经营资金上肯定是没有问题的，也许市民不必担心其负责的租赁点也会出现“暂停营业”的情况；而另一家则是相对实力雄厚的公司，经营资金不是问题，其负责的租赁点也能够保证正常营业。

问题是，按照旭日公司的说法，如果公共单车公司的盈利主要依靠单车出租费、饮料销售及广告费的话，相信另外两家公司的经营状况也差不多。毕竟，三家公司负责的单车租赁点都没有大多的区别，均处于市区繁华区域，租赁点设在地铁、BRT出入口，客流量一样多。从经济学的理论上说，任何经营项目都只有在收支平衡的情况下，才能保证正常的运营和发展。

那么，既然公共单车贴了“公共”的标签，负责经营的公司站在为社会提供公共服务的立场上，把公共单车租赁作为一项公益性事业来经营，将盈利放在了一边。为了保证各公司负责的租赁点维持正常经营，更好地服务市民，政府是否应该考虑出台一个经过研究、论证的详细政策，适当给予民营企业的一定补助呢？理由是：同样是经营公共单车租赁服务，都是从事社会公益性事业，如果政府可以不计成本地投入资金，保证国有企业的运营正常，却对民营企业采取一毛不拔的做法，是否有失公允？

据悉，不仅是广州，即便在全国范围内，但凡按“第1小时免费”定价的公共单车公司都入不敷出。这几乎成了北京、广州等城市部分公共自行车租赁企业面临的共同问题。

国内公共自行车投资模式大体分为两种：政府投资、企业主营；企业投资、政府补贴，第一种方式比较容易获得成功，是因为公共自行车项目是一个民生的项目，也是城市大交通的补充，从建设、安装、运营等横跨政府多个部门，如果没有政府的大力扶持是寸步难行的，一是其初期硬件投入成本较大，二是后期利润回收高低取决于当地政府政策扶持力度及公共自行车网点规模，从投资收益角度看，企业是没法长期承担的。

目前，在武汉、上海、郑州、常州等地公共自行车系统都是采取企业投资主营的形式，由企业投资进行市场化运作，政府给予扶持。但是目前从很多自行车租赁的企业发展来看，单纯商业化运营的自行车租赁业务的投资收益效果很差。

作为一个公益性的服务项目，不管采用什么模式，还是要政府主导并承担起责任。例如经营比较成功的杭州、株洲，就是通过公共交通基金支撑公共自行车系统；武汉则是给予公共自行车部分易于变现的市政土地使用权等支持经营企业发展。可见，公共自行车服务这种公益性的尝试需要探索经营之道，需要政策支持，更需要走向市场，才能持续运转下去。

上述问题是公共自行车由于政府经费没有保障，发不出员工的工资。

目前的公共自行车体制因人设事、人浮于事严重，没有国家拨款是难以为继的。在自行车转租站，如果发不出员工工资，那么太阳就会从西面出来了！因为转租站自行车是让租车者转租的，用不着招聘大量员工。租车和收车站点也可设置最少，所以租金低廉，出租率高。而出租率高，降低成本，又可使租金进一步降低。高效运转，良性循环，决不会出现入不敷出的窘相。

五、公共自行车蹒跚行　转租自行车轻捷飞

本部分所有楷体内容出自胡飞、郭朝盼《北京公共自行车“行车”难》。此文原载《民生周刊》(2013-09-09)。

“这不符合经济规律。”由政府提供资金的模式，一味由政府买单，并不是解决问题的根本办法。

在经历了2008年奥运会期间公共自行车短暂的黄金时期和2010年私营公共自行车项目的夭折后，2012年6月北京市政府开始新一轮公共自行车推广，公共自行车的发展在北京可谓一波三折。如今，该租赁系统试运营已有一年多的时间，此番与以往不同的模式，值得探讨和研究。

5万辆的发展目标

“公共自行车是利民的事情，应该要把它发展好。”家住北京市朝阳区金台西路的刘爱玲（化名）女士告诉《民生周刊》记者，她家小区门口刚好有一个公共自行车网点，每天骑车到金台夕照地铁站，再坐地铁到西单上班，非常便利。

《民生周刊》记者在地铁朝阳门站A口附近的租车点观察到，在早8点到9点高峰时段，公共自行车租借次数达上百次。市民熟练使用租借系统，几乎不存在操作问题。期间自行车一度被借空，运营商及时调度，才保证了市民使用。

在劲松桥南站，早高峰时期，租借次数16次，略显冷清。而在百湾子路西口南，租借的次数则更少。

负责朝阳区公共自行车项目的运营商，长城金点定位测控（北京）有限公司经理牟亮对《民生周刊》记者说，朝阳区先期已投放了4000套设备，设置了110多个网点，8月初又投放了1000套。截至8月26日，朝阳区办卡总量1.64万张，租还总数达150万次，日均租还次数达1.1万次。

东城区燕鸿洲存车管理处也介绍，目前开放租车网点93处，投放租车设备3000套，办卡总量17412张，日均租还车辆次数达8000次。

此番公共自行车项目重整旗鼓，主要由政府主导，提供启动资金，企业参与运营。其中，亦庄的运营模式有些许不同。运营商北京绿畅公司经理韩永刚说，亦庄搭建了一个发展平台，委托国企承担运营费用，绿畅公司项目所得费用都交给对方，形成良性循环。

此次采用“免费+低价”的收费方式，开通市民公交一卡通的租车功能，押金200元，租车1小时之内免费，之后每小时收费1元，每日累积收费不超过10元。

“真的挺便宜，我每天从家里骑车到地铁站，差不多15分钟，根本不需要花钱。就算超过1小时，我换一辆车骑不就行了。”在朝阳区潘家园眼镜城工作的赵松先生笑着告诉《民生周刊》记者。

上述问题是“租车1小时之内免费”，租50分钟还掉再重租，循环下去，租车者永远不用交租金；可租车企业苦了，收不到租金只能亏本。

决策者的初衷恐怕是鼓励人们使用自行车。窃以为，把免掉的费用花在改善租车环境上恐怕比这更好。因为不想用自行车的人，断不会为你这区区“一小时车租”所收买而变为想用自行车。转租站的车子随时随地可以租到（向转租者承租）、随时随地可以还掉（向需要用车的人转租），有这种惊天的便利，即使租金加倍（仅仅一两元），原来想租车的人也不可能退化为不想租车的步行者。

出租企业只有有利可图，有再生产和扩大再生产的能力，才能更好地为租车者服务。“租车1小时之内免费”其实是个陷阱。等到出租企业身上的血液流尽了，运转不起来了，租车者就没有车子可租了。

北京市交通委开通“北京市公共自行车”网站，为市民构建网络服务平台，在网站上可以查询各站点的位置和北京市交通委公布的服务公告。

“这个网站很好，但还不够完善。”刘爱玲说，“如果能够像杭州那样，提供公共自行车查询的手机软件就更方便了。”

截至今年5月16日，北京市交通委发布消息，该市已有7个区县建成公共自行车服务网点520个，投入运营公共自行车规模达1.4万辆。东城、朝阳、丰台和石景山区4个区域已经实现车辆通存通取，可以跨区租还车。《北京市“十二五”时期交通发展建设规划》显示，“十二五”期间，推进公共自行车租赁系统建设，设置1000个左右自行车租赁点，形成5万辆以上租赁自行车规模。

公共自行车的发展势头迅猛，随之而来的是问题的出现。

有市民反映，公共自行车损坏率高，没人管理，“成了没爹娘的孩子”；网点太少，不便捷；有些网点，只有车桩，无车可借；自行车的行车环境不安全，车道经常被私家汽车占用；空气质量不适合骑车……

《民生周刊》记者在潘家园桥东看到，一位市民将市民公交卡放在几个读卡器上都刷了一遍，仍然借不了车，只好放弃。当被告知需要到固定地点开通借车功能的时候，他惊讶地表示并不知道还需要开通功能。

面对市民反映的情况，运营商也很无奈。

“车辆损坏率，从开始的百分之二十，发展到现在的百分之五十左右。”负责小庄路口北公共自行车网点卫生和车辆检查的杨卫国（化名）师傅说。《民生周刊》记者统计了一下现场的情况，发现15辆自行车中有6辆车已没有车铃。

牟亮透露，朝阳区每个月需要使用几十斤的螺丝。“尽管车铃使用的是异型螺丝，但还是经常被人撬走。”

一位不愿意透露姓名的城管队员说，政府为市民提供公益性设施，却被人为毁坏。他认为市民的文明素养不提高，公共自行车项目很难维持下去。

上述问题是公共自行车损坏率高，“从开始的百分之二十，发展到现在的百分之五十左右”。如果“市民的文明素养不提高，公共自行车项目则很难维持下去”。

有个成语叫“量体裁衣”。一个人是1米8的个子，你却为他缝制了一套1米6的衣服，怎么穿得上身？现时公共自行车放在无人问津的一个个自行车桩上，并不符合市民的实际需求。实事求是地说，转租站对自行车的管理完全做到了“量体裁衣”。租车、收车虽在体外循环，让用车者相互转租和承租，但是在方便租车者的同时也赋予了相互监督的管理责任。车子转租给谁，则要向谁要押金；车子来源是谁，押金则交给谁，环环相扣。

你租的转租站的车子到了目的地，要转租，承租者在承租之先必然会检查你的车子能不能骑，有没有毛病，缺少不缺少零件。如果情况不妙，你的车子还转租得出去吗?所以，不管是谁，但凡租了转租站的车子都会正常使用，倍加爱护，更不可能蓄意破坏。

顺便说一下。假如你的车铃确为小偷所盗，照样可以享受转租站“随处可以还车”的便利，即向别人转租车子：将车铃的损失折成现金给承租者（比如车铃市价20元，那么你便出20元），让其转交转租站。

一边是公共自行车损坏率的上升，一边是市民抱怨运营商管理滞后。运营商也在寻找自身的出路。“公共自行车一开始并没有纳入北京规划，只是运用北京规划的边角。”牟亮说。在商业地区，如CBD，一个网点施工成本需要四五十万，是预算的十几倍，这给运营商带来了很大的难题。

牟亮表示，朝阳区运营商14个月实收租车费6.1万元，仅够付一个职工的工资。如果缺少了政府的经济支持，运营商根本无法负担。当《民生周刊》记者提及政府投入资金的规模和具体的支持政策时，牟亮表示不方便透露。

“这不符合经济规律。”清华大学土木工程系交通工程设计研究所所长石京说。这种由政府提供资金的模式，一味由政府买单，并不是解决问题的根本办法。

“微循环”

北京公共自行车以往采用由运营商自主经营，自负盈亏的模式，在奥运期间，虽获得短暂繁荣，但奥运风过后，政府和企业并未及时调整政策。

随后公共自行车租赁的问题开始暴露：网点少、租车贵、管理差，最终大量车辆无人租借，运营商巨亏破产。

那么，新一轮的北京公共自行车项目何以为继？

清华大学交通研究所所长陆化普认为，北京市政府需发挥主导作用。公共自行车项目的持续运营，要做到四点：成熟的配套措施、完善的管理、营造自行车文化和结合实际科学决策。其中，政府要始终作为杠杆的支点，寻找高效率的支点。

在谈及如何将公共自行车项目长久地做下去时，株洲市委书记陈君文说，这要看政府的决心。公共自行车租赁是微盈利的公益性项目，政府的支持是其成败的关键。

除了率先试水的亦庄，北京的公共自行车项目并未系统地对广告资源进行开发。按照《北京市户外广告设置管理办法》的规定，除了公共电、汽车外，其他车辆禁止在车身设置广告。而在其他城市，如杭州，早已引入公共自行车停车棚(亭)广告和自行车车身广告。

石京解释，自行车的特点，决定其适合在短距离、低人口密度的城市出行，最佳行车距离是两到三公里。在北京这样的大都市，人们全程选择自行车的可能性很低。这就为北京实施建设公共自行车项目确立了定位点——抓好最后一公里。

石京说："北京公共自行车的运营要侧重于人们出行的最后一段距离，即从地铁或公交站到目的地的一段距离，从而更好地优化接驳交通的过程。"

统一规划，逐步实施，快速普及化和规模化，牟亮说，"规模才能产生效益，尤其是公共自行车这样非常需要社会效益的项目。"

自行车的行车环境，也在很大程度上影响了市民出行的选择。石京告诉《民生周刊》记者，北京在最初城市规划的时候，有设计相应的自行车配套设施。但由于北京的人口密度高，需要不断横向加设公交车网点，从而造成了某些地方机动车和非机动车混行的现象。

针对这一交通问题，北京市交通委也在改进。《民生周刊》记者了解到，今年年底前，北京二三环路的12座立交桥下都将进行彩色铺装工程，为行人和自行车营造安全的出行环境。

北京公共自行车项目的规划就是要在交通的大循环中进行自行车的微循环，石京说，"城市发展的历史是周而复始的，有些问题不可避免。但既然出现了，就要努力去解决。"

上述问题归根结底是一句话：公共自行车租赁如果得不到政府的支持，失败是注定的。

自行车转租站却不同：得不到政府的支持也会成功，而且是大获成功。

在前文中，我们已经作了详尽的分析：由于转租站车子的出租率最高，折旧率最低；由于转租站的本质特征是转租，所以它的租赁点可以设得最少（也许是公共自行车出租的几十分之一），可以节省巨额的资金；由于租车者可以转租车子，直接到转租站租车还车的人不多，因此即使要建的租赁点的规模也可达到最小。这三个“由于”，必然使转租站的成本极低。所以只要不折腾，转租站完全可以自力更生、自我发展，越办越兴旺。

六、公共自行车三大问题先天就有 转租自行车三大优势与生俱来

本部分所有楷体内容出自张舒《北京公共自行车三大问题》。该文下载自和讯网→新闻→正文法治周末（2014年4月22日23:09）。

公共自行车被认为是绿色、便利交通工具的代表，但包括北京在内的多座城市，种种问题让自行车“租车族”难以真正体会自行车的绿色与便利。

天气渐暖，路上骑自行车的人们也多了起来。

最近，在一个北京难得的大晴天，李毅（化名）和女朋友骑着家门口公共自行车网点租来的公共自行车，前往颐和园游玩。

但让他始料未及的是，租来的自行车骑到公园门口，发现无处归还自行车。“猜到了开头，却没猜到结尾。”他无奈地说。

停车无路的二人只好折返回最近的租还网点，将车归还后，再次打车回到公园。

“也不知道是我俩没找到，还是真的没有(租还网点)。本还想着浪漫一下，结果却弄了个无趣……”李毅挠挠头。

李毅的尴尬成为很多和他一样遭遇的“租车族”的心声。在公共自行车被大力推广的现下，配套设施的不完善等问题，让很多想要办卡的市民望而却步。

问题一：配套设施太“粗放”

2012年6月16日，北京市首批2000辆公共自行车在东城区、朝阳区试点运营。根据北京公共自行车网站公布的数据，目前，全市城区，包括通州、大兴和亦庄，共有602个租还网点，停车位数量大多在25个至30个之间。城六区中，海淀区和西城区暂未建成租还网点。

除北京市外，全国各地也陆续开通了公共自行车服务。但其实，在很多城市，这已不是公共自行车的第一次亮相。

2011年，湖北省武汉市江夏区政府曾投入千万建设公共自行车服务系统，不到一年，系统运作困难，名存实亡。3年之后，江夏公共自行车服务华丽归来。但近日有媒体报道，武汉公共自行车项目成烂尾工程，总计3亿元的投入难见实效。

在雨后春笋般冒头的公共自行车服务下，多地相应的配套设施还不完善，给租车一族，带来不小的困扰。

和李毅一样，刘夏（化名）也曾被公共自行车租还网点“耍”得团团转。

“我在东直门办的卡，当时想着夏天可以骑车到处转转。可办了(卡)之后才发现，好多地方是没有租还点的，我骑走了也没地方停。”

更让刘夏恼火的是，她原来不曾知晓，北京郊区的租还网点是独立运营，与城六区不能跨区骑行。她曾一路将公共自行车骑到大兴区去探望同学，可在租还网点处却无法停车。“办卡的时候没说，我也没查过。结果鼓捣了一头汗，也没还上车。”

租还网点设置不平均带来的问题还未解决，又有市民不断爆料公共自行车不仅易坏，而且刷卡租换车时频出错。

去年年底，据媒体报道，有市民曾在骑车过程中，发生自行车脚蹬突然掉到马路上的状况。该市民没办法，只能推着去下一个网点换车。

李毅介绍，不仅挑车是学问，还车也是。他曾多次遇到停车需排队的现象。“我经常在单位门口等位，好几个人排着队，等着有人来取走一辆车，才能还回去一辆车。甚至还有将电动三轮车锁在(公共自行车)停车位上的。就因为这个，好几次上班都迟到了。”

说起还车经历，王巍(化名)也是一肚子苦水。

“上周，我骑车回家，按照正常程序，刷卡还车。”结果，令王巍不知所措的是，他将IC卡放在刷卡区后，操作成功的语音提示并未出现，代之以一阵急促的“嘟嘟嘟”声，并伴随“卡有误”字样。他在旁边的查询机上进行查询，屏幕上显示查询结果为“未还车”状态。“我想重新查询，却显示查询超时。”

法治周末记者在走访一网点时发现，该租还网点共停放20辆公共自行车。其中，有3辆被停放在车架以外，其余车辆也有不同程度损坏，包括车筐故障、车把破损、车铃丢失。

上述问题指的是还车难。

这个问题在转租站是无从谈起的，因为转租站顺其自然，让租车者之间互相转租；转租了，对用完车子的转租者来说就是“还车”。转租者的目的地在哪里，就可以在那里转租给别人，相当于转租站为要“还车”的人建立了密密麻麻的转租站。

承租者的身边只要有车子就能就近承租，不需要刻意到转租站去，是非常省心的事。租车的烦恼无非两个：刻意到车站去租车和刻意到车站还车。这两个烦恼没有了，用车热便会很快掀起，车子不是租不完而是不够租，是出租方市场而不是承租方市场，随时随地都有跟着你的、让你“还车”的车站。而公共自行车出租需要租车者绕一大段路到本来不需要去的租赁点去租车、还车，使得人们对租车心灰意冷，因而租赁点库存爆满就是当然的了。

问题二：城区使用频率不高

在北京现行的公共自行车服务中，城区自行车投入比例，远远大过郊区。然而，王巍却向记者反映：“郊区骑车的比城区多多了”！

王巍的公司在通州，他平日里均生活在这里。“我自己感觉，通州的停车点比城区密集。反正在我的生活圈子里，几乎几百米就有一个租还网点。”

在王巍看来，通州的交通设施建设，给骑车带来了方便。

“城区的道路都是‘碎片化’的，让我骑车走都找不到路，总不能上环路啊！”他感叹。

在通州则不同。通州车辆远少于城区，道路建设相对“完整”，租还网点也集中，这养成了王巍的“懒”毛病。“有时候，中午买瓶水我都骑车去。反正前一个小时是免费服务的！”

王巍介绍，他经常在上下班路上遇到“同行者”。“有些人的车筐里还装着新鲜蔬菜，应该是和我一样下班回家的。”

王巍的这席话说到了刘夏的心坎里。

“城区车真的太多了，我每次骑车都怕被撞。还经常有车在自行车道里开！”这些状况使得刘夏每次上路都战战兢兢、前瞻后顾。“问题要是再这么多，我就不想继续骑了。”她有些倔强地说道。

上述问题是公共自行车城区配置的租赁点和车子多，郊区配置的租赁点和车子少，脱离了实际。

这个问题在自行车转租站根本不可能出现。自由转租遵循自行车流动的客观规律，让租车者随意转租，无所谓配置不配置。如果郊区由于公交车少，道路也适宜骑自行车，租赁自行车的人多，车流量自然会增大；相对地说，城区由于车子难有用武之地，车流量自然会减少。

一个地方有要转租车子的人群，就必然有要承租车子的人群；转租车子的人多，承租车子的人也多，两者总是平衡的。即使有特殊情形，比如举行大型集会，开幕时租车来的人多而租车离去的人少，以致车辆富余，转租站也可通过调节租价的办法进行平衡。

问题三：雾霾影响出行

在刘夏的顾虑里，自行车停放问题是一个，出行安全问题是一个，然而首当其冲让她拒绝再骑车的原因属雾霾无疑。

不定期造访的雾霾，把不少想要尝试骑行的上班族“逼”进车里。

“外面这空气，让我怎么放心骑车啊！”刘夏有点委屈。“自办卡当天起，雾霾就时不时来。这卡根本没用几次，还几乎每次用都出差！”

笼罩在周遭的雾霾，在影响着市民生活质量的同时，也影响着心情。要想治理雾霾，减少工业污染和汽车尾气排放已成关键。

政府虽大力倡导骑车出行，并加强了公共自行车服务，然而，却忽略了人们的担忧和恐惧。“我不能拿自己的生命开玩笑。”李毅感叹。

毫无疑问，自行车出行具有方便、清洁等多重优势，但遗憾的是，人们并不会在阴郁的雾霾天里选择环保，放弃健康。

“雾霾不散，我就不骑。”李毅很坚定。

上述问题是雾霾天气多，人们不肯使用自行车。

自行车转租站成立了，雾霾便会减少。雾霾少了、轻了，人们就爱用自行车了。

转租站成立了，雾霾为什么会减少？这是因为转租站的优势使人们使用交通工具的观念在改变，短途出行钟爱自行车而“冷落”汽车了。而汽车尾气，是酿成雾霾的元凶之一。对此，我们在前文已经作了如下分析：

据北京市交委组织的调查，截至2005年底，北京每天有2920万人次奔走在市区各个地方，市民平均每次出行距离为9.3公里。这个距离，正是自行车在时间上同汽车分庭抗礼的优势距离。现时，不少人不骑自行车而“打出租”“坐公交”，不是不想骑车，而是无车可骑。由于转租站车子的使用率特别高，一辆车能发挥多辆车的作用，所以届时的局面必然是你想骑车就有车。这也就是说，转租站建立后，现在使用私家车、乘坐公交车和出租车的人都极有可能成为它的租车人。其中，使用私家车和乘坐出租车的人的可能性更大，因为自行车成本只是汽车成本的几分之一、几十分之一。

马路上汽车少了，尾气也少了，空气质量必将迅猛提高。“波哥大……在2004年‘无车日’这天，公交车的乘客数量比平时增加了20%，出租汽车的业务量增加了3倍。波哥大市市长莫库斯称，当天共有600万波哥大居民乘坐公交车上班或上学，约有30万居民选择骑自行车出行。与平日相比，在‘无车日’，波哥大市的交通事故减少了一半。据环保部门监测，‘无车日’空气中的二氧化碳、二氧化氮和悬浮物分别比平时降低了78%、36.5%和20%。”

自行车不烧一滴汽油，也就没有一缕废气，所以说转租站对减轻雾霾是一个巨大的贡献。

七、公共自行车时常“掉链子”　转租自行在永远连轴转

本部分所有楷体内容都出自金妍《金华：便民的公共自行车时常“掉链子”》。该文下载自金华新闻网（2016-02-24 09:

22）。来源：金华晚报。

市区推出公共自行车服务已两年多，公共自行车对方便市民绿色出行起到了积极作用。近日，有市民来电反映，市区的公共自行车有时并不好使，常常会“掉链子”。他们希望相关部门能加强管理，将“好事持续办好”。

连借4辆公共自行车刹车都是坏的

市民余先生打来电话称，市区的公共自行车刹车和铃铛质量都不太好，他曾有过这样的体验，有一次一连借了4辆公共自行车，可没有一辆的刹车是好的，铃铛也不会响。

“这虽然都是小事，可我那天骑车时，遇到紧急情况想刹车，结果刹车不灵，差点出事。”余先生说，相关职能部门后续要多检查下公共自行车，遇到问题应及时修理，提高车辆的质量。

市行政执法局城市管理服务中心一戚姓工作人员称，市民反映的公共自行车车况不良的现象，确实存在。这与市区公共自行车使用量的逐渐增大以及少数使用者的不文明行为有很大关系。运营公司会每天安排人员对车况进行检查，对故障车辆下架维修。监管部门也根据相关规定进行考核抽查，督促运营公司搞好服务。但因公共自行车流动性较大，部分故障车无法及时发现，为此运营公司在每个站点设置故障车专用桩位，供市民存放在使用中发现故障的自行车，便于及时维修处理。

此外，运营公司已于今年1月份增补自行车近1000辆，用于替换缺损车辆。下一步，他们将继续严格按照相关考核要求，督促运营公司加强整改，更好地满足市民的公共自行车出行需求。

站点无人管理 车辆乱停，随意取用

市民张先生来电称，在金华开发区秋滨街道邵姜村，百事达对面的公共自行车站点没有人管理，很多公共自行车乱放，之前是假期，还有小孩乱骑公共自行车。他觉得，这样存在安全隐患，希望相关部门后续服务要跟上，将“好事持续办好”。

还有市民金先生来电称，在市区江南多个公共自行车站点，都有站桩故障的问题。他曾在市区双龙南街一站点还车时，还了几次，都显示故障，无法还车，那天他正巧赶时间，忙了一头汗，终于还好。

市行政执法局城市管理服务中心工作人员称，金华橘子自行车公司已派人前往站点，对站点设施进行检查。经查，该站点锁止器运作基本正常，但疑似存在系统问题，已当场要求运营公司检修。关于自行车被随意取用问题，系人为破坏锁止器造成，中心已要求运营公司收集保存站点监控录像，拟通过法律途径追究有关人员的责任。

同时，要求橘子自行车公司加强巡查管理，并对站点设备进行改进，尽可能避免公共自行车设施被破坏。

上述问题是公共自行车损坏严重，停车桩也有故障，想还车也还不了。“连借4辆公共自行车，刹车都是坏的”这类问题，在自行车转租站是不敢想象的。因为你租了转租站的车子不加爱护，甚至野蛮使用，导致损坏，比如像例中的公共自行车刹车不灵了，不可能像现时的公共自行车可以悄悄地送到停车桩上了事。转租站没有必要设置这种停车桩，你所租的自行车不用了，转租给别人多省心。不用期间既不用交租金，又不用担心被窃。承租者承租车子，必定先查车况，对有毛病的车子（比如刹车失灵）谁肯承租？损坏车子的人只能将车子送到转租站去。转租自行车成了习惯，送车到转租站去的感觉，与现在送车到停车桩去迥然不同，是遥远和懊恼的。所以，人们使用转租站的自行车必定个个当心、倍加爱护。

转租站对租出自行车虽然是“体外循环”，大多时候看不到，但是管理并不缺失，一环扣着一环。转租站对第一个租车者负责，租出的车子必须完好无损。否则租车者可以不要，另挑好的；第一个租车者对第一个承租者负责，第一个承租者对第二个承租者负责……最后一个承租者（送车给转租站的）对转租站负责。所以，前一环车子出了毛病，是难瞒后一环的，非承担责任不可。这样，每一环都爱护自行车，毛病就灰飞烟灭了。

八、公共自行车进退两难　转租自行车左右逢源

本部分所有楷体内容都出自程午鹏、李沛《BRT洪文站公共自行车站遭围堵 租车冲不出“包围圈”》。该文下载自《厦门日报》（2016年02月25日）。

明明有可供租借的自行车，周围却全是私人电动车、自行车，甚至摩托车……昨日，市民向本报热线968820反映，加州商业广场的brt洪文站旁，一个公共自行车站点被乱停车堵死，记者对此进行走访调查。

该站点位于brt站桥下，停放的公共自行车不过5辆，锁止器已经断电，无法租借。其实，即使这些公共自行车能够正常租借，也冲不出周围的重重包围。记者现场观察半个小时，不时有人过来见缝插针地停放自己的自行车、电动车。有些自行车倒在地上，电动车“插”不进去，就停放在自行车专用道上，甚至连摩托车也来凑“热闹”。站点旁边还有一些摊贩占道经营，也把载货的电动车停在自行车专用道上。

管理部门：启用之初就被堵，去年底只好关停

市公共自行车管理有限公司一名工作人员告诉记者，该站点共设置20个公共自行车停放位置，从去年8月启用。启用之初，私人的自行车和电动车就堵塞在站点前，影响公共自行车租借和还车。

这名工作人员表示，公司曾安排巡检人员现场劝导市民，但并没有效果，站点内外的私人自行车、电动车越来越多，很快该站点就处于瘫痪状态，公司只好在去年12月底关停了该站点。

上述问题是指租车站点得不到公众爱护，普遍“被堵、被包围”。

自行车转租站的设计以人为本，不设置也没有必要设置类似公共自行车的无人看管的站点（租的车子不用了可以转租给别人）。没有这样的站点，当然就不会有被堵、被包围的蹊跷事。

这名工作人员说，他们也有向城管和警方部门反映，但问题尚未得到解决，希望相关部门能给出解决办法，恢复站点的正常使用功能。

交警部门：加强现场疏导缓解乱停车现象

记者为此联系了思明警方，警方回应称，针对市民停放电动车和自行车时堵塞了公共自行车取放的问题，莲前交警中队会持续关注，在停车高峰时段加强现场指挥和疏导，缓解乱停车现象，也希望和市公共自行车管理有限公司相关人员到现场办公，共同商讨解决方案。

莲前城管中队一名负责人回应，此前有接到此类投诉，也有安排执法人员在附近定点巡查。对于现场市民停放的自行车、电动车，城管方面没有相关依据暂扣此类车辆，只能予以劝导，但现场人员流动量较大，安排执法人员现场管理的效果不明显。

采访中，周边一名住户表示，好好的公共自行车站点就这样关闭，她也觉得很痛心，周边住户有停放私人自行车、电动车需求，可以用疏堵结合的方法，一方面加大监管，一方面规划合理的私人自行车、电动车的停车位置，让公共自行车站点能恢复使用。

上述问题是指公共自行车站点受到歧视而关闭，城管和警方也爱莫能助。

自行车转租站，顾名思义，自行车让租车者互相转租：我用后转租给你，你用后再转租给下一个人，下一个人用后再转租给下下个人，周而复始，以至无穷。可以看出，现时的公共自行车出租让转租站取而代之后，公共自行车站点被乱停的车辆堵死的问题在一夜之间便烟消云散了。

九、公共自行车网点捉襟见肘　转租自行车网点游刃有余

本部分所有楷体内容出自贺勇《关注城市公共自行车面临问题：总量少网点不均利用率低》。该文下载自人民网→福建频道→长汀生态论坛（2014年07月12日11:21）。

记者了解到，一些人不租用自行车的原因是租用后找不到合适的归还点，反而耽误时间，其根本原因是租赁点明显不足。从“北京公共自行车”网站上的分布图可以看到，北京已建成的766个自行车租赁点分布很不均匀，明显是东密西疏。西二环以东的区域，代表着租赁点的小绿点密密麻麻；西二环到西四环之间基本是“真空区”。以长安街为例，自行车出行条件较好，尤其是早晚高峰堵车时。但是很多人不敢租车，因为如果从东单借了车，过了西单可能就找不到还车地了。

北京公共自行车还面临着总量少、网点分布不均、利用率相对不高等问题——公共自行车，如何轻松骑?

图3-2　一位市民正在天坛公园东门借用公共自行车

在机动车日益增长、交通拥堵和大气污染加剧的背景下，使用公共自行车是一项不错的选择。

截至2013年底，北京市建成2.5万辆公共自行车服务系统，办卡9.2万张，累计骑行次数510余万次。公共自行车网点覆盖范围也从最初的2个区县扩大到7个区县，方便了市民出行。

与此同时，北京公共自行车还面临着总量少、网点分布不均、利用率仍然不高等问题。

免费骑行，既环保又健康

“在1小时内，到另一站点立马还，重新借1辆，不仅免费，还能锻炼身体，何乐而不为?”6月25日，在东城区天坛东门公共自行车租赁网点，王先生向记者传授起了“免费借车经验”，只见他熟练地刷了一下“一卡通”，语音提示“租车成功，请取车”。王先生轻松地骑车而去。

从2012年6月开始，北京市由政府主导，推行公共自行车服务。数据显示，全市已有766个租车网点，覆盖了东城、朝阳等

7个区县以及亦庄经济技术开发区，城六区已经实现车辆通存通取，可以跨区租还车。

为鼓励市民短途出行中使用公共自行车，目前租赁公用自行车后1小时内免费骑行，之后每小时收费1元，每天累计不超过10元，连续租用时间不得超过3天，非常便宜。

与商业租赁自行车模式相比，此次由政府投入了项目启动资金。运营商负责具体经营管理，并承担人员、维修、零部件等费用支出。

据运营商燕鸿洲存车管理处的陈哲华介绍，此次试运营主要是政府主导，企业参与运营，公共自行车是公益性质的，最终的目的是鼓励和倡导市民选择绿色出行。

下午6点，正值交通晚高峰。市民高先生从八通线梨园地铁站出来，径直走进公共租赁自行车站点，熟练地刷卡、取车。骑车不到5分钟，就到了格兰晴天小区门口。

“我们小区门口没有公交车站，以前上班每天只能走到地铁站，要是赶时间就得打黑‘摩的’，自己买辆自行车吧，又怕被偷了，还是公租自行车方便。”高先生告诉记者，从小区门口到梨园地铁站，大概要走10到15分钟，但骑车只要四五分钟。

越来越多的居民像高先生一样，选择公租自行车作为地铁到家之间的交通工具。统计数据也印证了这一点，1小时之内还车的人数占租车人群的90%以上，平均使用时间在20分钟左右。这也意味着，大多数人租车都是用来解决上下班的“最后1公里”难题，快借快还、免费用车。

北京市交通委负责人表示，随着公共自行车服务范围和车辆规模的增加，以及各网点车辆调度水平的提高，公共自行车使用率和周转率持续上升。工作日平均每辆车要周转4次，地铁周边等热点区域每天车辆的周转率会超过15次。

网点太少，租赁难题待解

尽管公共自行车使用率和周转率持续上升，但在不少租借者看来，与一些公共自行车运作较为成熟的城市相比，北京的公租自行车还是明显存在着利用率不高的问题。

在宣武门地铁口，市民张先生掏出“一卡通”轻轻一刷，借了1辆公租自行车，沿着马路一路往西骑，打算到莲花池附近办事。可万万没想到，这一猛子就蹬到了西四环外，10多公里愣是没找到下一个公租车网点。“自行车解决的不是最后1公里吗？可这‘1公里’也太长了。”

上述问题是说目前公共自行车租赁网点太少，导致租车、还车不便。

窃以为，用增加租赁网点的办法方便租车者租车、还车，是扬汤止沸，总是扬而不止，甚至越扬越沸。就拿上文举例的张先生去莲花池来说吧。“10多公里愣是没找到下一个公租车网点”这个问题怎么解决？新建十个“公租车网点”总该可以了吧？一公里一个，网点够密的了！可是，你的目的地如果在两网点的中点，去还车还得骑车半公里，回来还得步行半公里，至少要花费十分钟。如果要求比较彻底地解决问题，使得花费的时间缩短为两三分钟，网点则需再新建二十个，平均300米一个。任何事物都应该有个度，适可而止这个成语实在科学。公租车网点在少的前提下是越多越好，在多的情况下则是越少越好了。人行道上是密密麻麻的公租车网点，自然会影响人们步行，影响租车者骑行。

还是看看自行车转租站是怎么解决这一问题的吧。自行车转租站，顾名思义，是让租车者互相转租所租自行车：我用后转租给你，你用后再转租给他，他用后再转租给另一个他。刚才说的张先生去到了莲花池，不是“10多公里愣是没找到下一个公租车网点”吗？怎么办呢？是不是自认倒霉，返回20公里找到下一个公租车网点？这太笨了，不用这样。下车，出示转租自行车的信号，将车子转租给别人。有这里到某个地方去的，必定有某个地方到这里来的。所以，不会没有需要承租车子的人，至多等的时间长一点罢了。

如果等了好长时间愣是没有等到承租的人，也不是没有办法。你将车子锁起来吧。你只要带走了押金票，小偷便百分之百视不会打车辆的主意的。偷了车，没有押金票，是退不了押金的；拿出去贱卖，不管价格多低，也无人问津。因为转租站车子型号特殊，谁都会一眼认出。买了这东西，不等于在其上贴了一张告示：大家注意，这车是赃车！

记者了解到，一些人不租用自行车的原因是租用后找不到合适的归还点，反而耽误时间，其根本原因是租赁点明显不足。从“北京公共自行车”网站上的分布图可以看到，北京已建成的766个自行车租赁点分布很不均匀，明显是东密西疏。西二环以东的区域，代表着租赁点的小绿点密密麻麻；西二环到西四环之间基本是“真空区”。以长安街为例，自行车出行条件较好，尤其是早晚高峰堵车时。但是很多人不敢租车，因为如果从东单借了车，过了西单可能就找不到还车地了。

上述问题也是目前公共自行车租赁网点少，而且“分布很不均匀”。

北京总面积16808平方公里，据测算，要想使人们平均步行10分钟能租到公租站的自行车，至少要建公共自行车租赁网点一万个。一个网点的建设费用即使10万元，总共也要10个亿，财政支付得了么？以后的维护费用呢？每个网点配备三个管理人员（网点须昼夜营业），须招工三万人，安排一大批人就业，这是好事。可是，一年几个亿的工资由谁负担？

自行车转租站的“转租”还真是“空手道”，不花一分钱却可以建立千千万万个“自行车租赁网点”，而且分布均匀，可以使承租者不走一步冤枉路就能租到车子：向到了你身边要转租车子的人承租。

在浙江杭州，公共自行车数量和网点远远超过北京。截至2013年底，杭州已经投放7.8万辆自行车，建成公共自行车服务点3067个，市中心每隔300米左右，就有1个服务点。由于方便、快捷，公共自行车已经成为杭州中外游客和市民出行必不可少的城市交通工具，日均租用量达28.28万人次。如按每辆小汽车平均运载2人计算，相当于每天减少14.14万辆小汽车的出行量。

上述问题是公共自行车运营成本太高。

杭州公共自行车服务是非常成功的，但从媒体的报道来看运营成本太高。3067个公共自行车服点，每个点的造价恐怕要数万元，总造价便是一亿多。既是“公共自行车服点”，哪就少不得服务员。租车者昼夜都有，服务就不能以8小时为限。要配备多少服务员！工资总额又是多少！转租站则是另一番天地。由于租车者所租之车可以自由转租，所以千千万万个租车者就是千千万万个转租站，因此实际的转租站就可建得很少很少。这样，建站的成本极大的降低了，而更重要的是服务人员也极大的免除了！此外，转租站还为我们作出一个非常伟大的贡献：为我们腾出了大片本来建站的临街土地。

“办卡网点太少，不少人口众多的居住小区周围根本找不到办卡网点。”一位家住海淀区黄庄的租借者表示。记者发现，在现有的700多个租还车点中，能够办卡和退卡的网点仅有17个，平均每个区域只有两个网点。由于附近没有提示标识，记者走访几个办卡网点找得很费劲。这也让不少居民望而却步。

中国社科院城市与环境研究所副研究员单菁菁说，公共自行车网点的覆盖要更加广泛；同时办卡程序要更加简便、服务更有效率，这样才能激发大家的租车热情。“你可以在杭州免费骑上一天自行车，因为总能在1小时之内找到还车点，可以续借。”单菁菁举例说。

上述问题是目前公共自行车“办卡网点太少”。

出现这个问题，是教条主义泛滥的结果。办卡的初衷是因为要买的东西价值大，携带一沓沓现金不方便、也不安全；也有使用频率高，使用起来省事。一辆自行车的价值充其量三四百元，一天才租用上一两次，也要花上半天工夫去办卡，不需要了还要花上半天工夫去退卡，岂不是小题大做？转租站舍弃这种卡，出四五百元租车，收四五百元退车，既省心也省事，即使全中国只有一个办卡网点，对租车者来说也没有任何不便。

好事办好，方能越骑越远

北京市交通委员会委员容军表示，2014年全市将再投入公共租赁自行车1.5万辆，总规模达到4万辆。按照规划，到2015年，北京市将形成5万辆以上租赁自行车规模，租赁点达到1000个，城市东部和西部的租车网点将基本持平。届时，自行车出行比例有望达到18%左右。

针对公共自行车投放初期存在的不同网点租车冷热不均的现象，市交通委运输局督促各区运营企业加强网点车辆状况的实时监控，提高车辆调度频率，保障早晚高峰期地铁站或者公交枢纽站网点的车辆供应率，使现在供不应求的现象大大减少。

除了网点少、分布不均等矛盾，随着公共自行车的迅猛发展，一系列新问题不断出现。有市民反映，公共自行车损坏率高，没人管理，“成了没爹娘的孩子”，有些网点，根本无车可借……

在体育馆西路的自行车租赁网点，记者看到，34个车位中仅剩下了6辆车，其中有4辆车铃损坏，另外2辆车的车座也不牢固。这些损耗也造成了部分百姓“无车可租”。

上述问题是“网点少、分布不均”问题。

前面说过，由于转租站的车子让租车者转租，要用车的人不到转租站去也能租到车子；用完了不到转租站去也能还掉车子，退回自己的押金，交掉自己的租金。这便相当于处处都有紧跟着租车者的转租站。所以说到了转租站时代，转租站网点的密度最高、分布也最为均匀。转租站老实人办老实事，它的自行车从进站之时起，一刻也不会离开呵护的目光。在站里，修理工不停的检查修理；被谁租走，谁就是它的“爹娘”。你不爱护它吗？最现实的惩罚是车坏了没有人愿意承租，必须自己推着甚至扛着送到转租站去；打电话叫流动修理车吗？也得花时间呀。现在，租车者把坏了的公共自行车悄悄送到停车桩上，自己却溜之大吉已经不是新鲜事。到转租站成立以后，这种行为无法发生。因为，转租站气正风清，没有这种恶习的孕育土壤。

面对市民的抱怨，运营商也很无奈。负责朝阳区公共自行车项目的运营商、长城金点定位测控（北京）有限公司经理牟亮说，运营到现在1年多时间，超时计费的费用加起来也只有几万块钱，还不够雇1个工作人员。如果缺少政府的经济支持，运营商根本无法负担。

上述问题是公共自行车出租没有政府补贴难以为继。

自行车使用领域在呼唤科学管理。诺贝尔奖获得者、美国著名管理家西蒙有一句名言：“管理就是决策。”恕笔者直言，目前的公共自行车出租已经进入了死胡同，亟需在管理上下工夫。否则，很难找到生路。想想吧，北京朝阳区全区一年的公共自行车“超时计费的费用加起来也只有几万块钱，还不够雇1个工作人员”；按照北京市雄心勃勃的计划，公共自行车出租网点将达千个；为了改变这些网点“自行车损坏率高，没人管理，成了没爹娘的孩子”的现状，就必须着人管理。不知有关方面算过没有，众多管理人员一年的工资便是几千万！

成立转租站，变网点出租为租车者转租，根本用不着过多的租赁网点，不需要众多的出租管理员和收车管理员。

单菁菁认为，公共自行车只靠收费不可能达到收支平衡。就目前来看，车体广告是最常用的创收方法，每天人们骑车都会在各个道路区间、各个时段穿梭在人流密集的区域，车体广告既可以起到很好的宣传效果，也可以为企业增加盈利，保障资金运营平衡。

自行车的行车环境，也在很大程度上影响了市民出行的选择。今年，北京制定城市道路自行车道步道建设和环境整治三年计划，完成80条城市道路整治任务，市区共同建成10个示范街区，配合、协调园林部门的绿道建设，形成相对完整、自成体系、环境优良的自行车步行专用道系统。

“公共自行车覆盖面日益扩大，绿色出行理念被越来越多人接受，公共自行车有望在北京越骑越远！”容军表示。

上述问题是说自行车出租仅仅靠租金收入“不可能达到收支平衡”，必须有广告收入等“外快”。

转租站可以胸有成竹地宣告：正常运转之后，不需要包括政府在内的外力扶持，完全能够自力更生盈利至少达到收支平衡。前面已经分析，转租可以使其网点设得最小、最少，用工趋向于零；随时随处可以承租车子，随时随处可以转租（归还）车子，人们的用车热情必然空前高涨，出租率必然直线飙升，自然力形成的损耗率也会降低；因为转租站自行车在站点的出租、收回，和在租车者之间的转租、承租，都相互衔接、环环相扣，监管没有丝毫断档的间隙，受到糟蹋的可能一点也没有。

十、北京最大自行车租赁公司倒闭 世界最牛自行车转租形式崛起

本部分所有楷体内容都出自许云峰《北京最大自行车租赁公司倒闭》。该文下载自新闻中心→国内新闻→正文（2010-11-08 18:02）。来源：法制晚报。

方舟自行车服务（北京）有限公司（以下简称“方舟”或“方舟公司”）倒闭了！近日，该公司进入退还会员押金、清理办公室的“善后”阶段。

白底橙边的自行车，曾布满京城的大街小巷。如今，它们被铁链捆住“躺”在路边，以20元到50元的价格被廉价处理。

又一个“让北京市民回归自行车”的梦碎了。下一个会是谁？是租赁点缩水至20余个的贝科蓝图，还是靠免费吸客的上海永久？

在北京市倡导2012年租赁自行车2万辆、2015年5万辆的背景下，这个即将集体死亡的行业正期待救世主。

现状　地下办公室　仅有两人“善后”

近日，方舟员工老魏在老婆的催促下，来到海淀万寿寺汇景阁公寓一间没有招牌的地下室。

当他再次推开办公室门时，领导不再像过去一样斜着眼瞧他，而是笑呵呵地说：“来领工资的吧，今天可以结清。”在讨薪近两个月后，老魏“幸运”地领到7、8两个月共计3600元的工资。

屋内左侧是半间办公室，摆着两张办公桌，右侧是半间仓库，堆着电脑、饮水机、打印机等办公用品，还有两个盛满文

件夹的“方舟”车篓。

这里，只有主管经营的王经理和办公室主任合德贵。

出了办公室门，老魏不再去城铁望京西站外看守那仅剩的100辆破车——城铁望京西站外的方舟自行车租赁点关张了。

至此，方舟公司在全市的200余个站点全部停止运行，一个亏本运营了2年零3个月的企业，彻底进入“善后”的状态。

曾经布满京城的1万多辆方舟自行车，目前仅剩两三千辆，散落在公交站或报亭附近的租赁点。

能骑的按50元一辆成批地卖，不能骑的按20元一辆卖给收废品的，换成现金来偿还顾客的押金。

“每个来退押金的，都说我们的车方便又好骑。今年3月，北京市还提出2012年形成约500个租赁点，2万辆以上的租赁规模。多好的事业呀，说没就没了！”合主任感叹。

历程　两年亏损1000万 宣布倒闭

2008年8月，方舟正式挂牌成立。它的前身，是创立于2007年5月的甲乙木租车公司。

接手甲乙木后，方舟在全北京铺开200多个网点，1万多辆自行车实现异地租还，一度成为京城规模最大的租车公司。

合主任清晰地记得，当时，地铁4、5、10号线的50个站外均有网点，在和平里的办公室里，后勤行政人员多达80余人……“所有的方舟人都觉得机会来了”。

但从运转开始后，情况就没有想象得那么乐观。

“每月得发工资30多万，占地费10辆车每月300元；两辆金杯车负责调度车辆，如果有人从中关村骑到颐和园交费2元，调回来一辆得花1.5元……”合主任掰着指头算各种支出，结果发现10个指头数不过来。

上述问题是轰轰烈烈的自行车出租企业方舟公司轰然倒闭。

转租站可以胸有成竹的宣告，绝不会重蹈方舟公司的覆辙：

（1）“每月得发工资30多万元”：这在转租站不会发生，它没有必要设立专职租车员和专职收车员（车子在体外循环，让租车者转租和承租），是真正的精兵简政，其员工七八人足矣，哪有几十万元月工资可言？

（2）“占地费10辆车每月300元”：这在转租站也是连想也不敢想的稀奇事。它的车子在租车者之中连轴转，你用完了转租给他用，他用完了再转租给下一个他用……哪有工夫到转租站来“睡觉”？即使到了夜晚，到了雨雪等不宜用车之时，车子也不可能向转租站高度集中。因为转租站会提前通过多功能智能锁发布“某时段免收租金”的信息。租车者考虑到车子不送转租站也不交租金，就不一定非送转租站不可了。

（3）“从中关村骑到颐和园交费2元，调回来一辆得花1.5元”问题，转租站也不可能发生，因为转租站用经济思维管理经济。如果从中关村租车到颐和园的人多，而从颐和园租车到中关村的人少，即颐和园余车多而中关村缺车多，她会从电脑中发现。解决的措施不是花钱雇汽车从颐和园往中关村调，而是向多功能智能锁发布“免租”信息。转租者指着多功能智能锁屏幕劝导要回中关村的人：“看，承租我这车回去不需要付租金，何乐不为……”在正常情况下，这席话还是应该起作用的。

2009年冬，京城连遇大雪，对方舟公司的打击几乎是毁灭性的——车都停在路边，埋在雪里，要么压坏，要么冻坏上锈，化开根本没法骑。

开春后，方舟大多数租赁点面临瘫痪，顾客投诉、要求退还押金数量直线上升，会计核算公司净亏1000多万。方舟终于抵不住亏本的压力，宣布破产，并进入退押金的“善后”阶段。

探因　奥运前大力推广 租车被寄予希望

早在2007年8月，正值北京推行“绿色奥运”，市环保局和市公安局治理自行车被盗问题专项行动办公室，就联合推出公共单车推广活动。

活动宗旨是奥运会前，在本市建立230个自行车租赁点，遍布地铁口、商业区、交通枢纽、宾馆写字楼及社区，推动自行车全城联网、异地存取的租赁业务。

彼时，此项目的执行机构是北京贝科蓝图自行车租赁有限责任公司。

该公司负责人王勇曾表示，制约自行车租赁市场发展的主要原因是租赁点不够密集。

但在2008年奥运会，贝科蓝图的网点已经铺开至100余个，王勇所说的网点不够密集的问题已得到解决。然而，直至2010年，贝科蓝图也没有实现盈利。

上述问题是指租赁点不够密集。

北京贝科蓝图自行车租赁有限责任公司负责人王勇先生的话击中了要害：“制约自行车租赁市场发展的主要原因是租赁点不够密集。”让你跑一二里路到租车点去租车，用完再从租车点跑一二里路回家，谁愿意？转租站真是神仙下凡，像你的身影一样时时刻刻都跟着你，让你租车还车一步路也不用多走。想租车吗？就向到你身边的骑车者承租吧；用完了，回到家门口，就高声喊一下：“谁要租车？”也许，话音一落，承租者便循声赶到（提前按一下多功能智能锁转租键，连喊一声也是多余的）。

商家希望　通过车身卖广告

“租车是不可能挣回钱的，而且我们名字里也没‘租车’二字。”王经理和合主任点破迷津，老板看中的市场不是租车，是自行车出租可作为媒体，“说白了，是想通过租车卖广告”。

记者核对企业名称发现，甲乙木全名叫“甲乙木信息科技公司”，方舟全名叫“方舟自行车服务(北京)有限公司”，公司名都无“租车”二字。

在方舟公司看来，车棚、车身都可以做广告，车前篓、车架都可以换成跟公交车上一样的广告，看成流动的“城市媒体”。

“公司愿意这么低价位把车租出去，就是为了让大伙儿都养成骑方舟车的习惯。方舟有名，来骑的人多了，车身广告才更值钱。”合主任说。

方舟死了，但贝科蓝图和永久却还活着，只是，他们过得并不好。

在贝科蓝图北海公园北门租车点，经理白秀英指着公交站的广告牌说：“这里北边是后海，南边是北海公园，游客多，就那么一块，一年就能挣200万。”

分布在东城、朝阳的上海永久租车公司只有10个租赁点。

该公司在北京的负责人说，之所以免费，是为提高市民对骑车出行的认可，他们一直盼望政府允许其通过广告等方式盈利。

困境1　车身贴广告属违法

在京顺路大山子路口东的公交车站，积着白灰的10余辆方舟自行车侧躺在站台旁。车篓上印着“让经典引领未来”的红塔山广告词。

这些贴上去的广告尚未来得及露脸，它们的载体就已经“歇业”。但如果它们被骑上了大街，可能将以“非法广告”的名义遭到城管等部门的查处。

直至濒临倒闭，方舟租车公司申请广告一事，也没有得到相关部门的批准，只因没有相关法律法规允许在自行车身、车棚做广告。

为了支持自行车出租，应该取消自行车“车身贴广告属违法”。说这话的意思，不是转租站没有广告收入就活不成。

不管什么规定都应该有个道理，不能凭“权”说话。自行车“车身贴广告属违法”，出于什么目的？发布方应该说清楚，以理服人。细细想来，倒是公共汽车车身不应该贴广告，应在广告位置宣传自己在那些站点停靠。有了这个，不仅外地人少乘“冤枉车”，即使本地人也是如此。乘“冤枉车”的大约占5%，这部分人破涕为笑，道路上的机动车岂不是可以减少5%，不堪负荷的马路岂不是也要破涕为笑？

困境2　非机动车用地没人批

“不仅广告招商得不到批复，就连租车停放的场地至今也没有任何部门审批过。”王经理苦笑着说，市容市政委称不负责非机动车的用地管理。

方舟与地铁公司谈判，希望将租赁点设在地铁站外的自行车存放点，或者，跟邮政报刊亭或小卖部协商“挂靠”，结果车都被城管拖走了。

一段时间内，王经理只能带着公司的经营许可证，到海淀、朝阳、宣武的各个城管队解释，软磨硬泡“捞车”。

他们从各区县的交通委运输局、工商局、发改委得到的统一答复都是“这事不归我们管”。

“租车停放的场地至今也没有任何部门审批过”，这个问题真难坏了王经理，怎能不对他生出恻隐之心？王经理如果想东山再起，再搞自行车出租，作者可以助其一臂之力。这一臂之力，不是去求交通委运输局、工商局、发改委等部分网开一面、批给场地，而是省去场地，这就是提供建立转租站的方案。因为转租站的车子在租车者之中不停地租来租去，多不需要停放。多不需要停放，还要大片的场地干什么？

他山之石

杭州

广告养活单车租赁

杭州是国内自行车租赁运作相对成熟的城市，约有网点2000个，目前日租车量超过25万人次。

据了解，杭州自行车租赁系统的运营费用，主要来自于服务亭、车棚及车身广告收入，服务亭的商业收入，及日常自行车出租费。

算账（记者为方舟公司所算）

收入

每天租车约30辆(以年卡及月卡居多)，可获租金50元-60元

全月：可收入约1800元

支出

员工工资：1800元

场地费：30元/辆×600辆=18000元

调度车成本：45元

车辆维修费：200元

总计：20045元

亏损：18245元(以望京西站网点为例)

上述问题是方舟北京望京西站网点经营一个月亏损18245元的详细账目。转租站会不会是方舟第二？不会，绝对不会！现在，我们假设让转租站收购方舟北京望京西站网点，经营一个月，依照考核方舟的收入和支出项目

先谈收入：

关键问题是车子的出租率，因为出租率决定出租量，而出租量决定收入。转租站的出租率为多高呢？以公共自行车出租比较成功的杭州为依据是靠谱的。杭州市“日租车量超过25万人次”，平均每个出租网点125人次。每个自行车租赁网点拥有车子30辆，平均每辆车每天租车量为4人次。转租站给予租车者的方便不知要高过杭州的多少倍：让租车者自由转租和自由承租，使转租者随时随地都能租到车子，相当于为每一个转租者都建立了一个紧随其后的租车站。所以，转租站车子的出租率和出租量必定大大超过杭州。为了便于操作，预测转租站经营望京西站网点车子的出租量姑且以杭州为标准，租价也依杭州：平均每辆车每天租车量为4人次，每人次为1小时，每小时租金1元。这样，转租站经营望京西站网点车子的月收入为：1元（租价）×4（人次）×30（车辆数）×30（每月天数）＝3 600元。

再谈支出中的员工工资：

由于转租站租车和还车是体外循环，让租车者转租和承租，所以转租站网点可以设得最少（甚至望京西站可以不设网点），员工编制量也可最小，估算为方舟北京望京西站网点的10%。这样，转租站的员工工资则为：1 800元×10%＝180元。

三谈场地费：

方舟的场地租金18 000元。转租站由于出租率高，车子在场地呆的时间短，转租者还车可以不送转租站而转租给承租者，而夜晚转租站还鼓励租车者自存自行车（免收租金），所以转租站的场地费近乎为零。

四谈调度车成本：

转租站调度有方，无须调度成本。她以市场的客观规律驾驭市场，所租的车子不用了，有人承租便租出去，没人承租变送转租站，要调度什么？因为使用转租的自行车比使用自家的自行车还要方便还要合算，所以转租给别人的机遇多，而送转租站应该是偶尔为之。

五谈车辆维修费：

转租站对车子的管理互相衔接，没有盲区，使其时时处处都在监督的视线之下：租车者检查转租站，如果车有毛病则要求调换；承租者检查转租者，要是车子损坏，则要明确责任……而现时租赁的自行车不管坏到什么程度，只要能套到停车桩上，刷卡成功，那损坏人就万事大吉、一走了之。以后修理不管花多少钱，都与其无关，也没法追究其责任。转租站车子的修理费应为多少呢？姑且承认为其一半：200元×50%＝100元。

转租站决算：租金收入3 600元－员工工资360元－场地费0元－调度车成本0元－车辆维修费100元＝3 140元。

同是一个望京西站网点，北京贝科蓝图自行车租赁有限责任公司经营一月亏损18245元，换为转租站经营一月却可盈利3 140元。

有人可能否认，理由是杭州公共自行车出租基本是免费的（租期在1小时以内免收租金）；这样，转租站每月3600元租金收入就不能成立。

转租自行车在正常情况下不免租金，这是事实。不免租金，会不会断了人们的租车兴趣？不会。因为转租站给予租车者的极大方便绝不是区区每小时1元租金所能抵消的。不妨算一笔经济账。

国家统计局公布的2012年北京职工月平均工资为5223.08元。劳动法规定，职工每月上班21.75天，每天8小时，合每10分钟工资为元。职工到公共自行车出租站去租车、还车，花费10分钟是正常的（各5分钟），误工费便为元。而招手就近承租转租站的自行车，近乎没有误工费，还车（即转租给别人）也是如此。当然，要花1元租金（一般人租车多为1小时）。这1元花费值不值呢？值！——对比花费10分钟找公共自行车出租站去租车、还车，还赚元呢！

这个问题，还可这样直观的看：花1元，可在身边租车、还车；不花钱，要到一二里路外去租车、还车。你的选项是什么？笔者做过小调查：绝大多数选择前者，即转租站。

十一、丹麦弹性停车法　中国过硬移车招

图3-3　丹麦停放自行车有奇招

本部分所有楷体内容都出自陈晓轲《丹麦“弹性停车法”解决自行车车满为患难题》。该文下载自环球网→公益→国际观察→正文（2013-07-12 08:20）。

根据“fastcoexist”网站报道，当骑车出行成为一种潮流，找到足够的地方去停放自行车就成了一大难题。自行车王国丹麦为解决自行车停放问题又出新举措。

全球骑行潮给许多大城市带来了一个始料未及的难题：自

行车停放处不足。阿姆斯特丹的自行车停放架充斥着街道，甚至设到了居民家里，然而寻找停放自行车仍然让人头疼。把自行车挂在路灯杆上，锁在树边这类现象在未来还将继续。

像荷兰一样，丹麦也面临着自行车停放点不足的难题，并且在为此积极探索解决办法。下面是哥本哈根解决该难题的一些方法。

2011年，哥本哈根试行了“弹性停车法”，汽车司机和骑自行车者可共用一些停车场。从上午7点到下午5点，停车场为自行车停放保留空间;晚上，汽车停放则具有优先权。这个办法是为了满足自行车停放的巨大需求，特别是在白天自行车泛滥的学校附近。

上述问题是需要停放的自行车泛滥成灾。

怎么解决？哥本哈根的“弹性停车法”固然奏效，但是，这是下策。将锁在烈日下的和在风雪中“挣扎”的自行车移到人们的胯下，为人们的出行发挥作用才是上策。说这是上策，除了使自行车受自然力作用侵蚀的损失从无意义到有意义，还为拥挤的城市腾出停车场地，还市民一个空旷、坦荡的空间。要使下策变为上策，唯有借重中国神奇的车辆转租。且看：红日东升，霞光万道，成群结队的工人骑着自行车到工厂上早班了。到了厂门，工人们下车了，一拨又一拨的自行车往哪里放？不要担心，下班的工人陆陆续续地出来了。上班者转租，下班者承租，只有买盒牙膏的工夫。很快，集中到厂区的一辆辆自行车又一批批地向四面八方疏散了。

下班承租自行车回家的工人，可将车子交给家里的孩子上学，或交给其他家庭成员去菜场、商场、图书馆……也可转租给邻居或其他陌生人。

孩子骑车上学到了学校，没有相对的“下学”的同学承租怎么办？只要动脑筋，办法总比困难多。可早作准备，将自行车直接骑到学校附近的车站去。孩子转租了车子，再跑几步路到学校去，又有何妨？

下面再将转租、承租原理进行简要说明。

到转租站租车上班的人，向转租站交车子押金300元，租金押金100元之后，将转租站车子骑走。

下班承租车子的人，向租转租车子的人交车子押金300元，租金押金100元。租转租车子的人根据多功能智能锁屏幕显示的租用时间，向下班承租车子的人缴纳租金。

这时，到转租站租车上班的人向转租站交的车子押金300元、租金押金100元都已收回，自己用车的租金也已付清。与转租站、与承租者在租车问题上没有任何纠纷。

下班承租车子的人回到家，将所承租的车子交给孩子上学。孩子到了学校附近公交站，将车子转租给下车的乘客，向乘客讨回车子押金300元、租金押金100元，同时根据多功能智能锁屏幕显示的总租用时间（孩子自己的用车时间+父亲或母亲的用车时间+上班转租车子的人的用车时间）计算租金给乘客。

这时，下班承租车子的人（孩子的父亲或母亲）交给上班转租车子的人车子押金300元、租金押金100元都已收回，收的上班转租车子的人的租金、自己的租金和孩子的租金都已付清，与转租站、与转租者和承租者，在租车问题上没有任何纠纷。

下车乘客用毕车子，将其送还转租站，转租站向其退车子押金300元、租金押金100元，收取他的租金、上班转租车子的人的租金、下班承租车子的人与其孩子的租金。这些租金，下车乘客自己的，应该交。租车怎能不给租金？上班转租车子的、下班承租车子的与其孩子的也应该交。因为，人家已经交给他了，他只是转手罢了。

至此，转租站租出的车子收回，租用车子的人的应交租金全部收到，与几个租用车子的人没有任何争议；几个租车的人，所出的押金都已收回，应付出的租金也全部付出，互相之间也无任何瓜葛。

哥本哈根在五个地方试行了该方案，现在正考虑全面实施，把其作为“自行车到学校”计划的一部分。哥本哈根自行车失窃之类的事很少发生，然而此方案如果在别的城市施行则需要使用防止自行车丢失的车架和围栏。

上述问题是昂贵的停车架和围栏问题。

上文的意思是，哥本哈根自行车失窃少，是因为使用了防止自行车丢失的车架和围栏；其他城市如果也想减少盗窃，就得吸取经验，同样搞这两样东西。

从上图看，车架造价不菲，起码相当于半辆自行车。围栏呢？既然要挡住小偷，就不能建得太矮；既然高大，为了承载自身的重量，钢筋就不能太细。所以，其造价也便宜不到哪里去。

如果引进中国转租站，车架和护栏的钱便可以节省。小偷偷东西，目的无非是两个：一是使用，一是换钱。转租站的车子型号特殊，外表与市场上销售的迥然不同，谁都一清二楚。小偷即使得手，也不敢拿出来使用；别人也看得出是赃物，所以也无法卖出去。将其分解，重新组装，改头换面成另一种自行车出售？这更是痴人说梦。转租站车子零部件与市场上销售的没有互换性，小偷拆得下来却换不上去！有了，将拆下的车子还原，推到转租站去退押金。这又是一场恶梦：转租站为了防偷，严格规定自行车退押金，必须持有转租站开出的押金条，而小偷是不可能偷走租车者随身携带的押金条的。

转租的自行车，小偷偷了使用不成、贱卖不成、盗换不成、押金退还不成，就不会再有觊觎之心。

自行车停放设计公司的Kjærgaard认为，在哥本哈根有20到30个地方的停车点严重不足。“每次我们新设的自行车停放点在第一天就车满，而外边还有大量的自行车无处停放。”他现在正在参与一个项目，寻找潜在的自行车停放点，把目光转向街道以外的地下室，楼房的底层以及别的地方。他说：“总有一些地方可以让骑自行车者停放且不用走远路，如商店、步行街、人行道，娱乐场所等。此外，我们还需要利用楼房的低层和地下室。而另一种方法是让骑自行车者自己探索停车的地方。”

“上述问题”是自行车停放点永远也满足不了停车要求。

从上文看来，哥本哈根不仅是使用自行车的世界，还是停放自行车的世界。你看，“商店、步行街、人行道，娱乐场所”停满了自行车，又向“街道以外的地下室，楼房的底层”等处所进军了。按照传统的思路，车满为患的问题正如哥本哈根自行车停放设计公司的Kjærgaard先生所说，永远也解决不了：“每次我们新设的自行车停放点在第一天就车满，而外边还有大量的自行车无处停放。”

那么，什么思路能石破天惊，彻底解决自行车停放的难题？还是本书的主题词：转租！转租使车辆的所有权和使用权分离：你有使用权的车辆并没有所有权，到了目的地，使用权便结束。因为你对它没有所有权，所以结束的方式是转租给别人。转租给别人之后，这辆车与你再也没有关系。它被继续使用还是停放？有无停放的场地？会不会有小偷光顾，都不需要你牵肠挂肚。但是，有一点可以告慰你：你曾使用的车子转租之后，使用的几率大而闲置的几率小。承租你车子的人肯定在使用。车子被他用完，你也不用担心没地方停放。他可以像你这样转租给第三者呀。

在一般情况下，骑车到某地去的人多，需要骑车离开某地的人也多。比如到公园里游览的人，总是与离开公园的人一样多：骑自行车来的与骑自行车去的大致相等；来骑自行车、去不骑自行车的人，与来不骑自行车、去骑自行车的人大致相等……

其他城市解决自行车停放问题也有妙招。日本有地下自行车停放点，德国和捷克的塔式停车场以及韩国的摩天轮停车场。

总之，街道上自行车车满为患不是因为自行车太多了，而是我们还没有找到科学的管理停放的方法。

“上述问题”是自行车停放成本太高。

日本的地下自行车停放点，德国和捷克的塔式停车场以及韩国的摩天轮停车场，成本大概都比哥本哈根的自行车停车架贵得多。地下室不仅要防水，还要防止泥土对四壁的挤压，造价是“地上室”的双倍左右，而塔式停车场和摩天轮停车场的花费，也不比房子差到哪里去。适用的东西，投资再大也不能觉得心疼；不适用的东西，花费再小也应该感到吝惜。

日本、德国、捷克和丹麦为自行车停车场投入巨资属于哪种情形呢？实话实说，是不适用的。当然现在是适用的，而且非常适用。将遍地停着的自行车上天（入捷克的塔式停车场和韩国的摩天轮停车场）入地（钻日本地下室），街道和人行道便显得空旷了。既然如此，为什么还说这四个国家对停车场投入巨资是不适用的呢？因为这些国家一旦引入中国的车辆转租机制，多半停车场就无车可停了。你租车骑到了目的地，车子是不是需要送停车场？不需要。可以转租给别人！而承租你车子的人到了他的目的地，也可像你这样，转租给另一个人……既省了停车费，又节省了送车、取车的时间，何乐不为？

十二、他国小奖赏　中国大鼓励

本部分所有楷体内容都出自题为《看看世界各国是怎样鼓励自行车出行的》的文章。此文下载自搜狐→旅游→正文（2016-04-26 23:03）。

法国：每踩1公里可获0.25欧元

从2014年6月起，崇尚浪漫的法国人干脆来了回刺激的——给骑车上下班的市民提供金钱补贴，作为奖励。每人每踩1公里可获0.25欧元资助，假设参与计划的市民工作的地方距离住所约5个车站，以单车代步的话，每月就可以取得50至60欧元补助金。目前，该计划还在试行阶段。

比利时：每骑1公里车可减免0.15欧元的税收

在比利时，骑自行车减税计划已经实施了5年，如今自行车出行占据全比利时总出行数的8%。荷兰从1989年开始就实施了雇主交通计划，以鼓励员工选择有益健康与环境的交通工具出行。比如有些公司向员工推荐了“年度税收积分计划”，员工每骑1公里车可减免0.15欧元的税收。

韩国：每月骑车上班超过15天可获3万韩元

早年，韩国行政安全部推出过“2010年自行车促进计划”。在庆尚南道昌原市、忠清南道大田市等两个试点城市，每月骑自行车上班超过15天的人可以获得3万韩元（约合人民币183元）以上的补贴。

上述问题是指给骑自行车者奖励的效果不大。

在法国，“每踩1公里可获0.25欧元”；在比利时和荷兰，“每骑1公里车可减免0.15欧元的税收”（荷兰下面将会说到）；在韩国，“每月骑车上班超过15天可获3万韩元”。这些奖励对抑制坐汽车、鼓励骑自行车确实起了作用。但是，与中国转租相比，实在微不足道。

1欧元=7.3018人民币元，1韩元=0.0057人民币元（都是2016年4月15日汇率），按此汇率计算，上述这几个国家骑自行车的人每月受奖不过100余人民币，相当于中国一个普通劳动者一天的工作报酬。

现代人，生活节奏快，时间观念极强，在需要步行一二十分钟路程的时候多选择打车。中国转租给租车者以转租权。承租到了身边的转租者的车子，到了目的地转租给近在咫尺的承租者，租车、还车（转租），几乎一步多余的路也不要走，创造了有史以来最快的租车速度。

现在，不妨掂一掂外国的奖励和中国的转租，看看是谁更能燃起人们使用自行车的热情和欲望。引以设想使用问卷调查。请选择：

A.用自己的自行车。每月补贴你一百多元，要你每天跑几百米路到停车场去存车，跑几百米路到停车场去取车；

B.用转租站的自行车。不补贴，但租金低于你自己车子的折旧费（早已论证，用转租站的车子比用自己的车子合算），要用车可以随时在身边租到（向别人承租），要还车亦可随时就地还掉（转租给别人）。

相信被调查的人，尤其是惦念着家中的孩子的作业和老人健康的人，归心似箭，压倒多数是会选择B，即不在乎那每月一百多元的奖励，选择转租站的自行车早点到家。

荷兰：企业以各种方式奖励

从1989年开始，荷兰就实施了雇主交通计划，以鼓励员工选择有益健康与环境的交通工具出行。特别是从2008年秋天开始，《流动管理任务令》的实施促使企业更加主动地和政府联合起来推动这一计划。企业以各种方式奖励骑车上下班的员工。

比如：员工可通过公司购买免税自行车，价钱直降一半；有些公司每月都会发放交通补助，刺激员工改骑最便宜的自行车，以获取更多利润；有些公司还会免费向员工提供自行车、雨衣以及其他自行车配件；有些公司则增建了停车库，并为骑车上下班的员工专设了淋浴房和更衣室；还有些公司向员工推荐了“年度税收积分计划”，员工每骑1公里车可减免0.15欧元(1欧元约合人民币8.3元)的税收。

图3-4　在阿姆斯特丹和海牙，70%的道路是提供给骑自行车的

上述问题是指个人拥有自行车是社会财富的浪费。

事物就怕走极端。自行车和小客车在稀少的时候是越多越好，但是，到了富余的阶段则是越少越好了。“员工可通过公司购买免税自行车，价钱直降一半”的做法，颇有将石头往山上背的意思。从上图可以看出，停车场已经车满为患了：地面是两排双层自行车（图左还有一排）；屋顶也是自行车。看上去似乎空旷，其实并不如此，因为这图的背景是存车人上班之时。

如果是下班期间，可以想象得到，空地上将被来取车的人和骑车离开的人挤得满满的。

一个人，只要不以使用自行车为职业，拥有自行车而骑自行车的时间每天至多一两小时。一是因为时间不够。一天24小时，除去工作、加班、吃饭、学习、社交、娱乐、睡眠，所剩无几了。二是精力不够。比如一个钢铁工人，你要求他下班之后再骑上三四个小时自行车，不是折磨又是什么？所以说一般人拥有的自行车的使用率大概只有十二分之一（每天用2小时），这就是说有十二分之十一的时间是睡懒觉的，是放在停车场的。转租赋予租车者以转租之权，到了目的地可以将车转租给别人，这就是说可使停放在停车场里睡觉的自行车滚动起来。这样，多余的停车场可以不建了，管理员可以腾出来了，一辆自行车可以发挥几辆自行车的作用了，于车主、于企业老板、于社会，是皆大欢喜的事。

日本：每月发放2000-9100日元不等的交通补贴

日本《每日新闻》报道，冲绳县名护市日前正式决定，从2015年4月份起，将对市政府骑自行车上班的员工每月发放2000-9100日元不等的交通补贴。但是员工不能同时享有汽车交通补贴。员工必须加入自行车损害赔偿保险，其中距离不满2公里的为2000日元，2公里以上5公里以下的为4000日元，5公里以上10公里以下的6200日元，10公里以上15公里以下的为9100日元。

美国：享受一定税费减免

过去，全美骑车上下班人群大约为55万人，不足美国就业总人数的1%。大部分人购买自行车是为了健身娱乐。除纽约、芝加哥、旧金山等城市外，多数城市都是为汽车而建，很少有自行车道。从2014年开始，美国交通预算为2860亿美元，其中

40亿将用于修建步行设施。这一数字较2005年上升了100%。美国参议院上月还引入一项法律，规定骑自行车上班的员工可享受一定税费减免。

图3-5　美国METROLINK火车上设置的自行车车厢

英国：以长期租赁方式将自行车提供给员工

《全民骑车计划与主动交通战略》，是英国鼓励绿色交通的最新举动。英国政府近年一直有类似的项目，如2005年开始的“骑车去上班”，通过税收优惠鼓励员工骑车去上班，减少空气污染，同时增进国民身体健康。

上述问题是指火车上的自行车专用车厢是社会财富的浪费。

巴斯位于英格兰埃文郡东部，是英国唯一列入世界文化遗产的城市。假如我们现在在伦敦，要到巴斯骑自己的自行车旅游。巴斯在100英里以外，骑自行车去时间和体力都不允许，所以我们骑车到了火车站乘火车。火车站想人所难，有专门的自行车车厢。因此我们买了车票和自行车票，带自行车上了火车。世界上的事情只有通过比较才能将其本质认识清楚。从上例可以看出，在当前，自行车坐火车是正常的、必要的。可是到租站诞生之际就显得笨拙而荒唐了。

转租站赋予租车者以转租权，将自行车的所有权与使用权分离，即用“合算”和“方便”这两个法宝使买车人自动转换成租车人。现在，假设英国已引进了中国的转租模式，重温一趟伦敦——巴斯之游吧。租车人骑车到了伦敦火车站，因为车子的所有权不是他的，所以他将车子转租给别人，“轻装上阵”到了火车上。到了巴斯，他的夙愿不是骑自行车旅游吗？那好，就地租辆自行车吧。旅游结束，骑车到了巴斯火车站，再将车子转租给他人，空手登车凯旋。火车抵达伦敦，轻松出站，见到要转租自行车的，招下手，叫其过来，承租回家。

转租时代和前转租时代的差别是：

在转租时代，火车自行车车厢是多余的。因为，自行车的使用权和所有权分离了，车子的所有权并不属于使用它的乘客，乘客不必将它随身携带，可以转租给别人。在前转租时代，火车自行车车厢是必需的。不然，乘客上车，总不能将自己的车子扔在月台上。

在转租时代，坐火车去巴斯和回伦敦的在途时间，则是你曾经使用的自行车继续飞驰的时间（别人租车后继续使用）；在前转租时代，你在火车上打盹的时间，也是你的自行车睡懒觉的时间。

在转租时代，你坐火车去巴斯和回伦敦分别买一张车票就行了；在前转租时代，你则要分别买两张票。除了自己，你还有一辆使用权和所有权合一的自行车呢！

伦敦计划将废弃的地下轨道改为自行车道

“骑车去上班”的主要内容是：企业加入这个项目，团购自行车，以长期租赁方式提供给员工作为上下班交通工具，自行车和相应配件，如灯、锁、头盔、车筐等全部免税。而企业还可以把车子作为资产申报资产免税。租期结束后，员工可以象征性地付点钱把车子买下来。

前面已经分析，自行车使用权和所有权合一，对社会、对使用自行车的公众、对所有权人都不利。但是，这种不利阻止不了企业为员工团购自行车的热情。由于使用转租站的自行车比使用归自己所有的自行车还要方便，还要合算，所以英国引进中国的自行车转租机制之后，企业再租赁车辆给员工，员工不会领情；再卖车给员工，员工也会摇手拒绝：不用非常合算和方便的转租自行车，不是傻吗？

丹麦：建“自行车高速公路”

在哥本哈根，有一半居民每天是骑自行车上班和上学的，哥本哈根市政府也一直在重新规划街道，制定骑车规范。但很多郊区居民出于便利原因，依然开车上班，因为上班的距离太远了，骑车路太绕了，路上太暗了，或者路面太陈旧了。哥本哈根市政府出资在首都周边建设26条自行车高速公路，鼓励人们骑自行车进出哥本哈根。

图3–6　哥本哈根地铁上的自行车专用车厢

前面已经就英国火车设有自行车车厢作了分析，说明其在转租站时代到来之后就会显得笨拙和多余。那些分析也是适用于地铁自行车车厢的。这里要说一下的是，转租站即使对自行车调剂余缺也用不着专用车厢。比如因为下坡多，人们喜欢租用自行车从甲地到乙地，而不喜欢租用自行车从乙地到甲地，导致甲地自行车空缺而乙地自行车富余，转租站则可通过少收租金甚至不收租金的方法引导和鼓励人们从乙地租车去甲地。

中国：实施自行车出行扶持策略

北京市政府出台的《北京市建设人文交通科技交通绿色交通行动计划》直接提出了自行车出行的扶持策略。比如建立和完善步行和自行车交通服务工程；建设自行车专用道和行人步道网络，加强路权管理；在客流集中地区增设自行车停车场，依托轨道交通站点和公交枢纽，设置1 000个左右自行车租赁点。不少企业在单位内部投资建立自行车免费停放场，并设立自行车存放架，解除骑自行车上下班者的后顾之忧。在全国各大城市，更是出现了可供全民共享的公共自行车出行系统，扬起了绿色出行之风。

上述问题是指：即使北京市将“1 000个左右自行车租赁点”建成，也满足不了需要。

谁都知道，租赁点越多，对租车者和还车者就越方便。但是，由于土地的限制，不可能建得遍地都是，所以永远满足不了租车者和还车者的需求。据大略测算，北京市即使建立起1万个租赁点，一般市民到租赁点去还得走路一二里。可是，转租站非常神奇，它给每个租车者都建立了一个形影不离的租赁点，使租车者以最近的距离、最省的时间租到车子；也给每个还车者配备了一个如影随形的还车点，使还车者以最短的路程、最快的速度还掉车子。转租站达到如此理想效果的法宝就是“转租”二字。你要租车吗？那你就向将到你跟前的转租者招手吧；你要还车吗？那你就向身边要承租车子的人转租吧。收取押金，看多功能智能锁结算租金，一点也不麻烦。

十三、公租自行车鲜人问津　转租自行车炙手可热

本部分所有楷体内容都出自易舒冉、刘冕《北京公共自行车运营一年 车辆利用率尚不足1天1次》。此文下载自北京本地宝→资讯快递→关注民生（2013-07-23 09:57）。来源：北京晨报。

昨天（22日）上午，在建国门地铁站外的公共自行车租赁点，不少自行车已被租出，车架上只剩几辆自行车。

去年6月至今，一年的时间本市公共自行车已累计办卡近5万张，租还次数为170万次，公租自行车网点覆盖范围从最初的2个区县扩大到7个区县。22日，市交通委公布了这一组数字。

如果算笔账，目前本市有公租自行车1万4千辆，一年累计租还数为170万次。这意味着一辆车一年的租还数量为120余次，利用率尚不足1天1次。

上述问题是指“公租自行车几近无人问津”：一年365天，平均一辆车才租出120次，合三四天才租出一回。

这也印证了本书作者前面的观点：光靠免费的一块钱，是调动不起用车热的；用车热只有靠“方便”才能调动起来。那么，转租站的自行车能“热”到什么程度呢？每辆车每天至少租出5人次。这个数字是有科学依据的。转租站给予租车者的方便远远超过杭州，因此每辆车每天租出人次也必定超过杭州。刚才说的“5人次”，便是杭州的数据（“目前杭州的公共自行车数量已达到了7.8万辆，日均租用量已经达到了40多万人次。”）

车辆出租和其他企业一样，衡量其生命力的标准只能是顾客量。你说你质量一流，价格最低，服务上乘，都不算数；只有顾客盈门，络绎不绝，才是实在的。北京市“有公租自行车1万4千辆，一年累计租还数为170万次。这意味着一辆车一年的租还数量为120余次，利用率尚不足1天1次”，这话如果没有出入，那么公共自行车出租让位于自行车转租便是大势所趋。

中轴线到西四环网点难找

市交通委介绍，自2012年6月16日，首批公共租赁自行车投入运营以来，运营服务区域和规模逐渐扩大，已由最初的东城、朝阳两区，增加到东城、朝阳、丰台、石景山、通州、大兴、亦庄7个区域，租赁点数量达到520个。

然而，从已经建成的公共自行车租赁点分布图上看，四环以内，代表租赁点的小绿点都扎堆儿在东侧，中轴线以西绿意难觅。

市民张先生每周都要参加一次城区内的骑行活动，几乎逛遍大街小巷。他总结说：“以长安街为例，自行车出行条件挺好的。尤其是早晚高峰堵车的时候，自行车比汽车都快。但是很多人不敢租车，因为如果从东单借了车，过了西单可能就找不到还车的地方了。”

张先生建议：“真正让公共自行车动起来，关键是网点的设置要分布均匀，否则通存通取的优势就很难显现出来。”

市交通委表示，预计今年年底，本市公共租赁自行车将达2.5万辆，站点600余个，到2015年，形成5万辆车、1000个站点的公共自行车服务网络，辐射和覆盖全市主要中心城镇、交通枢纽、商业街区。

上述问题是指公共自行车租赁网点少，而且分布不均匀。

公共自行车租赁网点相当于中国传统的木质算盘，即使将其计算的最大值从13位扩大到130位，其功能也赶不上计算机，其效率当然还是一落千丈。让租车者转租，每一个租车者就是一个租赁网点。公共自行车出租要建多少租赁网点才能与自行车转租平起平坐?

一车平均每年租借120余次

试运营1年，本市实际投放自行车也由2000辆增加到14000辆。市交通委介绍，随着服务范围和车辆规模的增加，公共自行车使用率和周转率持续上升，其中部分站点超过了10次/天。平均下来，1辆公租自行车每3天租借1次。一位业内人士透露，租赁点的冷热程度也很明显。有些网点也会碰到两三天内租不出去一辆车的尴尬。

“别看就隔着一座东四十条立交桥，东北角的车几乎天天满架，没什么人借。西南角就完全不一样，早上的时候经常被一抢而空。”市民苏女士家住南新仓附近，她每天都会观察公共自行车的租赁情况，“早就想尝试一下，但是单位附近没地方还车，所以还没办卡。”

北京公共自行车运营商之一的燕鸿洲存车管理处工作人员陈哲华介绍：“在早晚高峰租还车数量大的站点，我们会提前准备车辆或空车桩。公共自行车的后台系统也设置了自动监测功能，当站点车辆不足或车桩快满时，系统会自动报警，通知调度人员调运车辆。如果用户发现车桩已满或者没有车可借时，可以拨打服务网点的电话求助。”

市交通委介绍，随着使用量的增大和试点的深入，下半年，部分区县还会再增加自行车的投入，大兴区计划再增加7000辆，达到1万辆。为了方便更多人使用，大部分网点仍将依附在地铁站、公交站和小区周边。一位业内人士建议：“让自行车动起来，还需要进一步改善道路出行条件，尤其是改善自行车出行环境。”

520个租车点仅14个办卡点

“办卡点太少，如果出现多扣钱问题，想退回来还得跑去固定的几个网点办理，太麻烦了。”市民李女士说。记者在市交通委网站上查询，现在有520个租还车点，办卡退卡的点仅14个。

昨日，建国门古观象台脚下，一排公共自行车身披彩旗，迎接一批特殊的骑友。他们中有来自香港国际汉语教学学会的师生、内蒙古和河北的贫困学生代表，还有铁刷自行车俱乐部的骑友们。一位来自香港的学生得知租车需要先到指定网点办理手续时，连连摇头：“这有点麻烦。我是旅行者，到了陌生的城市骑自行车是种不错的出行方式，但找网点办卡很令我头疼。”

从河北来京旅游的郭先生也告诉记者：“从地铁口到游乐场还有段距离，想以自行车代步，但是没有卡就不能用，只能干着急。”郭先生认为，应该给外地游客提供便捷的租用方式。

目前，市交通委运输管理局门户网站开通了北京市公共自行车便民服务功能，市民可通过http://www.bjysj.gov.cn/bjggzxc/网址访问，查询自行车网点、办卡和退卡流程、租还车流程、租车费用、用户协议等信息。

上述问题是指公共自行车出租要办卡，此卡“卡”住了人们的使用热情。

办卡的初衷是免去巨额钞票携带困难，或是摒除多次支付的烦恼。一辆自行车的出厂价仅仅二三百元，世界各国的公共自行车出租无一不像价值十万的汽车出租那样搞起了押金卡。这是十足的因循守旧和墨守成规。办卡退卡，找地找人，哪个（尤其是出差的）折腾得起？其用车热情，多半被卡“卡”掉了。香港学生说得非常实在：“这有点麻烦。我是旅行者，到了陌生的城市骑自行车是种不错的出行方式，但找网点办卡令我头疼。”转租站因“事”制宜，无须办卡，拿几百元作押金便可直接租车。几百元就是“卡”，有这么多钱就能租车，简单易行，省时省力！不妨设身处地为你设想一下：你从北京到了上海，一出虹桥机场，便可掏四百元从转租者手里承租一辆自行车直奔宾馆。到了目的地，将车转租给别人。向其收回四百元，缴纳车租，三两分钟完事，多省心。

没车棚公租车“十车七锈”

试运营一年，公租自行车的“身体状况”如何？陈哲华介绍：“东城区尚未发生丢车的情况，每天也会有工作人员巡检，及时检修车辆。如果用户在骑行过程中遇到车辆损坏也可以及时报修。目前还没有发生过需要乘客赔付的情况。”

记者走访了东四十条、建国门、八角南路社区等处的公租车网点发现，刚刚一年，就有近七成车辆出现不同程度的锈迹，尤其是车筐和车座处。一些自行车的车闸捏起来也很沉。市民黄小姐正好来还车，她说：“车座长锈了，不好调整高低，这一路骑得挺别扭。”

公租车“十车七锈”，为何不给安装车棚呢？陈哲华表示，作为运营方暂时没有安装车棚的打算，这主要是由政府部门统一负责。一位业内人士介绍，安装车棚需要占地，很多公租自行车网点并不具备条件。

上述问题是指公共自行车出租“十车七锈”。

这个问题的根本原因应该归结到出租率低，使用的时间少。有人说，公共自行车不是用坏的，而是放坏的。你想想，一辆自行车三四天才使用一次，锈斑由小而大，由大而深……而转租的自行车出租接二连三，滚动不停，即使有了锈斑，在有意的或无意摩擦中也会消失，去病去根。

第四篇
共享单车不符现实　转租车辆适应民情

篇首语

共享自行车卓有成效地解决了城市交通“最后一公里”的问题，立下了伟大的功勋。但是，由于其管理模式过于超前，不可避免地引发了这样那样的副作用。车子丢失难找，破坏难查，“独享”难绝，乱停难止……这些问题，一旦改为转租模式便会烟消云散。

在上一篇《公共自行车“有病”，转租自行车“健康”》的篇首语中，我们曾经说过“公共自行车先天不足，可能昙花一现”。那么，共享如何呢？恕直言，二者是难兄难弟，共享的时间也许“一现”得更短。“悟空”等几家共享关门歇业已经为其做了活生生的证明。

失去监督，天使也会变魔鬼。包括中国在内的世界各国政要，治理国家向来是恩威并举，自律他律齐上。刚才说共享过于超前，指的就是其只有“恩”而没有“威”，只有“自律”而没有“他律”。因此，当然不会逃脱天使变魔鬼的厄运。不知你注意了没有，差不多每个地方都有“天使变魔鬼”的共享：自行车坐凳卸了，二维码涂了……共享蜕变为“独享”啦。这种情形，小黄车多一些，摩拜少一些。

有人可能马上抓住话把子，说：“摩拜之所以‘少’，是因为舍得投入，管理也超前。”确实，摩拜投入不菲，每辆车造价高达3000元，还首创了GPS智能锁。所以，一般人认为摩拜可以长治久安。然而，中国电子商务研究中心爆料：《摩拜单车损毁成本已近3亿　高成本烧钱模式恐难为继》。去年11月，摩拜官方也承认，在广州仅运营四个月，单车的损坏率高达10%。其重要的营销卖点“4年免维修”宣告失败。

其实，摩拜也不要因为车子损坏较少而沾沾自喜。攫取非法利益的人总是对容易得手的先下手，等小黄车等容易得手的共享完了，就轮到你大面积被损被盗了。这也是唇亡齿寒哪！

转租自行车之所以将立于不败之地，是因为它严格遵循商品经济买卖交换的客观规律：一边收钱，一边交车；谁损害，谁赔偿。哪个还敢把车子往河里扔？哪个还想用铁锤捶车？所以可以预见，转租自行车的寿命不是三年四年，五年六年也不在话下，而其运营模式，必然万古长青。

图4-1　共享单车被弃荒野 上万辆共享单车 杭州企业认领并不积极

一、回顾转租模式

什么是转租模式？本书前面已经阐述，为了加深印象，再作简单的回顾。

转租模式与共享模式的相同点：

都给用车人以极大的方便，“随时随地可租、可还”。在她们面前，巴黎为了便于租车、还车方便每隔200米便设立一个自行车出租站点，伦敦地铁为乘客携带自行车而专门设置的自行车车厢就显得十分笨拙和可笑了。

转租模式与共享模式的不同点：

转租模式以押金和连续租金控制租车者尽到爱车的义务，更避免乱停乱放。你将车子伺机扔在地铁站吗？虽然得逞，可租金却须照付。而且，找不回来时押金也退不了了。所以，人们产生租用动机之始，同时也会产生转租动机。比如某人租用转租站的车子到火车站去，在到火车站之先，他便会展示转租标志，将车转租出去。转租模式用客观规律驾驭用车行为，租车人也是出租人，一个用车人便是一个转租站和一个收车站，遍地开花，省钱、省力、省时，多好！一些城市出台了电子围栏，甚至拿地建立共享自行车停车区，在转租模式面前，恐怕也显得十分多余。

转租模式出以公心，以破解拥堵为要，以减少污染为要，一车一押金，用车押金出去，还车押金回来，不扭曲押金的性质，合理合法。

共享另有所图，是一辆车子几份押金甚至是几十份押金，有变相融资和集资的嫌疑。

转租模式怎么操作？本书已有详尽的介绍。为了节约读者尤其是决定政策的人们的宝贵的时间，再作简单的介绍：

租车者所租的自行车，可以自主转租给别人，别人也可以再转租给别人；如想再用，则可从别人手里承租。始租、转租和承租，无须办理任何证件。车子随时随地可租，随时随地可还，胜过自家的，方便之极！而租金，由于“转租”可使出租站点大幅度减少而成本相应减低，也低廉之极！一个方便之极，一个低廉之极，必然产生不息的自行车旋风，使潮水般的汽车人变为自行车人。汽车减少，拥堵减少，尾气减少，事故减少…… 能源节省了，绿色城市诞生了（或者说宜居城市的成色提高了）！

一辆自行车的出厂价充其量一二百元、二三百元，世界各国的公共自行车出租无一不像价值不菲的汽车出租那样搞起了押金卡。这是名副其实的因循守旧、墨守成规。办卡容易退卡难，找地找人，小题大做，哪个折腾得起？到外地旅游、出差的人尤其如此。其用车热情，多半被“卡”掉了。转租站因“事”制宜，无须办卡，拿几百元作押金便可直接租车，多痛快！

现在，很有必要重温一下转租自行车的快慰。假定转租站车价押金300元，租价押金100元，租金每小时1元。某日10:00，一位始租者向转租站交上押金400元将一辆自行车骑走了。一小时后，始租者到了目的地，发出车子需要脱手的信号，将车转租给承租者。两人怎么结算呢?承租者从随车的“自行车身份证”可知，始租者10:00租车，向转租站交了400元押金。现在是11:00，始租者用车一小时，应交租金1元。所以承租者交给他399元就成交了。到了12:00，承租者将车转租给了另一个承租者。另一个承租者从自行车身份证了解到，这车10:00起租，到现在经过了2小时，租金应为2.00，所以他给了转租车子的人398元……这辆车到了第18个承租者手里时是17:00，也就是说前面17个租车者共计租车7小时，应交租金7元，所以他给了转租者押金293元。第18个租车者用完已经是19:00，没人承租了，怎么办呢？送还附近的转租站。转租站退回押金291元，他不理解："我给转租车子给我的人是293元，怎么蚀掉了2元！"转租站收车员解释道："你将自己的租金漏算了。你租车两小时，租金是2元。这就是你所说的蚀掉了的钱！"

以上说的是转租者、承租者与转租站之间的人工结算。应用互联网技术，设计像公共自行车上的刷卡机或共享自行车上的二维码，改为智能结算也可以。但是，成本过大，据说一把智能锁的价格就超过自行车了。羊毛出在羊身上，这个成本最终还是要租车者消化。从租车者的利益考虑，就免了吧。

转租模式我们又复习了一遍！现在，阐述转租模式可以扫除共享模式中的诸多问题。

二、共享自行车丢失特容易　转租自行车被盗不可能

（一）共享自行车丢失特容易的实例

"PConline资讯"网站2017年2月22日以《共享泡沫？共享单车短命死亡上线仅有20天》为题作了下述报道。

"……打车软件烧钱结束后，共享单车又开启了新一轮的市场争夺战。仿佛一夜之间，各大街头就出现各种经济共享单车：摩拜单车、小黄车、小白车、小蓝车、小鸣单车......共享单车竞争逐渐白热化，摩拜和ofo开始了烧钱圈地的步伐，'周末免费骑车'、'充值返现'等花招层出不穷。最近在上海亮相的新兵'共佰单车'，凭借'最美共享单车'的称号，也吸引了不少人的关注。

"而对于更多不知名的共享单车而言，有的却只能沦落到破

产的窘境。坐标莆田的共享单车卡拉单车就比较悲惨，据报道，卡拉单车用19天时间投放了667辆车，结果丢失大半，只找回来157辆车，丢失率76.5%……

“更悲惨的是，卡拉单车的投资方根据协议已经撤资退出，所投资的钱也要全部收回。此前卡拉单车曾预定了5 000辆车，已生产好的4 000多辆无法提货……”

（二）转租自行车不可能发生盗窃

始租者向转租站交了押金，所租的车子如果攫为己有，不还给转租站或不转租给别人，押金就不可能返回，还倒贴了尚未用完的租金；承租者也是要交押金的，不过不是交给转租站，而是交给了转租者。他如果将所租的车子私吞了，押金怎么能退回？

再说，押金总是要高于车价的，所以无论是始租者还是后面的各个承租者，即使想拿押金换转租站自行车的人也没有。

（三）全程考虑，转租自行车比共享自行车方便

转租站的自行车不用了须转租给别人而不能随地扔，是不是没有使用共享自行车方便？孤立地看，是这样。但是，这种不方便轻微得很。转租站可以将自行车的各种信息发到相关用户的手机软件上，所以转租自行车租金的结算就变得非常简单。用了多长时间，租金应该缴纳多少，转租人和承租人在手机软件上看得清清楚楚，相当于转租者送货上门卖了个小东西，承租者买了个小东西，付款收货咫尺之间，一瞬之间。

从使用出租自行车的全程着眼，还是使用转租自行车方便，使用共享自行车不方便。你还了车想再租车时，如是转租自行车，无须检查车况。因为转租人刚刚还在骑行，是好车还是坏车还不一目了然？如车子是共享的，开了锁则要检查一

番：轮胎有没有气？气足不足？车轮正不正？夹头是不是松紧自如……谁都可以看出，共享自行车的“此”不方便，无论怎样也抵消不了“彼”方便！这话比较拗口，换种说法就是“共享”给予用车者用毕可以“随便扔”的方便，小于租车者租车时检查车况的不方便。

三、共享自行车有锁似无锁　转租自行车无锁胜有锁

（一）共享自行车车锁形同虚设实例

新浪网2017年4月1日以《共享单车遭遇“私有化”：花三四十块就可换锁》为题报道：“共享单车为大众出行提供了便利，但擅自换锁把车辆变成‘私家车’、随意毁坏共享单车等不文明的情况屡屡出现，有网友感叹共享单车成为国民素质的一面‘照妖镜’。”

有需求就有市场。正因为很多人希望把共享单车据为己有，于是，在“万能”的某宝上，就出现了贩卖解锁方法的商家。

“每日经济新闻（微信号：nbdnews）记者在某宝上发现，有不少商家在售卖“共享单车密码锁”，他们大多声称自己是“OFO的生产厂家”，并告诉记者“换锁”的方法，而他们售卖的“密码锁”价格由十几块到三四十块不等。用螺丝刀把原来的锁拆了，换上新的就可以用了。

“用过OFO的人都知道，要解锁“小黄车”需要在APP上输入车牌号，然后就会获得密码，可以解锁。当记者问到某宝上OFO同款密码锁的用途时，店铺‘共享单车工厂店’客服表示，店铺卖的每个锁都会把密码给买家，由于每一个锁都是对应一个四位数的固定密码，换了锁以后只有买家知道密码，那

这辆车就相当于独属买家个人的（用记住的密码开锁，无须支付租金了）。

“该客服还指导记者如何‘开锁’，他发来一张六角梅花螺丝刀的图片，并解释‘锁上面有几颗螺丝，你用这个把螺丝松开就可以了’。记者发现，这样的店铺在某宝上有十多家，会写有‘OFO小黄车同款密码锁/机械锁/马蹄锁’等字样。

“一位经常使用“小黄车”的深圳用户告诉每日经济新闻记者，如果想把单车独占，‘换锁’这种方法太复杂，不少人“简单粗暴”地把前后车牌号扯下来，或者把车牌号涂抹掉，让别人无法获取密码解锁……”

《南方都市报》2017年04月24日以《揭共享单车漏洞:花0.3元就能解锁小黄车最易破解》为题报道：“有一批人专门利用共享单车OFO（小黄车）的漏洞，通过倒卖单车密码、违规绑定学生证等方式来牟利”。

（二）共享自行车车锁升级也无济于事

针对共享单车失窃严重问题，没有一个共享企业不忧心忡忡，着急得很。有些公司殚思极虑，正在研制新一代智能锁。据说此锁与之前的机械锁不同，用户每次开锁时都将设定随机密码，而不是固定密码。这样，“密码共享”就成为过去，从此天下太平。

这种想法也不现实。对于“小人”来说，你即使采用原子弹开关密码也是白费工夫——他将你的锁锯开，你还有辙吗？

有人或许反问：“可是，到目前为止，还未发现一起锯锁的案件啊！”这是因为有机械锁的存在。不法分子刺探其开锁密码，比动用钢锯“省工省心”啊。

(三)转租自行车无锁胜有锁

转租自行车型号特殊，卖不了；零部件与市场上出售的车辆没有互换性，也盗换不了。所以，小偷看不上它。没有人有觊觎之心，用锁便是多余的——无锁胜有锁。

转租自行车，顾名思义，是这位租车者将所阻自行车用完租给另一位租车者。转租自行车可考虑无锁。因为车子上锁，便意味着闲置。无锁，可以收到促进转租的功效。

无锁（或者说简易的车锁）对租车者也谈不上有多大的不方便。你有事情，可以将车子转租给别人；等你事情办完，要骑车子可以重新租赁，从别人手里承租嘛。

转租者与承租者手递手地交接，“拿”到车子交押金，不白拿；交出车子收押金，不白交，车子怎么能不明不白地没有了！这种管理方法同人的思想觉悟相啮合，合情更合理。你租去的车子没有了，那么你的押金也就休想退回了。所以说转租站的自行车无锁胜有锁，而这把看不见的锁是用硬度最高的“金属”制造的，想白拿的人无论用什么“钢锯”都不能将其“锯断”!

当然，转租者迟迟等不到承租者的情形不会没有。因此，转租自行车还是应该配置车锁。

四、破坏共享自行车毫无阻碍　虐待转租自行车寸步难行

(一)共享自行车遭严重破坏的实例

百度网2017年3月14日发布了题为《共享单车维修点表示单车多数被人为破坏是怎么回事?》的文章：“共享单车逐渐流行，在带给市民方便的同时，也遭到了一些人的恶意破坏。近日，记者探访发现仅朝阳区某维修点就有近3000辆被破坏的共

享单车，近10位修车师傅每天要修数百辆……

“在朝阳区南十里居路北侧看到，大约1公里长的路段，有近300米被ofo小黄车覆盖，黑色车把、黄色车身看起来十分显眼。

“这些车密集地停放在马路西侧路上，从远处看，是排列整齐的一大片。附近有多处标语显示，‘维修中，请勿使用’，间隔的小块空地上则有近10位维修师不断重复着换胎、矫正车身等操作。

“这些共享单车大部分看起来没有严重的损毁，但许多车胎摸起来都是瘪的，另外还有二维码被涂抹，私换锁具等情况，导致它们均不能投入到正常的运营中。

“一位维修师举例称，正常车胎被扎应该是轮胎底部，但被送修的车辆基本都是侧面被扎，看起来像是用锥子等锐器人为破坏的。由于小黄车锁具拆卸相对简单，有一些车被人为破坏后，成了无锁车，还有一些车的锁具被调换、二维码被涂抹，导致只有换锁人知道密码，其他用户无法使用。”

澎湃新闻2017年3月22日以《砸碎多辆共享单车卖废铁 成都无业男子被刑拘》报道：“成都武侯公安公布一起新近破获的破坏共享单车案，嫌疑人因为惧怕出售整车被发现，于是将单车砸碎然后卖废铁。”

厦门网八闽新闻2017年3月18日以《真缺德！9辆共享单车 被人沉入福州白马河》为题报道：“福州共享单车又遭毒手了！昨天刚在闽侯上了2米高的树，今天又集体下白马河游泳了。

“今天上午9点左右，黄女士上班路过台江区白马南路附近往内河一瞥，看到了共享单车的惨样。‘当时我走在路上，偶然看到河底有一些红白相见的东西。走进一看，发现竟然是

hellobike的共享单车，而且数量还不少。’这么多共享单车被丢河里，谁看了都心疼。黄女士很热心，立刻通过共享单车软件，向平台反映此事。

“在白马南路附近的白马河中，找到了遭殃的共享单车。一共九辆共享单车，沉在河底。崭新的共享单车遭此厄运，不少围观的群众都很气愤……”

中国青年网2017年4月1日以《共享单车被扔亮马河底》为题报道：“近日有网友爆料称，有共享单车被扔进了酒仙桥附近的亮马河。据了解，单车已被扔到河底近一周。昨日，该单车公司工作人员到场，用绳子把车打捞上来（如图），但电子锁已经失灵。该公司负责维护的工作人员表示，自单车投放以来，每天都有恶意破坏情况发生，仅在朝阳区，3月28日当天因人为原因被回收的单车就有300多辆，公司对此十分无奈……

“据该共享单车所属负责朝阳区维护的工作人员介绍，每天都有不少车辆遭到恶意破坏。‘车筐、车座、车把，这些位置都特别容易被破坏，我们还遇到过几十辆单车被随意叠起来堆成一堆的情况，这对车身也有很大伤害’。此外，工作人员表示，最让人无奈的是一种带胶的广告传单，经常被贴在车筐的太阳能电池板上。‘因为我们的锁靠太阳能发电维持，如果把电池板遮住，锁就没办法运行了’。

“工作人员还介绍说，仅就朝阳区来讲，每天都会运回不少被破坏或故障单车维修，3月28日当天，回收了约500辆单车，其中约300辆都是因人为原因返修。

“此外，该共享单车公司提供的数据显示，北京范围内投放12万辆车，每月的违停举报在1 500到1 600次，每月故障反馈在2 700到3 100次，单车解救（被私锁捆绑，也包括长时间停留在一点位未投入使用）约2 000次。”

(二)转租自行车固若金汤，不可能遭到破坏

从中青网报道的情况来看，北京投放的12万辆共享自行车，违章停放、人为故障和单车解救，每辆车每过一两年就要遭遇一次，够触目惊心的了。

只有无病的自行车才有人承租，只有好骑的自行车才有人抢租。所以转租者不要说破坏自行车了，连透支使用也不可能。

始租者到转租站点租车，如车子有故障肯定不要，这就无形地监督着转租站点对收进的车子要认真检查，对损坏的车辆及时修理并落实赔偿责任。损坏了的自行车不但无人承租，送转租站点也免不了赔偿责任，所以转租自行车无论到了哪个手里，都会得到充分的爱护。

针对共享自行车普遍遭到破坏，上海出台了三年强制报废的政策。可是，自行车正常使用的年限是其十倍以上。北京市大兴区兴瑞家园物业的一位师傅，1984年风华正茂，结婚时买的一辆金狮牌自行车，如今垂垂老矣，儿孙满堂，这辆“金狮”还在使用。掐指算来，已经用了33年。

从节约社会资源这一点出发，转租模式也应该大力提倡。

五、共享自行车任人宰割　转租自行车盗换无门

(一)共享自行车横遭盗换的实例

《华西都市报（四川）》2017年3月28日以《家中阳台上手拆共享单车 视频被曝光男子遭行拘》为题的报道：“3月27日，一段时长仅10秒的视频火了。据拍摄视频的网友介绍，这一幕发生在位于双流双华路四段的三江悦府小区，3月26日下午5点左右，他无意看到对面楼里出现了两辆共享单车，一个男子疑似正在用工具对其进行敲击破坏。经成都市公安局双流区分局

民警在其家中现场查获两辆ofo共享单车，其中一辆的二维码被破坏。”

“驱动之家”2017年2月17日报道了朝晖《小伙买辆二手自行车：竟是被盗共享单车改装》的报道：“共享单车的出现为广大市民带来了便利，但同时被一些不法分子盯上。南京最近就发生了这样一幕，一位小伙在旧货市场买了一辆二手自行车，回去仔细一看，竟然是用被盗共享单车改装而成的。”

《北京晨报》以《共享单车被拆锁改头换座成私车》为题报道：“……朝阳大悦城西北门附近，一辆停在路边的ofo小黄车与众不同。从他发布的图片中看，这辆单车原本的铁皮车号牌已经不见，统一装配的机械密码锁被拆除，取而代之的是普通的自行车锁。更令人惊讶的是，这辆车还增加了两样东西。一个是装在车把前面的金属筐，另外一个是车后座的儿童椅。”

（二）转租自行车及其零部件不可能遭到盗换

由于转租站自行车的型号特殊，所以不管是谁，偷了它也无法使用。明晃晃的是个人不应拥有的东西，你亮出来谁都会投来惊讶的目光。

转租自行车的零部件也不可能遭到盗换。比如，转租自行车外胎爪地性强,耐磨,花纹沟深,排水性好,舒适性好，滋生觊觎之心者将其拆下来，可往自己车子的轮盘上装却装不上去——直径比市面上正常出售的轮胎小了几厘米；而自己车上的旧轮胎装上转租站的自行车则嫌大。转租站车子的轮盘直径也比市面上正常出售的小。

（三）不能挥霍司法资源

司法资源是促进社会稳定的最重要的资源之一。一个派出所，辖区十天出一个盗窃案件，处理起来得心应手；可是，假如一天出十个盗窃案，则疲于奔命了。这个部门的案件不断，必然钳制其他部门的破案几率。所以我们创办企事业，出台法令法规，都应该考虑司法成本，从可能滋生的犯罪率最低，消耗的司法资源最少着眼。

有人说共享在考验国民素质。这是个伪命题。正确的提法应是共享必须经受国民素质的考验。共享自行车被破坏，零部件被盗换，甚至整个车子被盗走，最大的缘由在共享本身留有漏洞，在引诱好人变坏人。

自行车单价，充其量二三百元，即使盗窃一辆，也构不成犯罪。因为盗窃罪的起刑点各地一般都是1000元左右，北京市法院审理刑法第264条规定的盗窃刑事案件，“数额较大”认定标准也不过为二千元以上。现在，共享自行车损失惨重，派出所等部门是应该管一管。但是，只能在法律的框架内进行，总不能为了杀鸡给猴看，将偷一辆“共享”的判个一年半载。共享要得安宁，就得修改法律。能这样吗？一个国家，尤其是法治国家，人的行为都要受制于法律，而不能反了过来，让法律受制于你。就共享来说，要求修改法律，其实质是妄想法律受制于共享。当然，法律并非绝对不能修改，然而，还是应该多考虑考虑她的权威性、稳定性和严肃性。

从每天都有发生多起与共享相关的案件来看，公安局得新设“共享科”，法院也得增加个专业机构——“共享法庭”。可转租呢？有十成的把握说将是零案件。因为它的设计不脱离社会现实而过分超前，而是从实际出发，从可行性出发，与人们现有的道德情操同步，遵循正能量最大、负面力最小原则。你想破坏车子吗？那么你的押金就退不全了。你想盗换零部件吗？转租车型号规格特殊，哪有与其他车辆的互换性！你想将整个车子盗走吗？因为车价低于押金，一想到这个问题，不管是谁，其邪念也就清除了。

六、共享自行车停放杂乱　转租自行车停放井然

（一）共享自行车胡乱停放的实例

厦门广电2017年3月8日报道：《什么情况？大妈家门口堆满共享单车——“我怎么生活”》

“福建厦门市民庄女士一家住在担水巷114号，近一段时间以来，在她家门口总会停放十几辆共享单车，有的时候直接靠在家门口，堵住了原本就不宽敞的小巷，影响到了她和附近邻居的日常生活。”

这位大妈家门口堆满共享自行车，问“我怎么生活”，确实使人同情。但是，比起公交车来，这还是小巫见大巫。请看“百家号”的报道：《场面壮观！北京市上千共享单车“围堵”公交车站》

“最近，有网友反映，在北京市朝阳区大望路附近的公交车站被上千共享单车‘围困’。从这位网友提供的照片中，我们可以清晰地看到一辆公交车停靠在站台边，在公交车面前是数以千计的共享单车，部分共享单车已经占用了公交车道。

“从现场来看，长达百米的公交站区域被多个‘单车群’占据，部分共享单车还将公交车的进出口堵住。”

共享单车给我们的短距离出行带来了极大的便利，但运营商也需要意识到，不合理的投放也严重影响了公共秩序，它的出发点已经偏离了曾经的“为人们提供便利了”。

（二）共享自行车胡乱停放的本性难改

新华社2017年4月18日以《共享单车治理能否管住乱停与

破坏?》为题进行报道：

……

“近日，北京、上海、深圳、成都等多地出台措施，升级强化对共享单车的管理。这些措施效果如何?‘新华视点’记者进行了调查。

“记者近日在北京市大兴区一地铁口旁看到一个提示牌，上书‘此区域禁止停放任何车辆’。但是，紧挨着提示牌就停放着多辆共享单车。在长安街沿线等禁停区域，乱停乱放依然时有发生。多家共享单车公司规定，共享单车不能进入小区。近日，记者在北京市真武庙路二条7号院看到，一位中年女性径直将ofo单车骑进院子，并将车子停在楼下角落里。记者在小区内绕行一周，每隔不远便能见到一辆违规停放的共享单车，数下来共有11辆，包括摩拜、ofo、小蓝单车、永安行等。一位物业管理人员说：‘小区共有居民300多户，经常碰到有人把单车骑进小区。’致力于解救违停共享单车的人，有个帅气的称号——‘单车猎人’。来自上海的‘摩拜单车猎人’倪先生表示，近期单车管理升级后，禁限区域执法人员增加了、处罚力度加强了，但违规骑行、乱停乱放等现象仍大量存在，尤其是小区违停多得很。已举报违停200余次的上海‘单车猎人’张先生告诉记者：‘我每天都接到不少举报。’

“广州一位‘单车猎人’告诉记者，他已主动参与纠正违停达5 400多次。家住广西南宁的覃先生说：‘一些市民停放单车‘很任性’，直接停在行车道、辅道甚至盲道上。’南宁市青秀区城管局局长杨昌武说，共享单车进入南宁后，曾因违规停放被城管部门暂扣上百辆，目前这一情况仍未改观。尹大朏向记者透露：‘目前，单车猎人和用户上传到摩拜APP的违停图片，每天大约有2万张。’”

（三）转租自行车不可能胡乱停放

图4-2　场面壮观！北京市上千共享单车“围堵”公交车站

转租自行车使用人用完自行车，不可能随便扔掉就走。因为，扔掉以后与共享自行车不同，是要继续付租金的；再者，倘若被城管等单位清理走了，再想用车到哪儿去找。找不到了，交出去的押金岂不是打水漂了？

在这里，有必要将转租押金的管理机制再简要地重提一下：始租者到转租站点租车，向转租站点交纳押金；用完转租给承租者，承租者代替转租站点向始租者退还押金；承租者用完车子，将其转租给第二个承租者，第二个承租者向第一个承租者代替始租者退还押金……最后一个承租者车子无人承租，将其交还转租站点，转租站点将始租者交纳的押金退还给他。结果，转租自行车转租的时间都是使用时间，停放则是莫须有的事。

转租的收费方式决定租车者不会乱停乱放，不会干涉他人自由。假如乱停乱放，车子被交警清理掉了，凭什么退押金？而共享的收费方式免不了租车人乱停乱放。乱停乱放以后，租车人锁上锁，其与共享的租赁关系就终结了。乱停乱放的车子交警清理也好，不清理也好，都与租车人没有任何利害关系。所以，共享的这种收费方式应取缔。可是，这种收费方式是共享赖以生存的基础，取缔了它，共享企业怎么办？

当然，苦了最后一个承租者，转租自行车没有人承租，必须送到转租站点去，享受不到共享自行车可以“随便扔”的自由。但是，从文明有序的角度着眼，共享给予租车者可以“随便扔”的自由造成了拥堵，损害了别人交通的自由，是非法的。效法可耻，不能效法。

商店里的商品从货架上搬到马路边，消费者直接看到，购买唾手可得，销售者营业额因此可以成倍增长。但是，社会不能给予销售者这种损人利己的自由。因为，他的自由干涉了行车人的自由，干涉了步行人的自由。

转租的收费方式决定租车者不会乱停乱放，不会干涉他人自由。假如乱停乱放，车子被交警清理掉了，凭什么退押金？而共享的收费方式免不了租车人乱停乱放。乱停乱放以后，租车人锁上锁，其与共享的租赁关系就终结了。乱停乱放的车子交警清理也好，不清理也好，都与租车人没有任何利害关系。所以，共享的这种收费方式应取缔。可是，这种收费方式是共享懒以生存的基础，取缔了它，共享企业怎么办？

七、共享自行车调运困难　转租自行车无须调运

环球网2017年4月4日刊载《骑共享单车去海边兜风:下一幕风中凌乱》一文称："清明小长假，有没有出去游玩一番？你又选择何种出行方式呢？趁着共享单车如此便利，有网友突发奇想，骑上一辆就直奔海边了，准备潇洒地兜一圈。

"结果一到海边，顿时风中凌乱了:海边密密麻麻地停着各种共享单车，别说停车，人都快没地儿落脚了。"

游人骑共享自行车到海边来的时候应是顺风。否则，哪个会顶风而上？可是，回去就成逆风了。这时，绝大多数人恐怕都抛弃共享自行车而改乘汽车了。因为共享自行车可以随手扔，那就随手扔吧。从画面上看，将扔下的共享自行车粗略的估计有好几千辆，这可怎么办？等转风时让下一批来海边的人骑走？对不起，假期有限，等转风时假期早完了。有人又会说，共享有调运工，让他们运走，投到租车的人多的地方去。可是，共享的管理人员与车的比例只是5∶10000左右，即使他们都是调运工，要调运完这么多车子也得好多天。

转租自行车为什么无须调运？这是管理机制的原因，用上例进行分析。转租自行车到租车者之手便开始计算租金，直到

有人承租为止。所以，人们要使用转租自行车到海边去必定先考虑到了海边车子能不能脱手。即使不在乎租金，也不能像共享自行车那样随便扔掉。因为扔掉了，押金就退不到了。凡是这样思考的，多不会使用自行车。因此，自行车无序集结的现象在转租自行车是不可能发生的。不可能无序集结，哪须调运？无须调运，则无须设置调运工。

八、共享自行车离心力满身　转租自行车向心力十足

共享经营者都希望骑自行车不要流入外地，但是用户图的是方便，怎样省事怎样骑，怎样省事怎样停放。因为租金多少只决定用车时间的长短，而与流入外地不流入外地无关。我这里说的不是用户故意骑行一二百公里把车子搁在外省市，而是像接力赛跑那样，甲骑离市中心10公里，乙开锁续租以后，再骑离20公里……此后的丙和丁如法炮制，车子就不知不觉地到了外地。

车子到了外地，如果坏了，也就死了。因为充其量才二三百元左右，而寻找及其运回的误工费、差旅费、汽油费、车辆的磨损费或雇车的运费，则超过车价了，是赔本的买卖。

转租自行车用户却相反，向心力十足，忌讳远离转租站点。这种向心力不是天上掉下来，而是转租的特点使然。租车者所租的车子如果转租不出去，即无人承租，则须自己还到转租站点去退押金。车子离转租站点越远，承租人承租的兴趣越低。比如北京的一辆转租自行车到了天津，谁也不愿意承租这辆车。因为承租后转租不掉，岂不要骑到北京退押金？所以，转租自行车都有向心力，不会远离转租站点。

有人设想改革共享自行车，将未用智能锁的统统换上智能锁，将低级智能锁升级为高级智能锁。这当然可以。但是，考

虑管理成本了吗？一辆共享自行车才二三百元，电子锁却上千，它不是用一只西瓜去换一粒芝麻？

九、共享无视中小学生　转租关爱祖国未来

为了孩子的健康成长，一般中小学都不欢迎学生使用手机，禁止学生带手机上学。可是共享只有通过手机才能租到自行车，这就增加了学校限制手机的难度，成了学校禁令最大的冲击波。转租呢？有三四百元作押金便可从别人手里承租自行车，与手机无关。相对来说，转租对中小学不欢迎学生使用手机投了赞成票。

手机是双刃剑。中小学生多没成年，因此使用手机所失超过所得，而且大大地超过所得。下面，不得不说说使用手机对孩子的“所失”。虽然长了点，但对大家尤其对学生有好处。

手机带有辐射，长时间的使用会对身体造成一定的不良影响。儿童颅骨厚度低，对辐射的吸收率明显高于成人。手机辐射会破坏孩子神经系统的正常功能，从而引起记忆力衰退、头痛、睡眠不好等一系列问题。孩子的神经系统正处于发育阶段，受到的潜在威胁更大。儿童使用手机时，大脑对手机电磁波的吸收量要比成人多60%。

儿童身体组织中的含水量比成人丰富，而手机微波具有对水分越多的器官伤害越大的特点，因而手机对儿童的危害大大高于成人。此外，长期点击手机还会导致孩子手指发育畸形。

手机还会使儿童的思考方式变得单薄。爱发短信的青少年，思考问题难以深入，凡事急于求成，性格比同龄人更冲动。并且，孩子长时间的使用手机，冲击了与他人面对面交流的机会，这样容易使其内心变得胆小、孤僻，性格变得偏执。常用手机上的联想输入功能发短信，会使孩子做其他事时只追

求速度而忽略准确性，极大地影响他们的思考方式。

过早使用手机容易让儿童和父母产生隔阂并沉迷于游戏。频繁给同学、朋友发短信，有可能让孩子不会对父母讲真心话，加深父母的失控感和亲子之间的隔阂。另一方面，随着现代通讯技术的发展，手机可以随时随地上网，这就使得下载游戏更为便利。有的孩子可能过度沉迷于游戏之中，影响其成长。

有些浅薄的家长光考虑联系孩子方便，抵触学校的禁令，质问："法律规定中小学生不能玩手机吗？"世界上的事物千头万绪，法律不可能面面俱到。但是，我可以驳回这些家长:法律规定要使孩子健康成长。学校为了使孩子健康成长，禁止他们带手机上学还有什么错吗？

年满12岁的孩子就可以骑自行车。全国中小学可以骑自行车的在校学生人数为8 500万左右。他们多为走读，每天上学下学四次，总计便是三四亿。转租使他们不用手机也能骑上自行车，破解拥堵、减少污染的社会效益该是多么惊人。

十、共享租车拖沓　转租租车便利

租用转租自行车手续简便，干净利落，无论向转租站点租车还是向转租者承租，百元面额的人民币只要有三四张即可；想租车的念头一闪，就像想举步就举步那样，车子就可到手，无须做先期的包括上网的任何准备；车子用完，随时随地转租给别人，三四张百元的人民币立马收回，不会遭到刁难的推三阻四；车子在你手里，你是转租站的客户，车子脱手，你同转租站就是路人，没有经济上的任何纠纷；你上飞机、下飞机，上火车、下火车，上地铁、下地铁，上公交、下公交，都可这样；你在家乡北京可以这样；你远足云南山东、北美西欧也可以这样。

共享租车则不如此，比较麻烦。首次使用共享自行车得走好几大步的程序。第一步，手机打开微信扫描车上的二维码，或者下图二维码。第二步，填写手机号码与验证码相关信息。第三步，缴纳押金，可选择支付宝和微信支付。第四步，实名认证，输入相关信息。第五步，注册完毕租车，可以在微信公众号“OFO共享单车”上租车，也可以选择下载“OFO共享单车”，点击“立即用车”，再输入车牌号，即可得到4位数密码。第六步，在车座0下面找锁，输入密码，按下按钮，即可开锁。

走完共享的六大步，即使老玩智能手机的，无人指点恐怕也要好几分钟。这么多时间，快速步行可达一里多。在城里，走这么多路完全可以找到公交站。所以，上了年纪的人，离公交站近的人，从外地来的人，没有智能手机的人，怕麻烦的人，都不太容易对共享自行车产生浓厚兴趣。

共享提不起人们浓厚兴趣的因素还有退押金缓慢。几个亿的押金控制在自己手里，即使不投资银行理财，光是正常的利息一年也有好几百万。所以，共享企业从自身利益考虑，难以承诺押金随时可退，承诺了也难以迅速兑现。

2017年2月10日，有人做了不完全统计，共享自行车全国用户在4 000万左右！孤立地看，这个数字十分庞大，比加拿大全国人口多（不足4 000万），比澳大利亚全国人口更多（只有2 300万不到）；但是，同中国人口比较，就是非常少的了：只占全国总人口1 370 536 875人（不含港澳台，2010年第六次全国人口普查数据。下同）的三十九分之一；只占全国15~59岁人口939 616 410人的二十三分之一；只占全国居住在城镇的人口665 575 306人的十七分之一（当然，居住在城镇的人口中含占16.60%的0~14岁人口和占8.87%的65岁以上的人口）！

时间就是金钱，当代人理解得比任何一个时代都透彻，做事崇尚爽利，讨厌拖沓。2015年，新疆大枣在王府井卖到30元左右一斤，形成风潮。可是，同样的大枣，在王府井以东一里多路的一个菜场，20元左右一斤却鲜有人问津。其原因，就是在王府井购买方便，不耽误功夫。转租自行车想骑就能骑，没有共享必须要走的六大步程序，而像在王府井买大枣那样，无须多跑路，掏出钱来就能将枣子拿走，紧紧地勾住了租车者稍纵即逝的用车欲望。所以完全可以这样设想，共享模式一旦改为转租模式，租用自行车的用户必然呈几何级数上升。

第五篇　治堵七策

篇首语

治理交通拥堵，生活需要，生产需要，国防更加需要。有人笑言，要是敌人登陆大城市，我们最难对阵的时段便是假期尾部。因为这时在驰援的军车前面，是浩浩荡荡的蠕动着的民用车阵。当然，可以下令这些车辆停靠，让军车先行。可是，停车也得地方。凡事预则立，不预则废。不来个“平地惊雷”，后果不堪设想。古语说“苛政猛于虎”。其实，“不作为”也猛于虎。明明半小时车程，却使人们在路上折腾两三个小时，谁不如热锅上的蚂蚁？这“治堵七策”可以说将为我们开辟千万条无堵通道。公车也好，私车也罢，车轮滚滚，四通八达。司机、乘客以及道路两侧的居民，哪个不心情舒畅，豪情满怀。

一、瞬时逆行化

"瞬时逆行化"是指划出道路的一两条车道，根据车流情况而临时决定顺行车道可以逆行，逆行车道可以顺行。

每年清明节上午，北京城中总有浩浩荡荡的扫墓车队向八宝山移动，拥挤不堪；而八宝山向外辐射的车道上的车辆则稀稀落落，少得很，令反方向的驾车人眼馋不已。在这种情况下，"瞬时逆行化"便可大行其道：使离开八宝山的车道临时变更一两条为进入八宝山的车道。

不要以为瞬时逆行化的需求仅仅是扫墓，其作用可以忽略不计。学校放学之时、企事业单位下班之时、影剧院散场之时、体育运动会结束之时、大型集会闭幕之时，都是瞬时逆行化发挥威力的良机。还有，开头所讲的运兵御敌之际，更是瞬时逆行化大显身手的黄金时刻。

使驾驶员知道瞬时逆行化很容易：只要在相关的车道两侧建立地灯线就可以了。其名称，可为瞬时逆行地灯线。瞬时逆行地灯线亮了，表示道路原来的中间隔离线作废，以其取而代之。为了与瞬时逆行地灯线配套，现时用于隔离的栏杆等物应悉数取消，一律用黄实线取代。

我们中国是典型的大陆国家，同美国、俄罗斯、德国、法国、巴西等国一样，车辆都靠右行驶，即中间隔离线在车辆的左边。因此，驾驶员发现亮了的瞬时逆行地灯线在自己的右侧，那就得赶紧移车，使车子变到它左侧；反之，如果亮了的瞬时逆行地灯线在自己的左侧，那就可以将车子挣脱缓慢爬动的车龙，到左边本来是逆行的车道上风驰电掣。瞬时逆行化并不增加交警的负担。因为它可以减少拥堵，而拥堵是交通事故的元凶。处理交通事故的时间，不知比开关瞬时逆行地灯线要长多少倍。

二、车站回迁化

现在，世界各国各市十字路口（含三岔口）的公交车站选址，基本上都无科学性可言，清一色的都设置在顺行时横街的那边。这句话比较抽象，不好理解，具体是指：十字路口，南北路东侧，公交车站设在东西路的北边；南北路西侧，公交车站设在东西路的南边；东西路北侧，公交车站多设在南北路的西边；东西路南侧，公交车站多设在南北路的东边。

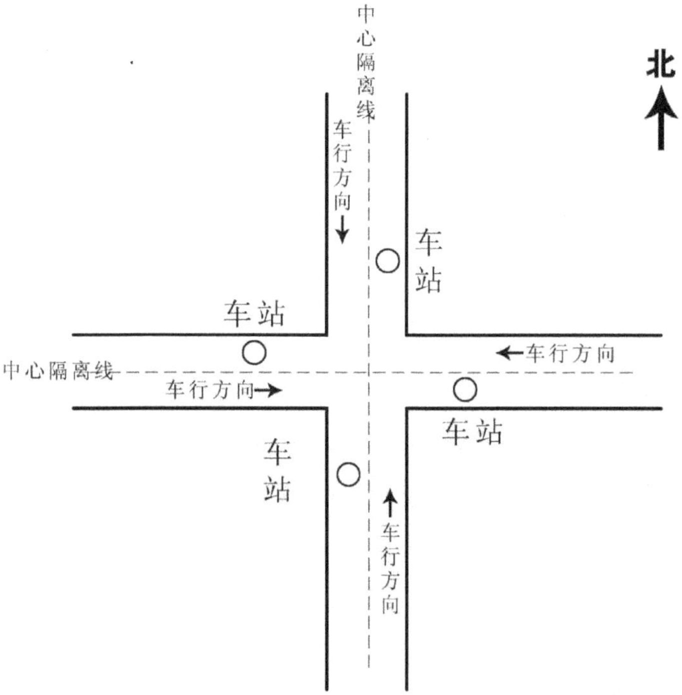

图5-1　现时(车站回迁化前)公交站位置示意图

现时公交站设置的位置有什么缺陷？主要的缺陷是人为地使公交车多停一次车。对这个问题，不坐公交车的人是难以理解的。我们模拟坐上某辆公交车。这辆车由南向北行驶，即在南北向马路的东侧行驶。前面是十字路口，红灯，这辆公交车按例停车。这时，车上不少旅客到达目的地了，要求下车："司机，开下门吧！"司机无动于衷，冷冷地说："没到站，不能下车。"几个年轻人气盛："我们到了，怎么不能下车！""这是规定。只有到了马路那边的公交站，我才能开门，请谅解……"要下车的年轻人岂肯罢休，责问道："公交站为什么不设到这里来？设到这里来多适用！"司机虽有同感，但还嘴硬："过了街（东西向马路）停车，少说也有上百年的历史了。岂能容你做主，说迁移就迁移！""迁移不迁移，不能看历史长不长，而要看合理不合理……"司机同车上的人的争执未完，车外的纠纷又起。车外的行人不停地拍打车门，而且越拍越重："开门，开门，我们要乘车！"司机白了窗外一眼，没好气地："等到对面车站，再让你们上。""为什么现在不让上，架子真大！""不是架子大，是没有到站。""你就当这里是车站吧！""不成啊。车站在哪里，不是随便说的……"

结果，车外要上车的上不了车，车内要下车的也下不了车。好容易等到绿灯亮了，我们乘的公交车终于启动前行。然而，只有几百米，到站了，再次停车。门开了，先前要下车的乘客争先恐后下了车，赶忙回返，向刚才的停车处跑去。为什么？他们的目的地在横街的南面。对他们来说，公交车到站让他们下车是现实的南辕北辙。刚才要上车的人也气喘吁吁地从横街的南侧跑来。年纪轻的，步履轻盈，捷足先登；年纪大的，蹒跚而行，多半被公交车抛了。

坐了这趟公交车，大概谁都会有新的认识，上述第二次停车即到站停车实在是多余的，即多停了一次车。因此都会站在年轻人一边，认可迁移车站。这便是车站回迁化的真谛。

从下图可以看出：车站回迁化，即将现在的公交站（上述第二次停车的地方）迁移到横街以南（即上述红灯停车的地方），到站停车和红灯停车就合二而一了。这就是说，红灯停车取代了到站停车，停车次数减少一半。

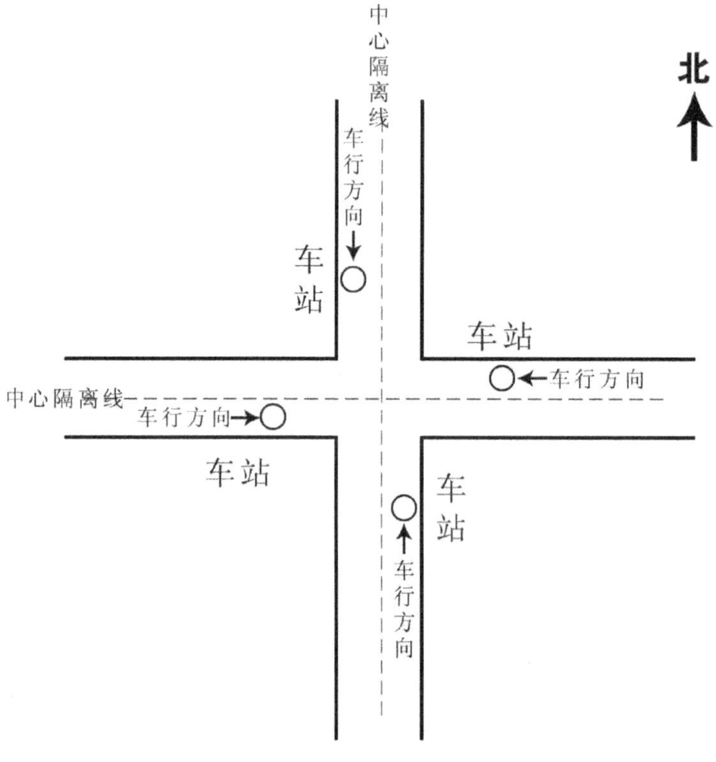

图5–2　车站回迁化之后公交站位置示意图

从上图还可以看出：由北向南、由东向西和由西向东的公交车，都与我们模拟乘坐的由南向北的公交车一样，变两次停车（红灯停车和到站停车）为一次停车（红灯停车），使停车次数也减少了一半。

一般汽车在单次使用过程中的非拥堵停车至多三四次，而公交车则是其几十倍甚至更多。所以，车站回迁化使公交车停车次数减少一半的意义是非常重大的。北京市从马村车站往返于南礼士路的840公交车，有59个停靠车站，每天往返4趟，共停靠472次（59×8）。其中，大约100次是十字路口红灯停车。每次红灯停车时间为1分钟左右（含停车前降速和起步时只能逐步提速耽误行程的时间），这100次红灯停车便白白浪费100分钟（1.7小时）。在现在看起来没什么，觉得是天经地义的。可是，同车站回迁化后作个比较就大吃一惊。车站回迁化以后，这等红灯的时间则变为上下客的时间了（以前的到站停车时间），所以相对地说便节省了100分钟（1.7小时）。

公交车减少了停车时间便可相应地增加行驶时间，在完成相同载客量的前提下便可精简公交车的投放量。车站回迁化可以精简多少呢？仍以北京市840路公交车为例计算为：1.7/15=11%。其中，“1.7”为红灯停车的小时数，“15”为公交车每天运行的小时数。现在，交通拥堵成了世界难题，不仅公交车本身在蠕动，其他包括私家车在内的所有车辆都在蠕动。马路上一旦少掉11%的公交车，该显得多么宽敞。

有人可能提出驳论：车站回迁化虽然能使要过十字路口的公交车红灯停车和到站停车合二而一，少停车二分之一。但是，并未将一些乘客送到目的地（过街）呀！诚然，车站回迁化以后，一部分需要在原址下车的乘客平添了过街（横街）之苦，但是不能作为否定车站回迁化的理由。规划城市交通，不能只考虑一部分人的利益，而要着眼整体。车站回迁化以后，顺行的客车在横街以近停车，虽然使目的地为横街以远的乘客产生步行横街的不便，但却可以使目的地为横街以近的乘客免除从横街那边回返之苦。从社会的角度考虑，前者的“弊”被后者的“利”抵消了。所以说前者虽有损失，但从社会效益考虑并没有损失。

要从横街这面到横街对面去的人，与要从横街对面到横街这面来的人总是相等的。今天，可能前者多后者少，不等；明天，也可能前者少后者多，也不等。可是，只要作较长时期的统计就不难发现，此不等被彼不等平衡了，所以说车站回迁化无可指责。

公交车，公字当头，毫无疑问，其属性是公益事业。公益事业当还是不当，衡量的标准只能是社会效益；取其一而不及其余，只考虑一部分人的利益而不考虑整体利益，那就张冠李戴，把公益当成“私”益了。

公交站回迁化还可有效地减少废气排放。汽车尾气中所含污染物的多少与行驶条件关系很大。空挡时，THC（Total Hydrocarbons 的简称，指排放的气体中含有碳氢化合物的总量）和 CO（一氧化碳，它是大气中分布最广和数量最多的污染物，也是燃烧过程中生成的重要污染物之一。大气中的 CO 主要来源是内燃机排气，其次是锅炉中化石燃料的燃烧)的浓度最高，低速时也较多，正常行驶较低。公交车到站停车，空挡和低速都是不可避免的。所以减少一半停车，对改善环境功劳巨大。

公交站回迁化还可有效地减少公交车运营成本。粗略地估算，公交车多停车一次，油料的耗费和设备的磨损的费用就得花费三四元。每天少停靠上百次，便可节省三四百元。日积月累，是笔不小的数字。

三、路口差别化

这里的路口是指十字路口。世界上的事情是千差万别的，完全一样的没有。现在，马路上去的方向的路口和来的方向的路口被笔直的中心隔离线平均分割，左右的宽窄度是完全一样的。其实不应该这样，这就是路口差别化的意思：有的路口的路面应当宽一些，有的路口的路面应当窄一些。为什么要这样？因为有的路口需要正常停车，而有的路口却与停车不沾边。

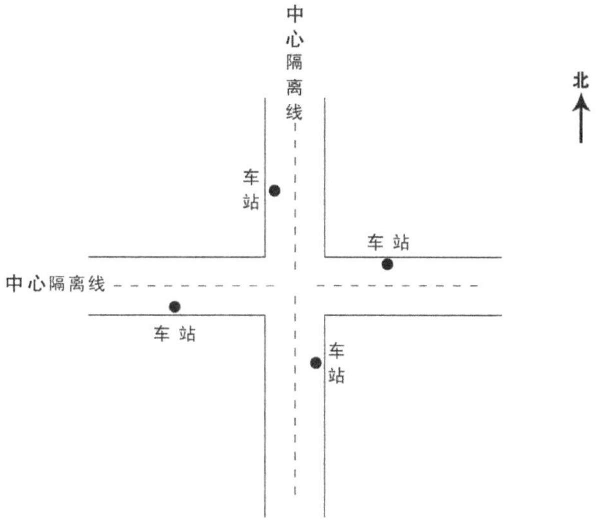

图5-3　中心隔离线路口差别化前后示意图

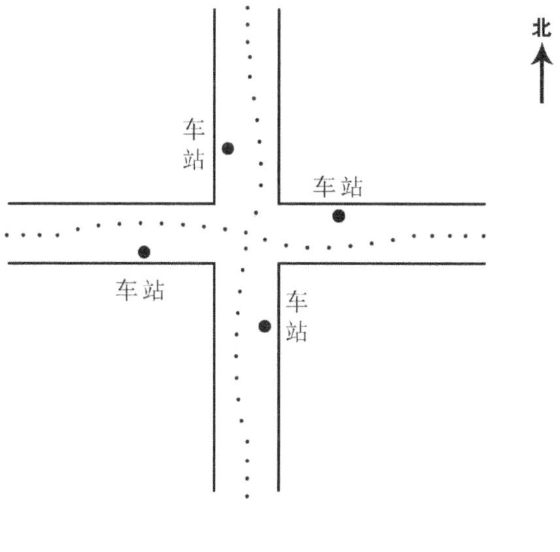

图5-4　路口差别化前路口差别化后

从图5-3可以看出，现时马路被中心线（分隔线）平均分割，路口左右两侧宽窄一样。

图5-4是路口差别化之后的情况。十字路口东北口较宽；东南口较窄；西南口较宽；西北口较窄。为什么？这是因为东北口和西南口规定可以停车，而东南口和西北口不能停车，否则是违规的。

东北口与西南口面对红灯，红灯亮时，行驶的车辆都得停下，停车就得多占用路面，所以路面需要宽些；西北口与东南口与红灯无缘，不需要停车。不停车，占用路面就少，所以路面就可窄些。

为了叙述的方便，我们把右图中心线命名为瞬时中心线（分隔线）。瞬时中心线（分隔线）也可以建成本部分“一、瞬时逆行化”中所说是“地灯线”。红灯亮时，地灯线地灯同时开启，一条亮线将顺行车辆所在路面加宽（即将左边没有行车和停车的路面变窄），这样本来很长的等候绿灯的静止的车队便会变宽变短，绿灯亮时通过路口的时间便可减少。

上述“绿灯亮时通过路口的时间便可减少”，是因为并行的车辆可以适当增加，比如本来是三车并行的可以增加为四车并行。可是，这样会不会挤占对面来车的车道。不会，因为对面车阵到达地灯线交点（十字路口中点）之时，相对方的车阵也才到达这里。而在这个时点，地灯线地灯熄灭，瞬时中心线关闭，恢复正常，即成左图的样子：马路被中心线（分隔线）平均分割，路口左右两侧宽窄一样，发生顺行车和逆行车互争路面的情况从何谈起？

路口差别化与治理拥堵有什么关系？不要忘了，停车拥堵本身也是拥堵。差别化以后，本来闲置的路面利用了起来，现时停车长龙等了一个红灯还过不完十字路口的情况肯定会大大缓解。

四、到站广告化

到站广告化的意思，是在公交车两侧最显眼的位置逐一展示所去的公交站站名。再进一步，将所去的公交站可以换乘哪些车用小字标上就更好了。现在，有的公交车两侧光光，什么信息也没有；有的公交车两侧花花绿绿，被广告占领。公交车，顾名思义是为方便公众交通的车子。将经过哪些公交站站名，以及将所经过的公交站可以换乘哪些车写在车身两侧，才是分内之事，才是名正言顺的。

谁都有这样的体会，到了一个陌生的大地方，选乘最合适的公交车到目的地是比较麻烦的，弄不好就会绕道，甚至南辕北辙。当然，可以查站牌。但是，查站牌得时间，况且不直观，事倍功半。查到了去目的地的车次，见不到去目的地车子；等见了去目的地的车子，却忘了去目的地的车次。

到站广告化以后，哪辆公交车的车身上有你要去的站名，那你就乘上那辆车去吧。写着到哪里就到哪里，百分之百，还犹豫什么呢！如果没有你要去的站名，那就说明这些车与你无关，得耐心地等待。虽然等待需要时间，但是不会上错车，等待是有效的，所以不会懊恼。

笔者工作在北京大兴，家住城里翠微北里。回家，从大兴上车进城不麻烦，因为车的班次少，只是有数的几趟，不多，好记。可是，到了公主坟南站下车再转车烦恼来了。车站有三四个站牌，车次都写得满满的。共有好几十行，究竟哪些车到翠微北里，真让你眼花缭乱，头昏脑涨。到站广告化，让人看车身判断哪些车到翠微北里有多好。

五、停靠间隔化

9571次车刚刚到站，后一辆9571次接踵而至，司机自以为得意，对前车驾驶员嘻嘻哈哈地："终于追上你了！"这话麻木不仁，与行车间隔化相悖。行车间隔化要求相同车次的客车到站时间保持一定的间隔，杜绝重叠。这有什么好处呢？可以缩短乘车人等车的时间。假设9571次车每隔10分钟一辆，乘客等车的时间最长是10分钟。可是，像开头举的例子那样，两辆9571次车到站时间重叠，乘客等下一班9571次车则要等20分钟了。

表面上看，行车间隔化与整治交通拥堵毫不相关。其实，紧密相关。乘公交车扫兴之事，莫过于左等等不来，右等等不来！这种感受，往往成了乘车人变买车人的动力。相反，等几分钟便能等到车子，有私家车的人往往也会滋生卖车的念头。路上的车子少了，拥堵的程度自然会减轻。

六、到站准时化

到站准时化是停靠间隔化的更高层次。公交车到站时刻的误差很小，向火车时刻看齐，不过早也不过迟，乘公交车基本是像赶火车，必然使想买私家车的打消买的念头，也必然使已买车的人产生卖车的动机。因为抵达时间没谱，是人们嫌弃公交车的主要因素。

抵达误差最小化以后，用私家车送孩子上学的人可能改为公交车了，因为乘公交车不会赶不上上课；开私家车上班的人也可能改乘公交车了，因为乘公交车不会赶不上上班；乘私家车赶火车的人也可能改乘公交车了，因为公交车到火车站的时间的误差是有限的而不是无限的……

北京市交通信息中心开发的基于iOS、安卓系统的智能手机软件，虽可以实时了解公交车与自己的距离并预测大致的到站时间。但是，该软件尚无法结合实时路况信息进行整合式计算，而且公交数据自动刷新还会给用户带来流量方面的压力，所以应用者罕见。

抵达误差最小化和停靠间隔化实施的基础条件是道路畅通，不能拥堵。北京开辟了公共汽车专用道，这种做法应该大力提倡。公交车越是停靠准时化和停靠间隔化，人均占路率最高的私家小轿车就能越少，车辆越少，拥堵就越不容易发生！

一般来说，选择公交车作为交通工具的多为短途乘客，他们心目中的“方便”是上车及时，能比步行节省时间倒是其次。所以，为了促使抵达误差最小化可将车速适当降低。这样，在那一时段耽误了时间，驾驶员就有余地在这一段提速调整过来了。

七、私营车合法化

拥堵，是因为道路上的汽车太多。从物尽其用考虑，现时马路上的小客车应该去掉大半。为什么呢？因为小客车的座位大半是空的。将三辆或者四辆小客车里的人并到一辆小客车里，座位全空下来的两三辆小客车不是就可以退出道路？私营车合法化正可以做到这点。

现在，私家小客车送家人到某地去是合法的；如果途中收费，顺带两三个也要去那里的人，则变为私营车，是非法的了。非法在哪？最关键的是你的车不是出租车，而出租车是要向利益集团交费的。你私家车没有交费，凭什么揽客？我们是社会主义国家，顾名思义，讲究社会效益应该是第一位的。以“交费”而牺牲道路畅通的大众利益，与社会主义国家的本质属性格格不入，属于野蛮管理。

事实上，私营车合法化已见端倪。比如市郊住宅小区各个出口都有多辆停着的坐着司机的私家车。包括负有取缔私营车重任的干部在内，都知道这就是所谓的私营车。其中，有的是在等活；有的是自己有事，要到某地去，想顺带个同路的。不多耗费汽油，却能增加收入，何乐不为？人们为什么熟视无睹？都知道私营车虽然不合法，然而是合情、合理的。作为政府的管理部门，治理拥堵的理念应该走在老百姓的前面；率由旧章，前任让出租车垄断载客，我也沿用前例，昏昏然也。

微信打车，更以雷霆万钧之势对出租车提出挑战，使千万辆“黑”车（私营车）变成“白”车。因为微信车有补贴，所以乘客花比出租车少得多的车费就能坐上去。在北京，从翠微北里到大兴三合南里，坐出租车，途经三环和京开高速公路，约26公里，红绿灯13个，36分钟，车费94元。如果不经过三环而改为四环，约29.9公里，红绿灯14个，41分钟，车费则要111元。微信打车，无论怎么走，车费仅仅40元。可想而知，知道微信车的人大概要与出租车说永远再见了。

微信车的目的地多与乘客基本相同，即使没有乘客也要前往，所以车费是白捡的，而且还有补贴！微信车是赢家。乘微信车的人呢？也是赢家。前面说了，车费不到出租车的一半。人们看不见的社会是什么情况？更是赢家。因为，道路上的车稀了，拥堵也减轻了；道路上的排气管少了，污染也减轻了。

English Contents

SECTION 1 Bicycle sublease password ···················1

PART ONE Bike sublease Q & A ······························3

ONE Can rental people rent the bike without any of the documents? 3

TWO Can rental people rent the bike to someone else? ·············3

THREE When the bike was sublet to others, is there no need to pay the rent to the transfer station? ···3

FOUR One of my relatives return home to visit relatives with living in the United States for many years, can he or she rent the bike on the airport? ···5

FIVE How to calculate the account is convenient when rent a car from others or sublease bike to others? ·····························5

SIX Why is the rent price particularly low? ·························5

SEVEN How to tell others about subletting? ························6

EIGHT Do the bicycle only allow sublet to acquaintance? ···········6

NINE What is the meaning of "use with destiny, damage without responsibility"? ···6

TEN Like "shared bike", will the sub-bike rental not be destroyed by the serious man-made destruction and theft? ·····························6

ELEVEN What do you do when someone uses an old car to replace a new car? ··7

TWELVE What about stealing bicycle parts? ·······················7

THIRTEEN Why not charge rent at times? ·························7

FOURTEEN What about guarding from theft? ······················7

PART TWO Bicycle sublet station visit record ···················8

ONE Rent out a bicycle ···8

TWO Take back a bicycle ··10

THREE The rental people can sublet the bicycle ……………………10
FOUR Bicycle sublease rent settlement ……………………………12
FIVE Sublet bicycle is a kind of safe bike ……………………………16
SIX The method of handling bicycle damage …………………………19
SEVEN Scheduling of bicycle ………………………………………22
EIGHT Be the master…………………………………………………24
PART THREE Bicycle sublease station will block the trap of " auto society" ……………………………………………………………31
ONE Invisible consumption cost………………………………………31
POINT ONE Cost of tail gas ………………………………………31
POINT TWO Encroaching green spacer …………………………32
POINT THREE Occupation of road cost …………………………32
POINT FOUR Interfere with bicycle users and pedestrians ……32
POINT FIVE The cost of building and maintaining roads or bridges ………………………………………………………………………32
TWO "The country on the wheel" should not be followed ………33
THREE Automobile exhaust is the killer of life ……………………34
FOUR " Big country of bicycles" is good ……………………………38
PART FOUR Bicycle sublease will make people fall in love at first sight ……………………………………………………………40
ONE It is more convenient to use the bicycle of the sublease station than to use your ownbicycle………………………………………………40
TWO It is better to use a sublet bike than to use your own bicycle 41
THREE Bicycle sublease costs will be surprisingly low ……………43
POINT ONE Sublease station rental rate is the highest, so the rate of depreciation is the lowest ……………………………………43
POINT TWO The sublet sites may be set at least ………………44
POINT THREE The sublet sites can be built to the minimum ……44
POINT FOUR The workers at the sublet site are at least………45
POINT FIVE The utilization ratio of sublet funds is the highest …46
FOUR Sublet bicycles save more time than cars ……………………47

FIVE Bicycle sublease will certainly change the car climate 48

PART FIVE Bicycle sublease can say goodbye to road congestion 49

OEN Congestion makes people hate it ……………………49

TWO Bicycles must be to revive ……………………51

THREE Bicycle sublease is the driving force of the car ……………53

PART SIX Bicycle sublease can effectively reduce the number of casualties in traffic accidents ……………………53

ONE The traffic accident in China is startling ……………………53

TWO Riding a bike is safe ……………………54

THREE Effective reduction of the number of casualties in traffic accidents ……………………55

PART SEVEN Bicycle sublease can save millions of barrels of fuel every day ……………………55

ONE Our country is still lack of oil ……………………55

TWO The example of energy conservation ……………………56

THREE "Dare to be the first person." ……………………58

PART EIGHT Bicycle sublease station can trigger "the national bicycle movement" ……………………58

PART NINE Bicycle sublease can free up huge expense fund ……………………59

PART TEN Bicycle sublease can save a lot of social labor …61

ONE Taxi drivers are a waste of social labor ……………………61

TWO Bicycle repairmen are a waste of social labor ……………………61

THREE The tricycle workers are a total waste of the labor force …62

FOUR The bicycle parking place is redundant ……………………62

FIVE The government should take the elimination of social labor and waste as its responsibility ……………………62

PART ELEVEN Bicycle sublease has almost no cost ………62

ONE Bicycle sublease can prevent theft ……………………63

TWO The bicycle sublease mechanism can reduce the Paris rental

station by half··64
THREE Less input, more output······························65
FOUR Manual operation program of bicycle sublease station is faster than computer···66
PART TWELVE Bicycle sublease has boundless vitality ···67
ONE The bicycle sublease station gives every car a car a free look 67
TWO Bicycles sublease can convey the bikes for free ·············68
THREE Bicycles sublease give a car rental point and also a point to everyone ··69
FOUR Bicycle sublease is cheap ···································71
POINT ONE Cost of housing and premises ····················71
POINT TWO Expenses for managers' salaries, etc··············72
POINT THREE Bicycle depreciation expense ···················72
POINT FOUR Interest on current funds ·························72
FIVE The bicycle sublease allows each users to have a free standby 72
SECTION TWO Small car sublease code···············74
PART ONE Experience of car sublease station ··············75
ONE Get a car rental certificate ·································76
TWO Rent the car in the sublease station car ·······················78
THREE The car rental people sublet the car ························81
FOUR Rent a car ···83
FIVE " Rent - free" ··84
SIX Return to the sublet station ·······································87
SEVEN Refueling problem ···89
EIGHT Tracing of missing car ·····································94
NINE Accident treatment ··99
TEN Flow service ···101
PART TWO The car sublease station is indispensable······103
ONE Urban traffic congestion is a worldwide problem ···········103

TWO The contribution of cars is extremely low…………………108
THREE The ownership of cars must be separated from the use rights
…………………………………………………………………………111
FOUR The way to remove the name of " traffic accident - prone countries"………………………………………………………………114
POINT ONE. Sublease can avoid at least 20 million casualties per year ……………………………………………………………115
POINT TWO Sublease can be macro- control to reduce the number of vehicles on the road ………………………………………117
POIMT THREE Sublease can control the traffic accident of dark cars which have high probability of traffic accidents ……………………120
PART THREE China's car sublease is NO. 1 ………………122
ONE The Chinese car sublease occupies the land the least ………123
TWO The workers of the Chinese car sublease are the least ……127
THREE The distance to the small car sublease station is the shortest
…………………………………………………………………………129
FOUR Car Rental is the least likely to be stolen…………………130
FIVE The rent of China's car rental is the lowest ………………130
SIX China's car sublease has the highest satisfaction ……………131
SEVEN The way to control car increases is the clearest …………132
EIGHT The way of saving fuel has the greatest potential ………135
NINE The use of environmentally friendly vehicles is the most feasible ……………………………………………………………136
TEN Most tenants …………………………………………………139
ELEVEN Traffic monitoring facilities are the most popular ……142
PART FOUR Car sublease to solve congestion is better than "odd-and-even license plate rule" ………………………………144
ONE Sublease can effectively reduce the road traffic ……………144
TWO Sublease can reduce the number of cars on the road ………145
THREE Sublet station environment cost is the lowest …………148
POINT ONE The cost of emissions …………………………148

POINT TWO The cost of tangible loss······148
POINT THREE The cost of invisible loss ······149
FOUR Transfer station limits to buy a car ······151
FIVE The transfer station makes the car owners happy ······152
SIX Lower cost of transfer stations ······156
POINT ONE " Less a car day " must be added to monitor equipment······156
POINT TWO "Less a car day " must expand the police force 157
POINT THREE "Less a car day " may cause secretly buy business cars bought ······158
PART FIVE The situation of the Beijing' s traffic proves sublease is useful ······161
ONE It is convenient and cost-effective to use thesublet station ···161
POINT ONE Home bicycle usage costs up to 1.30 *yuan* per hour162
POINT TWO The rent of the leasing station is only 0.50 *yuan* per hour ······163
POINT THREE The rental price of the sublease station can be set at $ 0.50 per hour······164
TWO More stations and better service ······167
THREE Sublease station car will generally not break······171
FOUR No need to worry about sublease station deposit ······171
SECTION THREE Public bike is "sick", sublease bike is "healthy" ······176
PART ONE Public bicycles are deadly lifted and bicycles are vibrant ······178
PART TWO The advantage of submarine ride is obvious 180
PART THREE Sublease station has a bright prospects ···184
PART FOUR Public bicycles encountered difficulties, the sublease bike develops with a good opportunity ······190
PART FIVE The public bike stumbles and the sublease bikes

develop smoothly ··· 196
PART SIX Public bicycles have three problems while submarine rental has three major advantages ··· 203
PART SEVEN Public bicycles often "falling chains" while sublease bicycles can always work ··· 208
PART EIGHT Public bike dilemma while sublease bicycles are convenient ··· 211
PART NINE Public bicycle network points are stretched while the sublet network points are at ease ··· 213
PART TEN Beijing's largest bike rental company closed down while the world's best bike sublease is developing··· 222
PART ELEVEN Flexible parking method in Danish and tough ways to remove the bikes in China ··· 231
PART TWELVE Other countries give small reward while China encourages positively ··· 237
PART THIRTEEN Nobody are interested in public bike while many people are interested in sublease bikes ··· 245
SECTION FOUR Shared bicycles do not match reality Sublease vehicles adapt to the people ··· 250
PART ONE Review the sublease pattern ··· 252
PART TWO Sublease bicycles are lost and easy to rent a bike stolen impossible ··· 254
ONE Sublease bicycles are easy to lose··· 254
TWO Sublease bicycles can not be stolen ··· 255
THREE Sublease bicycles are more convenient than public bicycles ··· 255
PART THREE Sublease bicycles are bettert than shared bicycles on locking ··· 256
ONE The locks of sublease bicycles are in vain ··· 256
TWO Updating the locks of shared bicycles are in vain ··· 257

THREE The locks of sublet bicycles need no lock ··················258

PART FOUR Destruction of shared bicycles without hindrance but it is difficult to abuse the sublease bicycles ······258

ONE Shared bicycles were severely damaged ······················258

TWO Sublease bicycles can not be damaged ························261

PART FIVE Shared bicycles are easy to destroyed Sublet bicycles can not be stolen···261

ONE Shared bicycles were stolen ······································261

TWO Sublease bicycles and their spare parts can not be stolen ···262

THREE Judicial resources can not be wasted·························262

PART SIX Shared bike are parked messy Sublet bicycles are parked in order ··264

ONE The examples of parking in messy of shared bicycles ······264

TWO It's hard to change the mess parking of shared bicycles ···264

THREE Sublease bicycles can not be parked casually ············266

PART SEVEN Shared bicycles are difficult to transfer but there is no need to transfer the sublease bicycles ··················268

PART EIGHT Shared bicycles have centrifugal force Sublet bicycles have a centripetal force ···································269

PART NINE Shared bicycles ignored primary and secondary school students but the sublease bicycles care for the future of the motherland ··270

PART TEN Shared bicycles are difficult to use but the sublease bicycles are easy ···271

SECTION FIVE Seven views of governance congestion ···274

PART ONE Instantaneous retrogression ······················275

PART TWO Station relocation ··································276

PART THREE Differ the intersection ·························280

PART FOUR Sign the stations ··································283

PART FIVE Interval stops ······284
PART SIX Arrive on time ······284
PART SEVEN Legalization of private cars ······285

Vehicle Sublease ······297

Postscript ······315

Vehicle Sublease

Mei YANG Shusen YANG

Foreword

Part 1

The core content of the book is car sublease and bicycle sublease. *Daily Manager* had serialized the passage for four or five months within the title of *For your president— The key to the traffic jam*. The public bike became popular one or two years later. Some readers will be confused: The core point has been used by public bike . However, the author proposed a better idea about vehicle sublease.

Part 2

"Traffic jam is a worldwide problem." It has remained unsolved for two centuries, and is more difficult than the Goldbach conjecture. China Construction News points out: "No country boosts it has solved the problem up to now." The bigger the city is, the worse it is. Almost all prosperous capitals are the congested cities!

Part 3

The key idea of free sublease is that after the lessees arrive at the destination, the car or the bicycle they hired can be sublet without notification to the rental stations. The sublessee can do the same thing after he finishes his trip, and so on. This results to 75% reduction of driving car in road. Meanwhile parking problem no longer exists. The car can be sublet to others, why should we send the car to the park? Free sublease makes it true that wherever and whenever you are, you can lease and sublease a bicycle or a car. Therefore, vehicle sublease is more convenient for people than using their own cars.

Part 4

Vehicle sublease minimizes the rate of in- road cars, free sublease can reduce the numbers of subleasing stations and managers (lease and sublease can be done without involvement of the sublease station). The rental is just little of cost for people to keep their own cars. That means it is worthwhile to rent a car than to buy a car themselves.

After setting up subleasing stations, due to two positive factors, i.e. more convenience and more economy for renting a car than keeping a car, it makes a great change, i.e. most car drivers become bicyclers and most car buyers become lessee.

The type and size of the cars at subleasing stations are specific. The spare parts of cars are not interchangeable with the selling goods, so that nobody will steal the renting cars. In other words, the car will never be lost and renting fee never be reduced. The disadvantage of the new thing does not appear immediately but also has a deep impact to the future.

Part 5

The code of solution is not complex. We just move a few steps to make the rights of using and owing separated. The subleasing stations can manage the business by themselves without the fiscal subsidy and the government helps. Whether developed countries or the developing countries can solve the problem of traffic jamming if they accept these ideas.

The side effect of traffic jamming is pollution, which should be solved without hesitation. The Beijing Municipal Environment Protection Bureau shows that air pollution index up to 88 after getting rid of the travel restrictions during Beijing Olympics. The index was only 59 the day before. Destroying the environment is to destroy human life, no matter he owes his own car or not.

Part 6

Human being has become so wisdom that we can visit the Mars in the near future. However, is there really no solution for the problem? Asking for an explanation, there is no breakthrough in the depth and width of thinking which still stay in the age of pre-industry without developing a new model and concept between the people and people, people and car, people and road by using the methods of social science. Although the authors are commonplace, they stick to the problem and find a nostrum; setting up the subleasing stations for lessees to hire freely a bicycle or car. People can rent the bike and everyone can become the lessor,too.

Part 7

Hu proposed Scientific Outlook on Development several years ago. Setting up subleasing stations, is one of the most important implementation of his proposal. The sublease will be easy to the future.

A. The Code of Bicycle Subleasing

Abstract

The bicycle that sublessor sublet can be subleased to another person and so on. And you can sublet another bicycle from other persons without any certification if you want to sublet. Wherever and whenever you are, the bicycles can be subleased. It' s so convenient. The renting fee is so low because the cost can be reduced dramatically with the renting station being shut down. It is so convenient and cheap that it changes the car driver to the bicycle rider. With the car, jamming, waste and accident reducing, power has been saved and the green cities have been established.

Based on the management science, the authors propose many wiser ideas. The subleasing station can support itself without the fiscal support from the government. The bicycle will not be lost; and the fee will never be shortened.

Abridged Text

Code will make the bicycle subleasing including the free renting more invigorate. More cost is reduced, more sublessors are adding.

1. The bicycle- subleasing station is an important invention.

（1） The renter can sublease the bicycle. A sublessor is a 'renting station' that will reduce the number of renting stations. As an example of Paris, the renting stations will be reduced by 88%.

（2） The type of the bicycle is specific. The parts of the bicycle can not be interchanged with the ones. So it would not been stolen or changed.

（3） Sublessor and sublessee are more convenient without any certifications.

（4） No responsibility for damage makes sublessee less delay for the journey.

（5） Paying Fee is more convenient for both of sublessor and

sublessee.

(6) Different fee for different time, changing the bicycle parking by the renting station instead of user' s parking, make the subleasing station spot smaller.

2. Using the bicycle from subleasing stations is more convenient and cheaper than using owned one.

You can get a bicycle once you arrive at Beijing even if you live in Western Europe. You can send back the bicycle to the other person whether you are at the Dongchen District or Xichen District. You can get a new one to approach your destination if the bicycle is broken down. It is so convenient that the using rate is higher. So the depreciation rate is lower. Moreover, the cost is lower and the renting fee is less, which will attract more consumers, and so on.

In London, riding bicycle is the fastest, cheapest, most healthy and environment friendly method. In Beijing, we will spend more than one hour before arriving Sanlihe from Wudaokou by several transport methods such as city railway, subway and bus. But we can save half of the time and avoid crowd. It has been demonstrated as a fact that we can spend less time if we ride bicycle instead of car within the short distance course, especially within 3- 4 or 5- 6 kilometers.

Nowadays, most car drivers in a short journey do not ride bicycles because of no one near their hands. It can be anticipated that the drivers become the riders if these people find out that the higher cost and the lower speed of using cars.

3. The social benefits of setting up bicycle- subleasing stations

（1） Everyday is a day of no driving. Bicycles do not use gasoline. Meanwhile the waste of car is the great part of pollution resource. China President Hu Jintao stressed to solve the problem of environment protection and power saving in his address at The Bo’ao Forum for Asia at 2/4/2008.

（2） Say goodbye to the crowd roads. During the driving, the safe area the drivers occupying is fourth time of the riders’ . In other words, it can save 3/4 of the area if the drivers become the riders. In downtown, the cars are even slower than the bicycles.

（3） Reducing the traffic accidents. “China is one of the countries more frequent traffic accidents happened” as some foreigners said, it is true that total of 400,000 persons died in 2007. There maybe less traffic accidents when more drivers become the riders. In the past 5 years, the riders have doubled with accident reduction by 40%.

（4） Prompting the people to participate in the sport. The bicycle riding can bring more benefits to the office people who get fatter without enough exercises. Riding bicycle can not only reach the destination, but also get their body fit.

（5） Saving large mount of social consumption fund. The social consumption fund the bicycler possessed is just one hundredths of the drivers’ .

（6） Reducing the waste of social manpower. In a health society, every member should produce more values while using less resource. The sublessor and the sublessee can do the business by themselves, so it can set up less subleasing stations. More space and people can be saved.

(7) Saving more gasoline. Riding consumes the fat of our body. But the car should use the gasoline. How can we deal with the oil shortage if the pathway at sea be closed by the enemy? The oil is so dangerous that would cause the tanker sunk if it was hit on. Former China President Jiang Zemin wrote article to address the power issues although he has retired. From this point on, this issue is so important. The Law of Power and Resource Saving of PRC sets up the saving index to examine the local government. There are countless people visiting the new continent, but we can only remember the first visitor—Columbus. We wish the city setting up the subleasing station to get the good scores.

(8) Contributing to the defense. Beijing Municipal Civil Transportation Mobilization Measures has been executed from 20/12/2007. Once the four-wheel vehicles have been destroyed, the bicycles can be more useful. When the public pact of 'soldier first, frontier first' has been set up, a platoon or a company of soldiers can been armed by bicycles.

The subleasing station may be best owned by public. It should be part of the public transportations. Every city should set up a bicycle subleasing bureau as an integrated part of the city and the country.

B. The Code of Car Subleasing

Abstract

In every country in the world, inefficient car running is tremendous, which is the main reason of road jamming. In America, it is typical that a car only carries 1.2 persons. The production contribution is only 3.26% from the viewpoint of time and 0.78% from the seats hour. In Beijing, China, average passengers per car are just 1.26. The subleasing station confers the rights of subleasing to the sublessee, which can reduce the inefficient driving. For example, you should not need a driver if you want to go to the airport. You can drive to the airport by yourself. After you arrive at the destination, you just need to sublease the car to the other people. As the car on the roads is reducing, the problem of congestion and pollution will be solved. These effects will not harm the benefits of users. Otherwise, it will bring more benefit----much convenient and cheaper. Therefore, the car subleasing will become popular and the private car will be reducing. The measures and methods to reach this goal are just separating the using rights from the owning rights. After establishment, the subleasing station can grow up by itself without government support and fiscal subsidies.

1. Car-subleasing stations can reduce the number of car by 3/4.

The renting cards can be applied by making your car or same value assets as guaranty. The holders can sublease the car to or from other persons. For example, you can rent a car at Haidian District in the morning. When you arrived at the Tiananmen Square, you can sublease the car to other persons. In the evening you want to go back, you can sublease a car from other persons. As thus, the inefficient driving will reduce next to nothing.

Using the above- mentioned example, we can explain the phenomena of inefficient driving. When you want to go to The

Tiananmen Square, your family member sends you there by your own car and goes back. When you want to go home, your family member reaches there to pick you up and go back. The first and the second running between The Tiananmen Square and home are inefficient driving.

To make an explanation, the example above is not a false story, but a reduction of the social reality. Please read this report, “8:00 Am June 6th 2008, the journalist at the crossroad in Zhengzhou City make statistics of the car flowing from the West to the East. In the 106 cars running through the lane near the journalist, there are 71 vehicles with the driver only and 35 vehicles with 2 or more passenger on it. The percentage of no passenger running is 67%. At 7: 00 Pm in the evening, the journalist counts up the car numbers running from the South to the North, there are 53 cars running with one person on it in the 87 cars. The percentage of no passenger is 62%.”

Maybe someone will disprove the viewpoint of inefficient driving. Why not an efficient driving if I do it by myself. Although as thus, the gain is not equal to the lost. The question of inefficient waiting is emerging. Stopping for the green lights is efficient waiting. But starting the car after they get the business down is not an efficient waiting. As above, American mobile vehicle production contribution is 3.26% from the viewpoint of using time. The inefficient waiting hour is 30 times of the using hour. During the parking or waiting, the total lost such as interests of car price, insurance, parking fee, will excess to 100 dollars. It is so expensive that taking taxi may be much easier.

Referring to the taxi, there is same problem with it. The third traffic complex investigation shows that the taxi using percentage on roads is just 53.8% . The using percentage here refers to the percentage of passenger on board. It' s easy to know, even with that the current number of taxi is not reduced, the car running on the road will reduce by half after setting up the renting station, as the car subleasing get rid of the problem of sending and picking.

At the beginning of this article, we refer an aim to reduce the running cars on the road by 3/4. It' s not a boast. We can use the methods of filling the empty seats to change the car reduction percentage of 3/4 to 1/2. The subleasing station sets up the provision: the sublessee must take another sublessee on his car. In order to make the passenger to know which car they can take, the subleasing station should establish contact method between the user and the driver. The sublessee put a card on the forward window of the car as same as Singapore does. At the ordinary situation, people will obey and follow the government regulation. Taking or allowing taking the free-driving car will become popular.

Now, we can calculate the reduction percentage in comparisons with the taxi. In the event of that 2 person want to go to The Great Wall from The People' s Great Meeting Hall, they will possess 4 vehicles' resource. As the above mentioned, the taxi using percentage is only 53.8%. When you use 2 taxis, 2 additional taxies are waiting.

In the event of that 2 person use the car at subleasing station, they just need one car----one person driving, other person taking in. In other words, one vehicle is equal to four vehicles; the subleasing station can reduce the vehicle by 3/4 at least.

The example above is a conservative anticipation. The number of running cars will reduce much more if two or three persons take the free- driving cars. But some people may be afraid that a few of them will take the free-driving cars and reducing the running cars by 3/4 is not available. But the worry is not reasonable. Taking the free-driving is aiming at reducing the possibilities of congestion and road jamming. People will prefer to take it. Meanwhile, the taxi is so expensive that ordinary people would take the taxi in the special circumstances.

There is another problem need to mention. How would we deal with the criminals? No problem. The subleasing stations have their solutions. They fix some advantage surveillance equipments on their cars. Once at an emergency, they will find out the trouble and call the police to help you. So the problem is easily to handle with.

The cars occupy a lot of roads. With transportation of the same number of passengers, the space the cars are occupying is 23.19 times of the bus. The previous ones has reduced by 3/4, the problem will thoroughly not exist.

2. Using cars from car- subleasing stations is more convenient than own ones.

In the above paragraph, we explain why the cars on the roads can be reduced by 3/4. Now we want to talk about the issues whether people would prefer driving the cars from subleasing station in stead of buying cars. We believe that it will be done, as using the renting cars is cheaper and more convenient than buying own cars.

When we want to use our private cars, we should go to the

parking station. But we can get the subleasing car everywhere.

We should spend a few minutes to restart and warm our private cars before running it, especially in the winter. But we can use the subleasing car which was being used by other persons.

We should find the parking station after we arrive at the destination; while we can sublease the cars to another sublessee.

We may worry about the safety of our cars if there is no parking spot. We will not consider it as a problem if we use the car from subleasing station.

The private cars parking anywhere may be stolen while the subleasing cars have not such problem. The subleasing station draws some rules to regulate. For instance, a card should be put on the forward window of the subleasing car. The sublessee takes the card with him if nobody will use the car. When thieves steal the car and drives it to somewhere, they may be exposed and found out because of no card in the cars.

We can not use our private cars if it got into a traffic accident. We should repair it and may pay for the other person’ s damage. In the normal situation, we can not get involved in these troubles if we use the subleasing cars. The subleasing station makes these issues solved. You can drive other cars to go to your destination.

When going somewhere far away, such as from Harbin to Guangzhou, we can not expect to use our private cars. But we can use the subleasing cars there by showing the renting cards. It is not reasonable if someone may want to drive their car by themselves from Harbin to Guangzhou. There are always some restrictions for the cars from other provinces. In Guangzhou and Shenzhen, the cars came from other places could only be used in different phase of roads and hours.

The private cars went to the other provinces. We should go back to the registered place to hand in the vehicle taxes. There are no same issues with the subleasing cars. When you check out the subleasing fee, everything is OK. It is worthy to mention that those benefits the sublessee is receiving without any extra efforts.

3. It is more economical to use a car from the car-subleasing station than the car of his own

As indicated above that if two persons want to go to Badalin Great Wall from Beijing People’ s Meeting Hall by taxi, they need four taxis because the rate of taxi utilization is 53.8%; but if the two persons rent the cars at a subleasing station, one car is enough. One car at subleasing stations can perform the same function as four taxis. That is to say that the measure would reduce the three-fourths of the running cars in the road. The significance of that not only frees the road but also avoids the traffic jam. It is more important that the measure avoids waste of much money by declining the rent. That is because the utilization of cars is reduced by three- fourths, the consumption of gasoline is reduced by three- fourths, the wear and tear of parts are reduced by three- fourths, the use time of cars is reduced by three- fourths, the work of drivers is reduced by three-fourths, the rate, the fee of road maintenance are also reduced by three-fourths.

Of course, it is impossible that the subleasing station has no management cost, but the cost is very low. Because the car at the subleasing station can be relent, a renter is indeed a sublease station, the quantity of renting points may be reduced to the least, the work and related fees can be reduced to the least. The rent is different according to the period of time, and the charge and fee have respective polices. Parking cars at the subleasing station can be changed to having cars by many renters, so the scale of renting points can be reduced to the least. Some least- scale subleasing stations manage tens of thousands of cars even more cars, is the cost not reduced to the least? Low cost is the precondition of low rent. It is no doubt that the rent of subleasing station can be reduced to the least in the world!

We need furthermore to analyze the above example. If the person who gets the lift is not one but two or three, the rent of subleasing stations can be reduced so hard that it is equivalent to the bus ticket.

The subleasing stations charge car- renters the same money as bus ticket, but the car-renters get the same comfort as taxi. So it is no doubt that the car- owners or potential car- owners all like to rent the cars at subleasing stations only if they have special task or request or they are worried about how to use their money.

4. Setting up of car- subleasing stations solves air-pollution problem effectively

Cars do more harm to environments than traffic jams do harm to it. Car exhaust has a different hundred of kinds of chemical compounds. Among them solid suspended fine particles, carbon monoxide, carbonic hydrogen, nitrogen- oxide, lead, sulphur- oxide and so on are pollutants. The weight of exhaust one car expelling in one year is equivalent to four times of that of its own. During Beijing

Olympic Games, Beijing carried out the policy that the cars are only permitted to run in the street one day and night according to their odd number or even number. The number of cars running on the road is reduced by half, and the quality of air fully reached the standard. After the subleasing stations are set, and cars running on the road are reduced by three-fourths, the whole country including the cites will become a big oxygen bar. So the significance of the reduction of cars running on the road is more than the reduction of its own.

5. Car- subleasing stations can avoid some traffic accidents saving two hundred eighty thousand persons

Even according to the statistics in 2007, four hundred sixty thousand persons are dead or wounded in our country every year. The happen rate of traffic accidents is in direct proportion to the number of cars running on the road. If the number of cars running on the road is reduced, how the times of traffic accidents are not reduced; and how the number of persons affected in the accidents is reduced? According to the verified figure, after the subleasing stations are set, there are two hundred eighty thousand persons saved in possible traffic accidents that would happen if these stations are not set.

6. Car- subleasing stations can save huge social consumption fund

Car price are high, more than a hundred thousand of Reminbin Yuan only buy a low and medium grade car! If millions of cars were omitted from the manufacture plan and millions of navies are added to the plan, how the social benefits are? A peasant excavates earth using excavator, the result is equivalent to that the peasant excavates earth using spade a year!

7. Car-subleasing stations can save astonishingly much gasoline

Half of the oil which our country needs depends on the imports abroad; we have to import 3.4 million barrels of petroleum. Foreign exchange can be got by pinching and scraping, but blockade can not be easily broken.

Jiang Zemin is now a common people, but he is still worried about the nation and the people. He recently has reminded us that we should put the energy sources strategy on the important position of the nation development. We need go on a Chinese new characteristic road of developing energy sources, that is to establish a energy production, circulation and consumption system by cutting down expenses and raising efficiency, by multi-directionally developing, by protecting environments, by firstly developing science and technology and by making international cooperation.

8. Car subleasing stations can benefit the defense

"Rule of Beijing civil transport capacity defense mobilization" is put into action on the 20th of December in 2007. Because car subleasing stations are the owner of cars, which are to be rented, the government only needs to control the car-subleasing stations if it wants to control tens of million cars. Only if the war needs cars, many cars can be got.

A confidential letter to you

Environments have no national boundaries, and the Earth is a village. For our own homeland, a messenger in blue coat brings you the essential of "The solution to the problems of traffic jams: car sublease" . We believe that you can know all about the solution from our books. The book has one hundred forty thousand words, and it was continually published in the Managers' Daily. You can also find it by clicking the name of the book on the web.

"The one who get the support of the people will win the campaign." I believe that it is worth doing something about the traffic jams for a politician. Every one must go out by driving car or getting ride. There is a saying that the one who solves the problems of city traffic jams will become the mayor of the city. This is a wise saying, and it should be the super secret of winning campaign for mayor.

Many people have been to New Continent, but only the name of Columbus is engraved on the historical monument, because he is the first person who went to new continent. I wish your city is the one that firstly establishes car- subleasing stations. Absolutely, it is a highly profitable business. The car can be subleased freely without worrying about. It can be say that with the setting up of subleasing stations, more and more tourists come; and consequently the earnings from tourism increase considerably. Surely, a second- rate imitator does not deserve to be highly rewarded.

Although these codes have been published in The Mangers Daily, circulated in Mainland China, a major revision and improvement have been made since its debut. The authors are waiting your further inquiring. A biographic note of the authors

Mei YANG, female, born on December 13, 1976, Licensed lawyer who has dealt with many traffic cases for some years. She wrote some books titled "Socialist campaign system: a good solution to the problems of the nation- owned enterprises", 1 "Chinese ancient stories about honest and clean" and so on.

Shusen YANG, male, born on November 27, 1943, senior statistician, journalist and associate senior editor. He won the first prize of Philosophy and social science outstanding achievements awarded by Yancheng city government, the Third prize of articles contributed by the People's Daily.

后　　记

——谨以格律诗二十四首纪念本书出版

1.恩　师[①]

才能不是天然生，
鼓励帮扶方有成。
平仄转租[②]诞世界，
恩师难忘百千人。[③]

2.书会奇遇

卌年拙稿闷书斋，
今日三番请讲台。
书会花销千百万，
实质为我一人开。[④]

---

①《破解拥堵：车辆转租》和《格律诗密码——平仄及其补救》两书，安徽师范大学出版社同时出版。在这第一时间，应该向曾经给予帮助的人表达感谢。这些贤达正是我的恩师啊！

② 平仄转租：上述两书的简称。

③ 给上述两书帮助的恩师主要有：王恒璋、李正亚、张桂兰、李汉龙、江建华、毛勤勇、张志刚、周如福、张学法、颜良成、陈传福、茅玉东、胡学勤、李若建、夏海勇、龙贤良、冯大中、田鹏、牟秀林、李勇极、咸同庆、张贵芹、胡建强、姜女英、韩启成、熊文新……

④ 2017年1月13日上午，我在中国国际展览中心二楼，北京图书订货会安徽师范大学出版社展厅邂逅了该社编辑同志，基本达成我的《破解拥堵：车辆转租》和《格律诗密码——平仄及其补救》的出版协议。这两本书稿呆在抽屉里一个是五十多年，一个是十几年，因此说这次书会是我的奇遇。

3.寄　稿[1]

喜成不败平戎策，
惧变东家种树书。
僵卧孤村正平仄，
频思马路变通途。[2]
庙堂高论众人应，
低调江湖听者孤。
忽晓芜湖涌慧眼[3]，
邮资加倍择急途[4]。

4.高　效

沉沉长稿邮江东[5]，
隔日全知淡与浓[6]。
酷似阳光暖大地，
路程亿万八分钟[7]。

5.独　创

李逵李鬼谁为真？

---

① 指将书稿寄给安徽师范大学出版社。

② 变通途：指构思《破解拥堵：车辆转租》。上句的“正平仄”指构思《格律诗密码——平仄及其补救》。

③ 芜湖：代指安徽师范大学出版社。涌慧眼，鉴往知来的人才济济。

④ 急途：指快递。

⑤ 江东：代指安徽师范大学出版社。

⑥ 淡与浓：对稿件的评价。

⑦ 八分钟：太阳与地球之间的距离为一亿五千万公里，光的速度每秒30万公里，太阳光由太阳到地球所需要的时间为8分13秒。

问底刨根八丈深。
完稿之初有心眼，
全文看过二十人[1]。

6.赠安师大出版社编辑

内容增减总三思，
字句推敲更似痴。
幕后编辑改无怨，
台前作者有心知。

7.世　雄

师大[2]书质朗玛峰，
不惜成本屡强攻。[3]
心唯自己伪君子，
多想他人真世雄[4]。

8.心　愿

华夏诗词世界巅，
发扬承继远无边。
求得平仄家常话[5]，
倒贴工资心也甜。

---

① 二十人：为打抄袭官司，鄙人书稿完成总要请多人过目。
② 师大：安徽师范大学出版社。朗玛峰，珠穆朗玛峰。
③ 对书稿审查修改反复琢磨，精益求精。
④ 世雄：世代称雄。
⑤ 家常话：使格律诗平仄普及，浅显得似家常话，运用频率也如家常话。

9.诗　词

诗中正义生火焰，
词里豪情冲九天。
平仄高潮再四起[1]，
国民收入自翻番。[2]

10.致读者三首

其一　瑕疵

作者三番看不见，[3]
旁观一次撤门帘[4]。
齐王纳谏传今古，
读者[5]直说绉忌贤。

其二　求教

单兵只是灰[6]一盆，
大厦钻云靠众人。
写作必须多求教，
除非文曲下凡尘。

---

① 四起：指四方兴起，到处发生。

② 有人说诗词既不是机器又不是生产技术，对经济建设没有任何益处。窃以为一个民族懂得不断提高自身文化修养和素质，有不断进取的决心，才是国家发达、人民富裕的强大动力。

③ 书稿中的瑕疵，作者自己是很难查出来的。

④ 撤门帘：撤掉门帘，使得被遮掩的瑕疵暴露无遗。当局者迷，旁观者清，应是作者永远的信条。

⑤ 读者：读者直言不讳，给拙作以指正，比讽齐王纳谏的邹忌还要贤德。

⑥ 灰：石灰的简称，如灰户（烧石灰的窑户）；这里指建筑灰浆。

其三　学识

海沟廿里并非深，
只有学识无底门。
学者江郎有等号，[1]
无疑百众是全能。

11.痴　心[2]

狂飙骤雨连八天，
不二痴心砥柱坚。
起早贪黑几十载，
匆忙总感一溜烟。[3]

12.利用率

冰柜每时都制冷，
房屋千夜少无人。[4]
轿车利用百分四，[5]
难解主家[6]心不疼！

---

① 学者也有江郎才尽的时候。当然，二者不能画等号，仅是“有”等号。

②《破解拥堵：车辆转租》稿历时51年，《格律诗密码——平仄及其补救》也孕育将近20年，但作者从未想到退却。

③ 由于匆忙，几十年岁月只感到是一溜烟。

④ 普通家庭住房的利用率为97%(空下的3%是因旅游或走亲访友)

⑤ 小轿车的利用率仅为3.2%(每天用1.5小时/24小时×50%空驶率)！

⑥ 主家：轿车的主人。主家怎么不比较呢？再进一步，怎么会没有想到转租呢？

13. 单车到站

中国随即转别人，
境外专厢当客乘。①
前者奇高利用率，
忠言②后者是折腾。

14. 教　训

改涂不改二维码，③
全靠良心拒做扒。④
商店无人⑤惨教训，
覆辙重蹈是傻瓜！

15. 讲　台

真理勇迎千众辩，
邪说半步怕趋前。
讲台希冀五十载，⑥
何日一倾十万言？

---

① 中国人骑车到了火车站，轻松上火车，将自行车转租给给他人使用；而丹麦等国则须将自行车搬上火车，因为他们有自行车专用车厢。

② 忠言：使动用法，使……听进忠言。

③ 涂改后的共享自行车二维码，别人不认识便骑不走，这辆车便让涂改人“独享”了。这“独享”人其实就是扒手。

④ 不作涂改二维码扒手，并非他律，是监督管理的结果，全靠良心约束。

⑤ 商店无人：无人商店，没有售货员的商店是五六十年前没有任何科技含量的花架子。

⑥《破解拥堵：车辆转租》孕育五十一年。

16. 上政要

中华大地起春风，
猛吼雄狮震太空。
科技创新须百姓，
提升管理应相同。①

17. 成　本

资源人口仍原先，
国力排名却九天。
成果改革无法算，
再高花费也当然。②

18. 道　德

早过七十一老翁，
忝为统计高职中。③
笔耕一辈实在话，
励志半生求是风。
服务读者迎五里，
拒绝铜臭捂双幊④。

① 提升管理水平也应像科技创新这样，群策群力，不能远离百姓。科技上的创新可以极大地发展生产力，管理上的创新会使得发展生产力的功效更大。

② 改革带来了翻天覆地的变化，其花销再大也是应该的。

③ 同时出版的《破解拥堵：车辆转租》和《格律诗密码——平仄及其补救》都是统计分析的结果。

④ 幊(gōng)：衣巾。

民魂[1]处处系出版，
编审人人应走红。[2]

19. 安师大出版社二首

其一　书稿

十年隔世躺山峦[3]，
一日忽听伯乐言。
学术精纯厌铜臭，
猛然想起桃花源。

其二　书香

专盯质量忘推销，
四溢书香满大桥[4]。
社会效益放首位，
红旗师大入云飘[5]。

20. 查资料[6]

倒柜翻箱不讲无[7]，
打开详告用长途。[8]
成都一个图书馆，
四海五湖皆不如。

---

① 民魂：支撑整个民族生存、发展的精神支柱。鲁迅先生说过："惟有民魂是值得宝贵的，惟有他发扬起来，中国才有真进步。"崇尚正义、抨击邪气，非出版难当也。

② 尊重知识，尊重人才，应自出版始。

③ 躺山峦：藏之深山。

④ 大桥：芜湖长江大桥。

⑤ 师大：指安徽师范大学出版社。入云飘：红旗举得最高。

⑥ 查有关《破解拥堵：车辆转租》的资料跑了不少冤枉路，只好发函恳求成都图书馆代查。鄙人从未去过成都，当然成都图书馆谁也不认识。

⑦ 无：本可回函个"无"，一推了之，可他们以服务读者为己任，宁愿自寻烦恼。

⑧ 资料发送，本已了事，但还打长途告知如何打开，既像"售后服务"，又不像"售后服务"。说不像，是因为分文未收，免费服务。

21.年　龄

七十还有四，
总当四十七。
青壮吁吁担①，
我挑轻步离。

杨树森
二〇一七年六月
于北京杨梅律师事务所

①吁吁担：气喘吁吁地挑着的担子，指今后六年（八十岁前）每年出版一本书的任务。